中国经济文库 · 应用经济学精品系列（二）

· 中国农业科学院科技创新工程（10-IAED-04-2022）

陈珏颖
潘启龙 等◎著
刘合光

城镇化对我国农业发展的影响机理与对策研究

Research on the Influence Mechanism and Countermeasures of Urbanization on China's Agricultural Development

中国经济出版社
CHINA ECONOMIC PUBLISHING HOUSE
北京

图书在版编目（CIP）数据

城镇化对我国农业发展的影响机理与对策研究 / 陈珏颖，潘启龙，刘合光著．--北京：中国经济出版社，2022.6

ISBN 978-7-5136-6938-2

Ⅰ．①城… Ⅱ．①陈… ②潘… ③刘… Ⅲ．城市化-影响-农业经济发展-研究-中国 Ⅳ．①F299.21 ②F323

中国版本图书馆 CIP 数据核字（2022）第 089627 号

责任编辑　叶亲忠
责任印制　马小宾
封面设计　华子图文

出版发行　中国经济出版社
印 刷 者　北京科信印刷有限公司
经 销 者　各地新华书店
开　　本　710mm×1000mm　1/16
印　　张　14.5
字　　数　240 千字
版　　次　2022 年 6 月第 1 版
印　　次　2022 年 6 月第 1 次
定　　价　68.00 元
广告经营许可证　京西工商广字第 8179 号

中国经济出版社 **网址** www.economyph.com **社址** 北京市东城区安定门外大街 58 号 **邮编** 100011

自序

城镇化是一个普遍联系的复杂系统工程，必须保持和整个经济社会的协调发展，这就要求分析、测度、评估城镇化进程对与之联系紧密的农业生产的影响。城镇化对农业生产的影响是多方面的，涉及劳动力供给、需求和消费、产业结构、技术进步等多个主题，将这些主题纳入统一的学术框架体系进行探讨尤显重要。

在国家自然科学基金等项目资助下，刘合光、陈珏颖、潘启龙等多名科研人员组成了研究城镇化对农业生产影响的学术团队，围绕城镇化和农业生产的主题从不同的维度进行了深入分析。历时五年有余，这一研究的成果不断丰富，有必要汇总、结集、出版，这就是《城镇化对我国农业发展的影响机理与对策研究》成书的来由。

全书共包括十章，具体内容安排如下：

第一章为导论。深入阐述了城镇化对农业生产影响的研究背景、意义，构建了研究目标、研究内容、关键问题等总体框架，奠定了技术路线、主要研究方法、可行路径等研究思路，并讨论了城镇化对农业生产影响研究的特色和创新之处。本章作为全书的开篇章节，具有引导后续章节、概括研究内涵的作用。

第二章为新中国成立70余年以来我国城镇化发展历程分析。主要阐述了我国改革开放之前和改革开放之后的城镇化发展历程，并对我国城镇化发展的总体特征进行了分析，最后论述了我国城镇化进程和农业生产的协同问题。

第三章为新中国成立70余年以来我国农业生产发展历程分析。主要从城乡关系角度出发，分析新中国成立初期至改革开放之前，农业生产服务于重工业，城乡关系逐渐显现出二元分割特点；改革开放后，市场经济和土地制度等政策的确立，推动了农业生产的市场化改革，城乡关系融合发展。提出针对农业生产发展存在的问题，应确保城乡融合发展，促进要素、制度、产业的协调。

第四章为城镇化影响农业生产的主要机理和路径分析。主要论述了城镇化背景下农业发展将受到何种影响以及农业发展如何主动适应城镇化进程的问题：首先分析了城镇化与农业发展的联系机理；其次从中国农业生产模式和经营制度的既有路径和创新等角度阐述了城镇化对中国农业发展的影响；再次分析了城镇化对中国农产品供给和需求关系的影响；最后分析了城镇化背景下中国农业发展的演变曲线和战略选择。

第五章为城镇化发展作用于农业生产的国际经验借鉴及比较。主要为比较世界城镇化和农业发展的一般规律，剖析我国城镇化和农业发展的特殊关系：首先对世界城镇化进程和农业发展进行了一般分析；其次对世界城镇化率和农业增加值增速、农业增加值占 GDP 比重的关系进行了实证观测；再次从世界比较的角度对我国的城镇化阶段和特点、城镇化与农业发展的联系进行了分析；最后阐述了我国城镇化和农业发展的启示，并提出了有关建议。

第六章为我国粮食生产的时空格局及其影响因素分析。主要论述了粮食生产格局的变化对于粮食供需平衡及粮食安全问题的潜在影响。基于1997—2016 年我国 31 个行政区（不包含中国香港、澳门和台湾地区）的省域面板数据，从粮食产量和播种面积两个维度解析我国粮食生产布局的变化情况，并运用全局莫兰指数检验我国各省域粮食产量的空间相关性，并采用空间杜宾模型（SDM）实证分析我国各省域粮食生产格局变动的影响因素。

第七章为空间视角下城镇化对我国农业全要素生产率的影响研究。主要论述了城镇化对我国农业全要素生产率的影响机制：首先通过DEA-Malmquist 指数方法计算 2004—2016 年我国的农业全要素生产率；接下来采用双向固定效应的空间面板模型估计城镇化对农业全要素生产率的空间溢出效应；进一步对我国东部地区、中部地区和西部地区进行分析，发现城镇化对农业全要素生产率的作用程度和显著性水平会随着不同区域的自然资源条件、经济发展水平和区位分布等因素的变化表现出差异性。

第八章为城镇化对畜产品消费的影响。主要论述了我国城乡居民畜产品消费变化及影响因素，深入研讨城镇化影响畜产品消费的路径。通过设定城镇化率模拟方案，即城镇化率按照正常速度推进（BASE）、保持不变（SIM）两种情景，分析畜产品消费量及消费结构变化情况。结果显示，城镇化率的推进促进畜产品消费增长。

第九章为城镇分化与食物消费：中国户籍制度的影响分析。主要论述了中国户籍制度导致的城镇分化对城镇地区居民食物消费的影响，基于国家统计局对我国6个省（区）的城镇住户调查数据，通过运用倾向得分匹配法（PSM）纠正潜在的选择偏差，应用Rosenbaum界限检验评估倾向得分匹配结果对未观测到的变量敏感性。结果表明：与拥有城镇户口的本地家庭相比，拥有农村户口的农民工家庭畜产品和蔬菜水果的消费分别减少8.8%和4.8%；户口类别不影响城镇地区粮食和食用油的消费。

第十章为城镇化背景下“十四五”时期的农业农村现代化形势、问题与对策。在“十三五”收官和“十四五”开局的重要时期，我国农业农村现代化所面临的问题涉及消费、技术、业态、成本、要素、制度、供需、基建、生态、民生等多个方面。未来应把握政策改革的方向，在顶层设计上转向城乡融合发展，政策支持更多地向农村倾斜，财政支农资金集约化和市场化使用，保供给、调结构、转方式并行，统筹国际国内，更加依靠信息化技术促进政策落地。

书中每章都是一篇独立的学术论文，具备学术论文的摘要、正文、参考文献等要素，将各章串联起来，则构成了城镇化对农业生产影响的一个全景式研究。当然，本书难以做到对城镇化对农业生产影响的全覆盖研究，但这将是本书研究团队未来努力的方向。由于各章的作者不尽相同，因此本书不谋求某些观点、结论的全然一致，而是保持单篇的逻辑自洽，尽可能从不同视角观察城镇化对农业生产的影响，深化对问题的研究。

希望本书能够为广大读者认识和理解城镇化对农业生产的影响提供有益的参考和借鉴！

陈珏颖　潘启龙　刘合光　朱伟林

2021年4月

目 录

第一章
导论

全面认识城镇化给农业生产带来的改变，有助于前瞻性地提出有效应对策略，因而具有重大现实意义。本章深入阐述了城镇化对农业生产影响的研究背景、意义，构建了研究目标、研究内容、关键问题等总体框架，奠定了技术路线、主要研究方法、可行路径等研究思路，并讨论了城镇化对农业生产影响研究的特色和创新之处。本章作为全书的开篇章节，具有引导后续章节、概括研究内涵的作用。

一、本研究的学术梳理

（一）研究背景和研究意义

新型城镇化和统筹城乡发展事关中国经济社会发展大局，研究中国城镇化对农业生产的影响具有重要理论意义。改革开放40多年来，中国经历了世界历史上速度最快、规模最大的城镇化进程，城镇化率从1978年的17.9%上升到2015年的56.1%（国家统计局2016年公布数据），年均提高约1个百分点，其中，2000—2015年城镇人口年均增长2080万人，约与澳大利亚等国人口规模相当；从全球范围来看，中国城镇化进程与主要发达国家的城镇化进程有着明显的差异（王建军和吴志强，2007；刘合光等，2013；Yan et al.，2015）。在此进程中，农业劳动力以史无前例的规模转移到城市和非农产业（白南生和李靖，2008），农业优质土地在城市用地扩张中流失（Chen，2007；Huang et al.，2015），农产品消费模式发生明显变动（Satterthwaite et al.，2010；程国强，2013），中国农业生产将随之受到一定影响（刘合光，2013；杨志海和王雅鹏，2014）。中国农业是典型的生计型小规模农业，在快速城镇化进程中受到什么样的影响？影响机理是怎样的？中国农业在城镇化的影响下将呈现出何种演变路径？这些问题都是值得深入探索的理论命题。加快推进城镇化，是我国社会经济发展一项长期的基本战略（罗必良，2013）。城乡统筹发展事关中国经济社会发展大局，是中国跨越中等收入陷阱、全面实现小康社会的重大战略需求。因此，研究城镇化对中国农业生产的影响，对于解答这些理论命题、丰富该领域的理论研究、服务中国发展大局需要具有十分重要的理论意义。

全面认识城镇化给农业生产带来的改变，有助于前瞻性地提出有效应对策略，具有重大现实意义。新一届政府把发展城镇化作为拉动国内需求、促进经济发展的动力源泉（李克强，2012），党的十八大报告指出："坚持走中国特色新型工业化、信息化、城镇化、农业现代化道路，推动信息化和工业化深度融合、工业化和城镇化良性互动、城镇化和农业现代化相互协调，促进工业化、信息化、城镇化、农业现代化同步发展。"这意味着城镇化既是中国未来发展的目标，也是实现经济社会战略性调整的重要手段；既是拉动我国经济发展的重要增长点，也是实现我国现代化的重要战略选择。在此背景下，中国农业现代化要与城镇化同步推进，实施的政策措施必须建立在全面认识城镇化给农业生产带来的影响的基础上。唯有如此，才能前瞻性地提出农业积极应对城镇化影响的有效策略。实际上，正如徐勇（2014）所述，"当前，任何关于中国农业农村发展战略、制度和政策的讨论，都不应也不可能脱离开快速城镇化进程这一客观事实"。因此，在目前统筹城乡发展的背景下，研究中国城镇化对农业生产的影响具有迫切而重大的现实意义。

国内外关于中国城镇化影响农业生产的研究处于探索初期，进一步的研究将有利于丰富和提升该领域的研究角度、深度和系统性。目前主要研究角度包括劳动力、水、土等资源竞争（Rozelle，1999；Yang et al.，2014；Yan et al.，2015；邓祥征等，2005；Chen，2007；Mueller et al.，2009；Huang et al.，2015），农产品需求（钟甫宁和向晶，2012；刘秀梅和秦富，2005；郭利京等，2012；周建和杨秀祯，2009），农产品价格（Liu，2014）等。但是城镇化影响农业生产的机理还没有得到清晰深刻的研究，把农业纳入整个经济系统中测算城镇化影响的分析研究也有待深入展开。因此，本研究在前期研究积累的基础上，从微观和宏观两个层面探索城镇化影响我国农业生产的路径、机制和原理，运用CGE模型等综合测度未来不同城镇化方案对我国农业生产的影响，丰富该领域的研究角度、增加研究深度和提升研究的系统性。

（二）国内外研究现状及发展动态分析

当前中国城镇化处于加速时期，且城镇化水平将继续提升，有学者认为2020年中国城镇化率达到60%（“城镇化进程中农村劳动力转移问题研究”课题组，2011；简新华和黄锟，2010），到2030年中国城镇化率达到70%（高春亮和魏后凯，2013），到2050年将达到76%（UN，2014）；万广华（2011）甚至认为2030年中国城镇化率有望达到80%，城镇化对整个国民经济和农业部门都会产生深层次的影响。国内外学术界关于城镇化对农业生产影响的研究日益丰富。就研究角度而言，现有关于城镇化影响农业生产的研究主要从如下五方面展开。

1. 城镇化吸纳农业劳动力从而影响农业生产

劳动力是城镇化影响农业生产的重要变量（陈欣和吴佩林，2015），这种影响有正反两种效果。一些学者指出，农村劳动力由从事农业转向从事非农产业导致农村劳动力边际生产力的明显改善，但是随着劳动力转移规模的继续加大，农业劳动力的平均人力资本水平会进一步降低，并因此对农业增长产生不利影响，主要是农民外出务工会降低农业技术效率（李谷成等，2008；刘秀梅和田维明，2005）；国外学者也发现城镇化吸纳农业壮劳力会导致农业产出下降（温思美和郑晶，2008；Regmi and Tisdell，2002；De Brauw and Rozelle，2003）。但是也有学者（Yang et al.，2014；Taylor et al.，2003）指出，劳动力转移对农业生产效率并没有不利影响。钱陈和史晋川（2006）构建的两部门动态均衡模型证明：在经济发展过程中，随着城镇化的推进，农业总产量持续增长而农业产出的比重不断下降。学界得出截然相反结论的一个主要原因在于分析的前提有差异：如是否区分农业农村劳动力的丰缺状态。根据Liews（1958）的理论，农村劳动力从无限供给转变到有限供给，将经历转折点（蔡昉，2010），在转折点前后不同阶段，城镇化通过劳动力转移对农业生产的影响会有明显差别（谢杰，2009）。Huang等（2015）通过假设城镇化对社会工资的影响进而分析发现城镇化导致农业生产如粮食、畜产品等因工资上升而产出减少，这种研究符合后一阶段的影响特征。此外，农业劳动力完全转移和不完全转移也存在影响差异，不完全转移将导致农业兼业化和耕地的粗放经营，对农业生产有消极影响（“城镇化进程中农村劳动力转移问题研究”课题组，2011）。

2. 城镇化占用优质耕地和集约使用土地进而影响农业生产

我国正处在工业化、城镇化加快发展的阶段，国外经验、教训表明，这个时期也是大量土地被占用的时期（韩长赋，2004；王成军、何秀荣和费喜敏，2012）。一些学者认为城镇化使耕地大量减少，对农业生产有负面影响（封志明和李香莲，2000；Huang et al.，2015；Jiang et al.，2013；Chen，2007）；但也有不少学者认为，由于城镇人均建设用地少于农村，因此城镇化不会增加耕地占用，而且有利于保护耕地（贾绍凤，1997；Huang et al.，2005；朱莉芬和黄季焜，2007）。但需要明确的是，城镇化占用的多为优质耕地，即使农村转移人口闲置的建设用地转化为耕地，质量也远低于城镇化占用的耕地，更别提当前闲置农村建设用地的转化力度明显不足（王桂新和冷淞，2008；张佰林等，2011；徐新良，2012）。因此陈志刚等（2010）指出，城镇化导致耕地资源大量损失、土地质量急剧退化、土地利用效率低下。傅超和刘彦随（2013）认为，城镇化进程中的“两栖占地”现象是导致城镇化对耕地有消极影响的重要原因。不过，城镇化也可以推动土地流转，从而提高农业生产效率（王晓兵等，2011；黄祖辉等，2014）。需要指出的是，目前关于城镇化影响耕地质量与数量进而影响农业生产并深入探究其影响机理的相关研究成果还较少。

3. 城镇化提高非农业用水量从而影响农业生产

国内外不少学者发现，城镇化会导致农业用水的显著减少（Meinzen-Dick and Appasamy，2001；Kendy et al.，2007；Wu and Tan，2012；Jiang，et al.，2014）。Yan 等（2015）发现中国城镇化率每增长 1 个百分点，会导致农业用水的份额下降 0.47%，以此为基础，模拟城镇化通过影响水资源配置进而影响农业生产，发现城镇化导致农业灌溉面积下降、雨养耕地面积上升，结果导致作物单产和总产量下降（Huang et al.，2015）。Jiang 等（2014）运用一般均衡模型分析了中国城镇化导致水资源在产业部门之间的竞争，发现民用水和工业用水需求扩大，分配给农业的水资源减少，农业水资源的机会成本上涨，农民的农业经营模式将发生转变，从传统的大田作物转向高附加值的畜牧业和资源集约利用的作物。

4. 城镇化通过收入效应和结构效应影响农产品需求，进而间接影响农业生产

程国强（2013）指出，随着中国城镇化水平的提高，食品消费结构快速

升级，1978 年以来居民肉类消费的增长（460%）远远快于粮食消费的增长（28%）。Huang 和 David（1993）发现，城镇化减少亚洲居民对谷物的直接消费量。考虑粮食的间接消费，钟甫宁和向晶（2012）发现，动物产品消费的增长是中国粮食需求增长的主要原因，城镇化后农村居民每年粮食需求量将增加 22.34 千克。具体到畜产品消费，城镇化使城市和农村居民猪肉消费下降，蛋类、牛羊肉消费增加（Ma et al.，2004；刘秀梅和秦富，2005）。一系列实证研究表明，城乡农产品消费存在明显差异的主要原因在于：中国城镇的整体社会保障水平和收入水平高于农村，使得城镇居民的边际消费倾向高于农村（万广华、张茵和牛建高，2001；朱信凯，2005；周建和杨秀祯，2009；朱政和王征兵，2011；胡冰川和周竹君，2015；李隆玲、田甜和武拉平，2016）。Satterthwaite（2010）认为，城镇化通过城镇人口的扩张、饮食需求方式的变化影响农产品需求。学者们比较一致的观点是：城镇化效应和收入效应共同影响农产品需求，进而对农业生产产生影响（Stage et al.，2009；Regmi and Dyck，2001；谢杰，2009）。但是，关于两大效应的区分以及城镇化通过消费需求影响农业生产的机制，目前学界还没有展开充分、深入的研究。

5. 城镇化通过价格传导机制影响农业投入成本和农产品价格，进而间接影响农业生产

城镇化影响农业生产可通过价格机制发挥作用，投入品价格和农产品价格是城镇化影响农业生产的重要中介。一方面，城镇化导致劳动力、化肥、种子等成本增加，进而导致农业投入产出率下降（余子鹏和李志平，2015）。另一方面，城镇化推动食品价格的上涨，甚至引起通货膨胀，从而通过影响农产品价格影响农业生产。Goldstone（1984）把城镇化因素纳入货币流通模型进行分析，发现城镇化是解释英国 16—17 世纪通货膨胀的主要因素。Liu（2014）基于调研数据分析了城乡劳动力转移与农产品价格上涨的内在联系，遗憾的是该研究仅是基于城镇化对农产品供给影响角度展开分析，缺少从需求角度的分析，也没有系统考察供求影响的综合效果。城镇化和工业化吸收了大量农村剩余劳动力，导致农业生产投入要素失衡，加剧了农副产品消费需求和产出供给的矛盾，产生价格上涨压力（马述忠和潘伟康，2015）。Stage 等（2009）认为，城镇化和其他长期趋势（如经济增长、人口增长和环境退化）一起推动了食品价格的上涨，在贫困国家，城镇化推动食品价格上涨的

机制在于：城镇化增加了依赖商业性食品而非自产食品供给的家庭的数目，这些家庭在预期未来食品价格可能上涨时会大量囤积食品，从而推动食品价格的短期快速上涨。Huang 等（2015）在分析城镇化影响时，综合考虑了直接效应和间接效应，后者包括生产者和消费者对城镇化导致的价格上涨的反应。显然，目前学界关于城镇化通过农产品价格影响农业生产的分析只有零星的涉及，内在影响机制有待进一步探索。

（三）本研究的问题导向

综上所述，在中国城镇化加速发展的背景下，城镇化对农业生产的影响已经得到了众多学者从多个角度的广泛关注。目前比较一致的认识是城镇化会影响农业生产，但是这些研究多是仅从某个角度展开的分散分析，综合主要影响路径和角度分析城镇化对农业生产影响的研究还不多见。现有研究还存在以下值得进一步进行理论探讨和实证分析的问题：①关于城镇化对农业生产的影响是否为积极影响，因研究角度、假设前提和方法的差异还存在明显的观点分歧；②关于城镇化影响农业生产的影响机理还没有达成共识；③综合考量主要影响路径、把农业纳入整个经济系统中量化城镇化影响的分析有待深入展开。

鉴于城镇化对农业生产影响这一命题的宏大性与复杂性，进一步的研究需要集中考量城镇化影响农业生产的主要路径，辨析和量化研究城镇化影响农业生产的机理及影响程度，把农业纳入整个经济系统中预测未来不同城镇化方案的影响。这种研究一方面利于丰富该领域的研究角度，增加研究深度和提升研究系统性，因而具有重要的理论价值；另一方面可以为我国城镇化建设和农业发展提供可靠的决策依据和具有可操作性的政策建议，因而具有重要的现实意义和实践价值。

二、研究框架

（一）研究目标

本研究的总体目标：梳理城镇化影响农业生产的主要路径，探索城镇化影响我国农业生产的机制和原理，测度未来不同城镇化方案对我国农业生产的影响，为我国城镇化建设和农业发展提供可靠的决策依据和具有可操作性的政策建议。具体来说，本研究目标可以归纳为以下两点：

目标一：通过分析农业生产与城镇化之间的关系，梳理城镇化影响农业生产的主要路径，利用微观调查数据，建立计量经济学模型，量化分析城镇化对我国农业生产的影响机理和程度；在理论和实证方面探讨城镇化对农业主要生产要素配置、主要农产品需求的影响，分析这些要素变化和农产品需求变化将如何进一步导致农业生产方式、技术模式、结构和布局等发生变化。

目标二：利用中国投入产出表，结合农业和城镇化统计数据，构建中国城镇化对农业生产影响的 CGE（China's Urbanization Influence on Agricultural Production CGE，CUIAPCGE）模型，对城镇化影响农业生产的未来状况进行预判和量化，描绘未来中国农业的发展演进趋势与方向，并为我国农业发展应对城镇化影响提出具有前瞻性的政策建议。

（二）研究内容

本研究针对城镇化影响农业生产的重要现实问题与理论命题，梳理城镇化影响农业生产的主要路径，利用微观调查数据量化分析城镇化影响我国农业生产的机理和程度，测度未来不同城镇化方案对我国农业生产的影响。具体分为四大部分。

1. 城镇化影响农业生产的主要路径

第一，世界城镇化与农业生产关系的主要类型及其借鉴。主要阐述世界城镇化和农业生产的变动趋势与类型划分，基于国际视野探索世界主要国家城镇化对农业生产的影响、应对治理经验及其启示。

第二，中国城镇化与农业生产的独特性辨识。主要分析中国城镇化的变动特征、长期发展趋势和原因，分析城镇化背景下中国农业发展的独特特征和路径。

第三，中国城镇化影响农业生产的主要路径分析。主要分析中国城镇化影响农业生产的要素供给路径、产品需求路径，以及制度与技术变迁路径。第一路径是要素供给路径，城镇化将改变农业的要素供给水平，如通过转移农业劳动力、消耗耕地、争夺水资源等降低投入水平，或者通过转移劳动力的汇款、外部资金投入改变农业投资状况，从而影响农业生产；第二路径是产品需求路径，城镇化将提高城镇居民比重和收入水平，改变国民消费偏好，继而改变农产品的需求规模和结构；第三路径是制度与技术变迁路径，城镇化通过影响农业要素禀赋结构和农产品需求结构，实现诱导性技术进步或制度变迁促进农业经营体制和技术模式日益现代化，家庭农场、股份合作制农场，以及规模化、机械化、社会化将成为未来农业经营制度和技术模式的主导发展方向。

2. 城镇化影响我国农业生产的机理和程度的计量分析

要准确分析城镇化对农业生产的影响，理论上要区分不同影响路径，针对不同路径，有效收集微观实地调研数据，建立计量经济模型，鉴别和估计城镇化对农业产出、生产要素供给、农产品需求的影响，以及对农业经营模式、技术效率等制度技术层面的影响效果，量化分析城镇化对我国农业生产的影响机理和程度，并为后续一般均衡模型研究提供有关参数。本部分计量分析主要研究城镇化对农业生产影响的直接效应，城镇化借助农产品价格变化对农业生产影响的间接效应将通过后续的综合性一般均衡模型进行模拟分析。

（1）研究方法及模型设定。考虑我国城镇化发展阶段及不同地区城镇化发展水平，设定估计城镇化影响农业生产的计量经济学模型。针对城镇化影响农业产出、农产品消费分别选用超越对数（Trans-log）生产函数模型、隐性加总需求系统（AIDADS 模型）展开量化分析；针对城镇化影响农业生产要素供给，诱致技术变迁和经营模式变化等，采用普通多元回归模型或结构方程模型等进行量化分析。

（2）从微观层面收集实地调研数据，估计城镇化对农业生产的影响效果及作用机制。根据研究内容和目标，设计调研问卷，先展开预调研，后修订问卷，继而按照东部、中部、西部 8 个代表性省份，采取分层抽样方法，对 1600 户农村家庭和 800 户城镇家庭（后者侧重农产品消费需求数据）进行实地调研。运用调研数据和计量模型估计城镇化对农业生产的影响机理和效果，获得后续 CUIAPCGE 模型所需的有关参数。

3. 综合测度不同城镇化方案对我国农业生产的影响

构建 CUIAPCGE 模型，测度未来不同城镇化方案对我国农业生产的影响，预测未来农业生产的发展演变趋势。该模型可以综合反映城镇化对农业生产影响的直接效应和间接效应。

（1）模型构建与理论基础：此部分构建 CUIAPCGE 模型，理论基础包括生产者理论、消费者理论及供需均衡理论。

（2）数据整理：利用中国投入产出表，结合农业和城镇化统计数据，把 2007 年和 2010 年中国投入产出表的产业部门进行合并及拆分，劳动力拆分为农村劳动力、农村转移劳动力以及城镇劳动力；结合相关部门贸易数据，形成本研究所需的投入产出表；根据前述估计的有关参数以及有关文献提供的参数完善模型参数系统。

（3）模拟方案设定：根据1978—2014年中国城镇化水平变动轨迹，并结合人口变动特征、《国家新型城镇化规划（2014—2020）》以及本研究的预测，针对不同影响路径，设定不同城镇化方案，预测未来不同城镇化方案对我国农业生产的影响。

4. 统筹城乡发展的政策建议

在以上理论和实证研究的基础上，前瞻性地为我国城镇化建设和农业发展提供可靠的决策依据和具有可操作性的、有利于统筹城乡发展的宏微观政策建议。本研究将从我国国情农情出发，深入探讨今后在快速城镇化背景下促进农业稳定发展、增强农产品供给保障能力所面临的主要挑战及其对农业政策的现实需要；系统分析目前我国农业生产面对城镇化影响的社会经济环境和发展演变路径，合理界定农业政策在快速城镇化背景下的基本定位、政策目标、实施原则与重点措施；以城镇化影响农业的主要路径、影响机制以及农业的适应性评价为基础，积极探索农业生产应对城镇化影响的新思路、新路径和新机制，选择针对性强、匹配精准的宏微观农业政策工具组合，探索构建适合我国国情农情，指向清晰、定位准确、结构完善、功能齐备、效能提升的农业政策制度框架，以有效化解快速城镇化对农业生产的不利冲击，并有效利用快速城镇化的积极效应。

（三）拟解决的关键科学问题

在本研究中，拟解决的关键科学问题包括以下三个方面。

1. 探索城镇化影响农业生产的主要路径

当前对城镇化影响农业生产的影响路径分析视角并不一致，研究结论也有较大差异。因此，有必要形成统一的理论框架，掌握城镇化对农业生产的影响机制，梳理城镇化影响农业生产的主要路径。找准城镇化对农业生产的影响路径，利于进一步探索城镇化影响农业生产的宏微观作用机制。本研究拟从资源配置、价格传导、需求引导、制度变迁等主要方面切入。

2. 探究城镇化对农业生产的影响机制

城镇化对农业生产的影响机制可分为宏观作用机制和微观作用机制。针对前者，本研究构建宏观计量模型，从不同城镇化的区域层次［省、地区、县（市）］，构建计量模型，控制地域特征、发展程度，估计不同城镇化水平对不同区域农业的影响机制，充分考察城镇化对区域农业产量、不同品种结构、农业生产效率等变量的影响方式和传导路径。针对后者，本研究拟在一手调研数据的基础上，结合计量经济学方法，区分不同影响路径和城镇化发展阶段，设定计量模型，控制个体特征、社区特征、不受城镇化影响的变量，量化分析城镇化对农户农业产出、投入模式、经营规模、生产效率的影响。

3. 构建 CUIAPCGE 模型估计当前城镇化趋势与统筹城乡对策效果

由于我国城镇化进程处于加速阶段，而且各地采取了有共性和有特色的政策措施，未来的城镇化发展情景将存在多种可能性，因此依据我国经济社会发展的可能情景和有关发展趋势，构建 CUIAPCGE 模型，设定不同模拟方案，模拟未来城镇化对我国农业生产的可能影响，并考察统筹城乡政策对农业生产的可能影响，这对把握我国农业发展演变趋势，为政府制定农业发展提出前瞻性的对策建议具有重要意义。

三、研究思路

（一）技术路线

根据本项研究的目标和已有研究基础，设立研究技术路线（见图 1-1）。

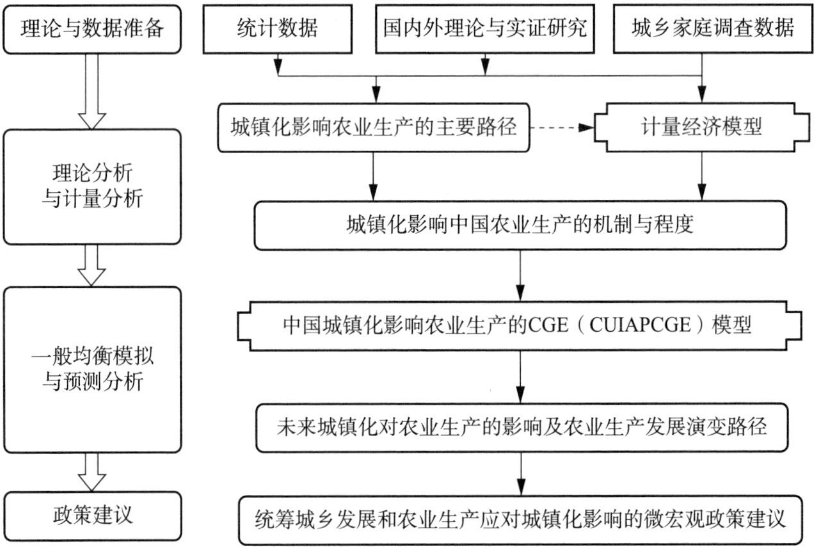

图 1-1　本研究的技术路线

第一，收集和整理国内外关于城镇化影响农业生产的理论研究和实证文献；总结目前国内外关于城镇化影响农业生产的研究方法和主要观点；比较世界城镇化与农业生产关系的主要类型；探讨世界主要国家应对城镇化影响农业生产的治理经验及其启示；辨识我国城镇化与农业生产的独特性；梳理城镇化影响我国农业生产的主要路径。

第二，在我国东部、中部、西部选择具有代表性的黑龙江、山东、浙江、江苏、湖北、河南、四川、甘肃 8 省抽取 1600 户农村家庭样本和 800 户城镇家庭样本（前者同时调研农业生产和农产品消费，后者侧重农产品消费调研）进行调查。基于实地调查数据和案例，评估我国城镇化对农业生产的影响路径。建立计量经济模型，量化分析城镇化影响我国农业生产的机理和程度。

第三，根据前面的理论分析和实证分析结果以及有关数据，建立 CUIAPCGE 模型，完善参数，设定模拟情景，模拟分析未来 10~20 年城镇化对农业生产的影响，预测未来农业生产的发展演变路径，为政府制定农业发展的前瞻性应对政策提供科学依据。

第四，从微观和宏观两个层面研究我国统筹城乡发展和农业生产应对城镇化影响的对策。在微观层面采取措施激励农户适应城镇化进程，推进农业技术进步和经营模式变迁；在宏观层面根据城镇化发展趋势和农业适应性发展演变趋势提出中长期的统筹城乡发展对策和具体措施。

（二）主要研究方法和关键技术

根据上述研究内容的需要，本研究拟主要采用相对较成熟的超越对数（Trans-log）生产函数模型、隐性加总需求系统（AIDADS 模型）和 CGE 模型作为主要研究方法和关键技术（至于研究可能涉及的其他普通多元回归模型、结构方程模型等，一般经济学者都很熟悉，这里不再展开阐述），系统地研究我国城镇化对农业生产的微观、宏观影响机制，量化影响程度，并分析未来 10~20 年农业生产受到城镇化的可能影响及发展演进路径。

1. 超越对数（Trans-log）生产函数模型

分析城镇化影响农业生产的效果，现有相关文献主要选择生产函数进行分析，主流生产函数模型包括三种：超越对数（Trans-log）生产函数、不变替代弹性（CES）生产函数和柯布—道格拉斯（Cobb-Dauglas，CD）生产函数。相对于其他两者而言，超越对数生产函数可以全面地将投入要素之间的相互作用考虑进来，因此，本研究主要采用如下的超越对数生产函数形式展开城镇化影响农业生产的计量分析：

$$\ln Y_i = \beta_0 + \sum_{i=1}^{n}\beta_i \ln X_i + \frac{1}{2}\sum_{i=1}^{n}\sum_{j=1}^{n}\beta_{ij}\ln X_i \mathrm{Ln} X_j + \sum_{i=k}^{n}\beta_k X_k + \alpha U + \nu_i \tag{1-1}$$

其中，Y_i 为农户作物（畜牧业）产量/产值；$X_{i(j)}$ 为农业生产的相关投入要素，包括农业劳动力数量、播种（土地）面积、农业机械总动力（资本投入）、化肥使用量（饲料饲喂量），X_k 为影响农业生产的其他因素，包括当地城镇化水平、农户居住地与城镇距离、自然灾害强度指数、农产品生产价格指数、农业生产资料价格指数等；U 为是否为城市郊区虚拟变量（$U=1$ 表示城市郊区，$U=0$ 表示非城市郊区）。

2. 隐性加总需求系统（AIDADS 模型）

考察城镇化对农产品需求的影响，要估算和比较城乡居民的边际消费份额等参数（可供后面 CGE 建模参数系统使用和参考），国际上主要使用 AIDADS 模型及其修正模型展开分析。Rimmer 和 Powell（1996）提出的 AIDADS 模型是 LES 模型的一般化形式，建立在 Hanoch（1975）隐性直接加总效用函数的基础上，它保证了对消费偏好的严格假定，而且允许消费对收入的变化保持非线性关系。AIDADS 模型具体形式如下：

$$\sum_{i=1}^{n}\frac{\alpha_i + \beta_i e^u}{1 + e^u}\ln\left(\frac{x_i - \gamma_i}{Ae^u}\right) = 1 \tag{1-2}$$

其中，A 为效用函数中的截距项；x_i 为第 i 种商品的消费量，$i=1$，2，…，n；α_i 为维持基本生存消费的边际消费支出份额；β_i 为满足非基本生存消费的边际支出份额；γ_i 为维持生存所需的最低消费。通过使用非线性规划方法，按照既定效用水平下成本最小化目标求解拉格朗日方程，再对计算结果做一定变换，就可获得以消费份额表示的 AIDADS 支出系统：

$$s_i = \frac{\gamma_i p_i}{c} + \frac{\alpha_i + \beta_i e^u}{1 + e^u}\left(1 - \sum_{i=1}^{n}\frac{p_i}{c}\gamma_i\right) \tag{1-3}$$

其中，s_i 为第 i 种商品消费支出所占的预算份额；p_i 为第 i 种商品的价格；c 为货币表示的消费支出。Hertel（2007）指出，实证研究可以得到非 0 的 α_i 和 γ_i，而 β_i 则接近于 0。按照对称性，齐次性和加总性理论假定，要求 $\sum_{i=1}^{n}\alpha_i = \sum_{i=1}^{n}\beta_i = 1$，$0 \leqslant \alpha_i$，$\beta_i \leqslant 1$。如果研究需要，可以对 AIDADS 模型进行修正，只要放宽 γ_i 使之反映出最低消费量的变动状况即可（Cranfield et al.，2003）。利用 AIDADS 模型及其修正模型，可以具体比较城镇居民与农村居民农产品消费的差异，从而评估城镇化带来的农产品消费影响。

3. 中国城镇化影响农业生产的 CGE 模型（CUIAPCGE 模型）

本研究使用的 CUIAPCGE 模型建立在生产者理论、消费者理论及供需均衡理论的基础上，可以根据城镇化对农业生产的不同影响路径设置不同的外生变量，对模型做局部变动，从而可以有区分或者综合地模拟各种可能影响。其中，从劳动力转移路径分析可能影响的 CGE 模型的主要构建过程如下：

（1）生产者行为主要方程。本研究中生产者行为有三个层次，均采用 CES 函数形式。首先，农村劳动力、农村转移劳动力和城镇劳动力形成复合劳动力；其次，各部门资本和复合劳动力形成复合附加值，各部门产品与进口品形成复合中间投入品；最后，复合附加值与复合中间投入品形成各部门产出。

c 部门产出函数为

$$Q_c = A_c\Big[\sum_{m=z,\ t}\alpha_{cm}x_{cm}^{\frac{\sigma-1}{\sigma}}\Big]^{\frac{\sigma}{\sigma-1}} \tag{1-4}$$

其中，Q_c 为 c 部门产出；A_c 为 c 部门技术进步参数；α_{cm}为 c 部门的附加值和中间投入品份额参数；x_{cm}为 c 部门的附加值产品和中间投入品；σ 为 Q_c 中附加值产品与中间投入品的替代弹性。根据利润最大化目标求解，可以解得 x_{cm}(表达式略，下同)。

当 $m=z$ 时，x_{cm}为 c 部门附加值；当 $m=t$ 时，x_{cm}为中间投入品。x_{cz}是 c 部门资本和复合劳动力的 CES 函数：

$$x_{cz} = \Big[\sum_{j=k,\ l}\alpha_{cj}x_{cj}^{\frac{\sigma_{cz}-1}{\sigma_{cz}}}\Big]^{\frac{\sigma_{cz}}{\sigma_{cz}-1}} \tag{1-5}$$

其中，$\alpha_{cj}(j=k,\ l)$分别为 c 部门资本和复合劳动力的份额；x_{cj}为 c 部门的资本和复合劳动力；σ_{cj}为 c 部门资本与复合劳动力的替代弹性。同样根据利润最大化目标求解，可以解得 x_{cj}。

c 部门中间投入品 x_{ct}是 c 部门产品的 CES 函数：

$$x_{ct} = \Big[\sum_{c'}\alpha_{cc'}G_{cc'}\frac{\sigma_{ct}-1}{\sigma_{ct}}\Big]^{\frac{\sigma_{ct}}{\sigma_{ct}-1}} \tag{1-6}$$

其中，$G_{cc'}$为 c 部门的复合中间投入品形成过程中所使用 c' 部门产品（c' 是 c 的别称）；$\alpha_{cc'}$为份额参数；σ_{ct}为 c 部门复合中间投入品所使用其他产品的替代弹性。同样可以根据利润最大化目标解得 $G_{cc'}$($G_{cc'}$为国内外 c 部门产品形成的复合投入品，其 CES 函数与求解略)。

X_{czl}为复合劳动力，是农村劳动力、农村转移劳动力、城镇劳动力的 CES

函数：

$$x_{czl} = \left[\sum_{l} \alpha_{cl} l_{cl}^{\frac{\sigma_c - 1}{\sigma_c}} \right]^{\frac{\sigma_c}{\sigma_c - 1}} \quad (1-7)$$

其中，l_{cl}（$l=ru$，nm，ur，分别为农村劳动力、农村转移劳动力和城镇劳动力）为各产业部门中所使用的各类劳动力；α_{cl}为 c 部门中的各劳动力的份额参数；σ_c 为 c 部门各类劳动力之间的替代弹性。

（2）消费者行为主要方程。消费者效用函数采取 CES 形式表达：

$$u = \left[\sum_{c} \alpha_c x_c^{\frac{\sigma_c - 1}{\sigma_c}} \right]^{\frac{\sigma_c}{\sigma_c - 1}} \quad (1-8)$$

其中，α_c、x_c 分别为居民购买的 c 部门产品的份额参数、需求量；σ_c 为消费者所消费产品之间的替代弹性。

约束条件为

$$\sum_{c} p_c x_c = I \quad (1-9)$$

相应可以解得

$$x_c = \left(\frac{\sigma_c}{p_c} \right)^{\sigma_c} \frac{I_c}{\sum_{c} \alpha_c^{\sigma_c} p_c^{(1-\sigma_c)}} \quad (1-10)$$

其中，I 为收入（劳动者报酬与资本收益之和）；I_c 为消费的 c 部门产品支出；x_c 为对 c 部门复合产品的需求量，x_c 为国内生产产品（$x_{c.hom}$）和国外生产产品（$x_{c.row}$）的复合产品，是国内外 c 部门产品的 CES 函数（求解过程略）。

（3）供求均衡主要方程。本研究 CGE 模型的均衡包含产品均衡和要素市场均衡。国内生产产品供给 Q_c 等于国内消费者需求（x_c）、中间投入品使用（$M_{cc'}$）和国外所消费国内产品（$E_{c.row}$）三部分之和。国外产品均衡等于国外部门供给其国内的产品（$x_{row.c}$）和出口到中国的产品（$I_{row.c}$）之和。要素市场包括资本均衡（资本供给 K_c为各部门资本需求之和）和劳动力均衡（劳动力 L_c供给等于各部门所需农村劳动力、农村转移劳动力和城镇劳动力之和）。上述均衡方程具体如下：

$$Q_c = x_c + M_{cc'} + E_{c.row} \quad (1-11)$$

$$Q_{row.c} = x_{row.c} + I_{row.c} \quad (1-12)$$

$$K_c = \sum_{c} x_{ck} \quad (1-13)$$

$$L_c = \sum_{c} l_{cl} \quad (1-14)$$

（三）可行性分析

本研究工作具备坚实的工作基础和执行条件：

——本研究以城镇化对农业生产的影响为核心，项目组成员掌握了国内外学者的相关研究进展与动态，深入了解了已有文献围绕城镇化对农产品消费、农业资源配置、农业技术效率、粮食安全等方面的影响所展开的理论与实证研究，这为本研究提供了一定的理论方法启示。项目组成员在此基础上积极进行理论方法的创新性探索，掌握了多种计量经济学模型/均衡模型/优化模型，具备了开展本研究的理论基础。

——从技术路线和研究方法上看，本研究区分城镇化影响农业生产的主要路径，针对具体路径设计调研问卷，展开实地调研，系统采集数据，建立计量经济学模型，量化城镇化对农业生产的影响机制与程度，继而建立中国城镇化对农业生产影响的 CGE 模型模拟未来城镇化对农业生产的影响，技术路线逻辑清晰，方法与研究内容互相支持、前后衔接。本研究使用的主要计量方法：超越对数生产函数可以全面地将投入要素之间的相互作用考虑进来；AIDADS 模型及其修正模型是国际主流分析方法，适合用于考察城镇化对农产品需求的影响，利于估算和比较城乡居民的边际消费份额等参数，而且允许边际预算份额以及其他弹性参数随收入变化做出反应，同时坚持了对消费偏好的严格假定，能够比较逼真地反映经济现实；CUIAPCGE 模型，建立在坚实的生产者理论、消费者理论及供需均衡理论的基础上，不仅可以把农业纳入经济体系整体中，系统分析未来城镇化对农业生产的影响，综合考虑城镇化对农业生产影响的直接效应和间接效应，而且可以根据城镇化对农业生产的不同影响路径，设置不同的外生变量，有区分或者综合地模拟各种主要的可能影响。因此，从技术路线和研究方法角度看，本研究切实可行。

——项目申请人及团队已经熟练掌握本研究的相关研究方法。对超越对数生产函数、AIDADS 模型、CGE 模型，团队成员已有长期的研究实践和成功经验，并在 *Journal of the Faculty of Agriculture Kyushu University*、《国际贸易问题》等刊物公开发表应用这些方法研究的论文。

——本研究负责人和课题组成员密切关注城镇化与农业问题，多次参加关于农业生产、城镇化发展影响的调研活动，对城镇化与农业发展、农产品消费、种植业结构调整等相关问题有一定研究，目前已有 20 余篇相关论文在 *Journal of the Faculty of Agriculture Kyushu University*、《中国农村经济》《国际贸易问题》《改革》等刊物和相关学术会议上公开发表，为本研究积累了丰富的研究经验和理论方法，完成了与本研究项目相关的知识准备。课题组成员包括4位高级职称研究人员和2位中级职称研究人员，2位博士后和1位在读硕士，具有较好的知识结构，研究时间充足，能够为研究的顺利开展提供良好的人才支撑和团队支撑。

——项目组所在单位——中国农业科学院农业经济与发展研究所，以及合作单位——农业信息研究所均是国内具有影响力的农业经济理论与政策研究机构，软硬件设施齐备，具有丰富的关于农业政策研究、农业生产分析、计量和CGE建模研究、城镇化与农业生产关系分析的研究积累，不仅可以为本研究提供丰富的理论方法支持和模型体系支撑，也能够为研究所需资料和数据的获取提供便利的条件。

——调研方案得到精心设计。目前已经依托中国农业科学院农业经济与发展研究所建立的中国农村微观经济数据固定采集点获得3240套中国农村微观经济数据，为本研究初步分析城镇化对农业生产的影响提供了数据支持；参考中国农业科学院农业经济与发展研究所固定观察点的调研问卷，申请人和团队成员进一步细化了本研究的调研方案。本研究将综合考虑经济发展水平、区域分布、农业生产的重要性，拟从黑龙江、山东、浙江、江苏、湖北、河南、四川、甘肃8省中每省随机抽取2县，每县随机抽取5个乡镇，每个乡镇随机抽取2村，每村随机抽取10户，获得1600户农村家庭样本；此外，在每省随机抽取5个城镇，每个城镇随机抽取20户家庭，获得800户城镇家庭样本。调查问卷分4种类型，分别为乡镇、村、农户和城镇家庭问卷。其中，乡镇和村问卷内容主要包括：①镇、村基本社会经济特征，如人口、耕地、收入、地形、交通、非农就业机会、城镇化相关因素等；②镇、村劳动力迁移情况；③镇村土地流转情况；④农业机械化程度和新技术采纳情况。农户调查问卷内容主要包括：①农户家庭情况；②家庭劳动力迁移变化情况；③家庭耕地变动情况；④农业生产情况；⑤农产品消费情况。城镇家庭问卷内容主要包括：①所在城镇类型和特征；②家庭基本特征，如资产、成员就业、收入水平、行业、居住地点等；③家庭消费情况，如主要农产品消费情况、其他商品消费情况等。经过周密设计和预调研调整后的可靠调研方案，将为本研究提供足量的微观数据支持。而且，在研究过程中，项目组在数据更新收集和实地调研等方面得到农业部和国家发展改革委城市和小城镇中心等部门和机构的大力支持和帮助。

因此，本研究在理论、技术路线、方法、研究应用、人才队伍、软硬件保障和资源获取上均可行，可以顺利开展研究，如期完成研究内容，并获得高质量的研究成果。

四、特色与创新

本研究的特色与创新主要体现在以下三个方面：

第一，在研究领域和研究视角上，本研究不是单纯地研究农业生产领域，而是采用宏观、微观、中观等数据对城镇化影响我国农业生产的机理和路径进行研究；区分城镇化影响农业生产的主要路径，对城镇化影响农业生产的机理和程度展开理论和实证研究，突破了以往研究仅仅针对单条路径零散分析城镇化对农业生产影响的局限性，在框架设计、计量模型选择、调研方案设计、CGE 模型模拟、政策建议等各环节统筹考量主要影响路径，研究视角较为新颖、系统，有利于扩大和提升研究的系统性和深度。

第二，在研究内容上，本研究从微观和宏观两个层面综合梳理城镇化影响我国农业生产的主要路径；关于城镇化对我国农业生产的影响机理和程度的量化分析，建立在扎实微观实地调查和主流计量经济模型分析的基础上；对已有影响采用计量模型进行事后量化评估，对未来影响通过构建 CUIAPCGE 模型进行预先测度和综合研判，并预测我国农业生产在城镇化进程中的发展演变趋势。为我国城镇化建设和农业发展提供的决策依据和宏微观政策建议，建立在上述坚实的理论与实证研究的基础上。

第三，在研究方法上，本研究将计量模型和多部门一般均衡模型结合，对城镇化影响农业生产的宏微观机制和发展趋势展开系统研究，避免了现有主要文献只从微观角度或者只从宏观角度研究城镇化影响农业生产的局限性。本研究建立的 CUIAPCGE 模型，为未来该领域的相关研究提供了一个科学的分析平台，可以适时量化评估未来主要城镇化情景方案（可依据主要影响路径设定不同外生变量）对农业生产的影响。

参考文献

［1］白南生，李靖．城市化与中国农村劳动力流动问题研究［J］．中国人口科学，2008（4）：2-10.

［2］蔡昉．人口转变、人口红利与刘易斯转折点［J］．经济研究，2010（4）：4-13.

［3］陈欣，吴佩林．快速城镇化进程对我国粮食生产影响的实证检验［J］．统计与决策，2015（6）：124-126.

［4］陈志刚，曲福田，韩立，等．工业化、城镇化进程中的农村土地问题：特征、诱因与解决路径［J］．经济体制改革，2010（5）：93-98.

［5］程国强．中国农产品进口战略［C］．国务院发展研究中心（内部报告），2013.

［6］“城镇化进程中农村劳动力转移问题研究”课题组．城镇化进程中农村劳动力转移战略抉择和政策思路［J］．中国农村经济，2011（6）：4-14.

［7］封志明，李香莲．耕地与粮食安全战略：藏粮于土，提高中国土地资源的综合生产能力［J］．地理学与国土研究，2000，16（3）：1-5.

［8］傅超，刘彦随．我国城镇化和土地利用非农化关系分析及协调发展策略［J］．经济地理，2013（3）：47-51.

［9］高春亮，魏后凯．中国城镇化趋势预测研究［J］．当代经济科学，2013（4）：85-90.

［10］辜胜阻．城镇化是未来中国经济高速增长的最大动力［J］．农村工作通讯，2010（1）：23-24.

［11］韩长赋．我国工业化、城镇化进程中的土地问题［J］．求是，2004（22）：6-8，10.

［12］胡冰川，周竹君．城镇化背景下食品消费的演进路径：中国经验［J］．中国农村经济，2015（6）：2-14，94.

［13］黄祖辉，王建英，陈志钢．非农就业、土地流转与土地细碎化对稻农技术效率的影响［J］．中国农村经济，2014（11）：4-16.

［14］简新华，黄锟．中国城镇化水平和速度的实证分析与前景预测［J］．经济研究，2010（3）：28-39.

［15］李谷成，冯中朝，占绍文．家庭禀赋对农户家庭经营技术效率的影响冲击——基于湖北省农户的随机前沿生产函数实证［J］．统计研究，2008（1）：35-42.

［16］李隆玲，田甜，武拉平．城镇化进程中农民工收入分布变化对其食物消费的影响［J］．农业现代化研究，2016（1）：57-63.

［17］刘合光．城镇化背景下的中国农业发展：国别经验借鉴与战略方向选择［J］．改革，2013（9）：73-81.

［18］刘合光，潘启龙，秦富．中国的城市化与农业发展：基于世界视角

的比较分析 [J]. 农业经济，2013 (12)：3-6.

[19] 刘秀梅，秦富 . 我国城乡居民动物性食物消费研究 [J]. 农业技术经济，2005 (3)：25-30.

[20] 罗必良 . 缩小城乡收入差距的城镇化战略 [J]. 农村经济，2013 (1)：9-11.

[21] 马述忠，潘伟康 . 中国农业产出缺口测算及其价格效应研究——基于劳动力有限供给视角 [J]. 浙江大学学报（人文社会科学版)，2015 (3)：5-18.

[22] 钱陈，史晋川 . 城市化结构变动与农业发展——基于城乡两部门的动态一般均衡分析 [J]. 经济学季刊，2006，6 (1)：57-73.

[23] 万广华 .2030 年：中国城镇化率达到 80% [J]. 国际经济评论，2011 (6)：99-111.

[24] 万广华，张茵，牛建高 . 流动性约束、不确定性与中国居民消费 [J]. 经济研究，2001 (1)：35-44.

[25] 王成军，何秀荣，费喜敏 . 工业化、城市化对耕地变化作用研究——基于国际视角的实证分析 [J]. 农业技术经济，2012 (11)：49-56.

[26] 王桂新，冷淞 . 中国城市化发展对粮食生产影响分析 [J]. 人口学刊，2008 (3)：18-23.

[27] 王建军，吴志强 .1950 年后世界主要国家城镇化发展——轨迹分析与类型分组 [J]. 城市规划学刊，2007 (6)：47-53.

[28] 王晓兵，侯麟科，张砚杰，等 . 中国农村土地流转市场发育及其对农业生产的影响 [J]. 农业技术经济，2011 (10)：40-45.

[29] 温思美，郑晶 . 要素流动、结构转型与中国“三农问题”困境 [J]. 农业经济问题，2008 (4)：4-11.

[30] 谢杰 . 工业化、城镇化在农业现代化进程中的门槛效应研究 [J]. 农业经济问题，2012 (4)：84-90.

[31] 徐勇 . 城乡一体化视域中的农业农村发展新思维——评《从行政推动到内源发展：中国农业农村的再出发》[J]. 中国行政管理，2014 (10)：117-120.

[32] 杨志海，王雅鹏 . 县域工业化与城镇化对农业增长的影响研究——来自中国 1550 个县（市）面板数据的证据 [J]. 经济经纬，2014，31 (4)：25-30.

[33] 余子鹏，李志平 . 城镇化、现代化与生产率进步——基于我国省际

农业的分析［J］. 农业经济，2015（9）：15-17.

［34］张佰林，杨庆媛，严薫，等. 快速城镇化进程中不同类型农户弃耕特点及原因——基于重庆市十区县540户农户调查［J］. 资源科学，2011，33（11）：2047-2054.

［35］钟甫宁，向晶. 城镇化对粮食需求的影响——基于热量消费视角的分析［J］. 农业技术经济，2012（1）：4-10.

［36］周建，杨秀祯. 我国农村消费行为变迁及城乡联动机制研究［J］. 经济研究，2009（1）：83-95，105.

［37］朱莉芬，黄季焜. 城镇化对耕地影响的研究［J］. 经济研究，2007（2）：137-145.

［38］朱信凯. 流动性约束、不确定性与中国农户消费行为分析［J］. 统计研究，2005（2）：38-42.

［39］朱政，王征兵. 城乡居民收入差距与城乡居民消费的关系研究［J］. 广东农业科学，2011（16）：201-204.

［40］ALIG R. J.，et al.. Urbanization on the US Landscape：Looking Ahead in the 21st Century［J］. Landscape and Urban Planning，2004（69）：219-234.

［41］CHEN J.. Rapid Urbanization in China：A Real Challenge to Soil Protection and Food Security［J］. Catena，2007，69（1）：1-15.

［42］DE BRAUW A.，ROZELLE S.. Migration and Household Investment in Rural China［C］. University of California，Davis，CA，USA，2004.

［43］HUANG B.，ZHANG L.，WU B.. Spatio-temporal Analysis of Rural-urban Land Conversion［J］. International Journal of Geographical Information Science，2009，23（10）：379-398.

［44］HUANG J.，DAVID C. C.. Demand for Cereal Grains in Asia：The Effect of Urbanization［J］. Agricultural Economics，1993（8）：107-124.

［45］HUANG J.，et al.. Urbanization，Food Production and Food Security in China［EB/OL］.（2015-01-05）. http://ageconsearch. umn. edu.

［46］HUANG J.，ZHU L.，DENG X.，et al.. Cultivated Land Changes in China：The Impacts of Urbanization and Industrialization［J］. Society of Photo-Optical Instrumentation Engineers，2005（5884）：135-149.

［47］JIANG L.，et al.. Modeling the Impacts of Urbanization and Industrial Transformation on Water Resources in China：An Integrated Hydro-Economic CGE

Analysis [J]. Sustainability, 2014 (6): 7586-7600.

[48] JIANG L., DENG X., SETO K. C.. The Impact of Urban Expansion on Agricultural Land Use Intensity in China [J]. Land Use Policy, 2013 (35): 33-39.

[49] LEWIS A.. Unlimited Labor: Further Notes [J]. Manchester School of Economics and Social Studies, 1958 (2): 1-32.

[50] LIU K.. Impact of Rural-to-Urban Migration on Agricultural Commodity Inflation in China [EB/OL]. Undergraduate Honors Thesis, Spring 2011, Economics Department University of California, Berkeley. http://www.econ.berkeley.edu/sites/default/files/liu_ kan.pdf.

[51] MA H. et al.. Chinese Animal Product Consumption in the 1990s [J]. The Australian Journal of Agricultural and Resource Economics, 2004, 48 (4): 569-590.

[52] MAI Y., et al.. The Effects of Facilitating the Flow of Rural Workers to Urban Employment in China [J]. Centre of Policy Studies Monash University, 2009 (11): 188.

[53] MC CARTHY et al.. Assessing the Impact of Massive Out-Migration on Agriculture [EB/OL]. (2006-06-14). http://www.fao.org/3/a-ah631e.pdf.

[54] MC CULLOUGH E., PINGALI P. L., STAMOULIS K. G.. Small Farms and the Transformation of Food Systems: An Overview. In: MC CULLOUGH E., PINGALI P. L., STAMOULIS K. G. [C]. In The Transformation of Agri-Food Systems: Globalization, Supply Chains and Small holder Farms. Earth scan, London, 2008: 3-46.

[55] MEINZEN-DICK R., APPASAMY P. P.. Urbanization and Inter-sectoral Competition for Water [C]. Woodrow Wilson International Center for Scholars. Washington, DC, 2001: 27-51.

[56] Regmi A., Dyck J.. Effects of Urbanization on Global Food Demand [C]. Changing Structure of Global Food Consumption and Trade, Agriculture and Trade Report. 2001, WRS-01-01, US Department of Agriculture, Washington, DC.

[57] REGMI G., TISDELL C.. Remitting Behaviour of Nepalese Rural-to-urban Migrants: Implications for Theory and Policy [J]. Journal of Development Studies, 2002, 38 (3): 76-94.

[58] ROZELLE S., et al.. Migration, Remittances, and Productivity in

China [J]. American Economic Review, 1999, 89 (2): 287-291.

[59] SATTERTHWAITE D., MC GRANAHAN G., TACOLI C.. Urbanization and It's Implications for Food and Farming [J]. Philos. Trans. Roy. Soc. B: Biol. Sci, 2010, 365 (1554): 2809-2820.

[60] STAGE J., STAGE J., MC GRANAHAN G.. Is Urbanization Contributing to Higher Food Prices? International Institute for Environment and Development (IIED) [EB/OL]. (2009-08). http://www.iied.org/pubs/display.php? o=10573IIED.

[61] TAYLOR J. E., ROZELLE S., DE BRAUW A.. Migration and Incomes in Source Communities: A New Economics of Migration Perspective From China [J]. Economic Development and Cultural Change, 2003, 52 (1): 75-101.

[62] United Nations, Department of Economic and Social Affairs. World Urbanization Prospects: The 2014 Revision [R]. 2014, New York.

[63] WU J., et al.. Urbanization and the Viability of Local Agricultural Economies [J]. Land Economics, 2011, 87 (1): 109-125.

[64] WU P., TAN M.. Challenges for Sustainable Urbanization: A Case Study of Water Shortage and Water Environment Changes in Shandong, China [J]. Proc. Environ. Sci, 2012 (13): 919-927.

[65] YAN T., et al.. Urbanization, Agricultural Water Use and Regional and National Crop Production in China [EB/OL]. (2014-12-21). http://dx.doi.org/10.1016/j.ecolmodel.

[66] YANG, et al.. Migration, Local Off-farm Employment and Agricultural Production Efficiency: Evidence from China [EB/OL]. (2014-04). http://www.ifpri.org.

第二章

新中国成立70余年以来我国城镇化发展历程分析

1949年新中国成立后，我国城镇化进程取得了快速突破，一般以1978年党的十一届三中全会为界，将我国城镇化分为改革开放前和改革开放后两个阶段。本章深入阐述了我国改革开放之前和改革开放之后的城镇化发展历程，并对我国城镇化发展的总体特征进行了分析，最后论述了我国城镇化进程和农业生产的协同问题。

1840年鸦片战争后，我国的国门被迫打开，进入近代社会，随着资本主义商品经济对封建小农经济的冲击和半封建、半殖民地社会的形成，我国城镇化有了新的增长，并且主要集中在资本主义列强势力范围之内，如大连、威海、青岛、上海、广州等，但是发展进程依然非常缓慢，大大落后于西方资本主义国家。1911年，辛亥革命推翻了清朝统治，但是经济、社会的发展仍然处于较低水平，我国城镇化没有取得实质突破。至1949年新中国成立时，全国设市的城市只有136个（未包括台湾省、香港地区和澳门地区），建制镇只有2000个左右；1949年，我国城镇人口5765万人，人口城镇化率仅为10.64%，比1843年提高了5.54个百分点。在新中国成立之初，城乡间人口流动与自由转移是没有限制的。1952年，国民经济恢复三年后，农村劳动力开始出现转移情况。后来为实现国家战略，政府对农村人口转移进行了严格的管控，人口城镇化进程非常缓慢；1978年改革开放之后，中国政府才逐步放松对人口流动的管理，农村劳动力向城镇自由流动，快速推动了中国的人口城镇化进程。

可以认为，1949年新中国成立后，我国城镇化才取得了真正意义上的突破，迈上了发展的新阶段。新中国成立70余年以来，一般以1978年为界，将我国城镇化分为改革开放前和改革开放后两个阶段。

一、改革开放之前的城镇化（1949—1978 年）

从新中国成立到改革开放前夕，我国城镇化进程出现了从较快、较慢到停滞的发展特点，根据城镇化推动机制的因素，我国 1949—1978 年的城镇化可分为三个阶段。

（一）1949—1957 年：健康稳定发展阶段

1949—1957 年是新中国工业化起步时期，政府大力推动城市经济的恢复和发展，城镇化呈现出短暂的健康稳定发展。新中国成立后，通过没收官僚资本、控制经济命脉、稳定市场物价等一系列措施，经过三年国民经济恢复重建，城市经济得到初步恢复和发展。1953 年，我国进入“第一个五年计划”建设时期，按照“充分利用沿海，大力发展内地，平衡布置生产力”的原则，我国多项重大工业项目开工建设，包括 156 项重点工程和 694 项大型工业项目，有力地推动了城市发展，特别是推动了内陆地区的城市发展。这一阶段城镇化进程与社会经济发展进程相适应，城市个数由 1949 年的 136 个增加到 1957 年的 176 个；城市人口稳定上升，增加到 9949 万人；城镇化水平由 1949 年的 10.6%上升到 1957 年的 15.4%，年均城镇化增长速度为 0.59 个百分点。

从 1958 年开始，中国开始实施人口户籍管理，独特的户籍制度对人口实行严格的二元化管理，导致农村劳动力转移只能以本地转移或转移而不迁户籍的形式存在。在新中国成立之初，政府发布的发展经济政策就是大力发展工业，城市与农村劳动力的二元经济结构，导致工业快速实现规模化发展，而农村劳动力的城镇化则因为户籍制度的限制而发展非常缓慢。

（二）1958—1965 年：不稳定发展阶段

1958—1965 年，我国经济发展受到政治因素的严重干预，这一时期城镇发展的基本特征是人为地大幅度波动，城市发展呈现出由扩大到紧缩的变化。

1957 年开始出现“左”的错误，特别是 1958 年的“大跃进”运动，盲目追求经济增长的高速度，片面发展重工业，提出了“以钢为纲、全民大办工业”的总路线，导致全民炼钢，造成国民经济结构的严重失调。单纯、片面的工业化导致了爆发性的工业化过程和超高速城镇化过程。到 1960 年，重工业产值占工业总产值的比重达到 66.6%，发展速度为 25.9%；而轻工业和农业分别出现了9.8%和12.6%的负增长。工业化在短时间的爆发性发展，促使大量的农村劳动力进入城镇，仅在1959年一年，城镇人口就增加了1650万人，与上年相比，城镇人口增长了15.4%，人口城镇化水平提高了2.2个百分点。此后，由于前期过度工业化的发展，基本建设投资规模过于膨胀，农村青壮年劳动力大炼钢铁，造成农业生产萎缩，粮食产量连年下降，农产品生产无法满足城镇居民生活的需要，虚假高速发展的城镇化大大超越了当时的生产力发展水平，无法继续维持下去。

由于当时城市基础设施条件还相当滞后，大量劳动力人口的流入使城市陷入就业困难和粮食供应不足的困境；同时也造成了农村劳动力严重短缺，对国家工业发展战略也造成了负面影响。为解决面临的问题，国家被迫进行了经济调整，从1961年开始，实行"调整、巩固、充实、提高"的方针，开始利用行政手段大力压缩城镇人口，动员一部分职工及其家属返乡务农，把相当一部分已经流到城镇的人口"退返"农村，使得城镇人口短期内大幅度下降。1961—1963年压缩城镇人口2600万人，城镇人口净迁移率为-30%，人口城镇化率由1960年的20.7%下降到1964年的16.6%，出现了人口城镇化水平的大回落。从城镇数量来看，国务院于1962年对既有的市镇进行了审查，1963年对市镇设置的标准进行了调整，提高了设置市镇的标准，从而使得市镇数量大幅度下降，城市数量由1961年的183个下降为1965年的169个，我国城市和城镇人口的数量均发生了剧烈的波动，城镇化进程大起大落，第一次出现了逆城镇化的现象。

（三）1966—1978年：停滞阶段

1966—1978年是"文化大革命"时期和"文化大革命"结束后短期的迷茫时期，我国城镇化进程基本处于停滞阶段，城镇化水平长期低迷徘徊。

1966—1976年的"文化大革命"，使我国社会生产力遭到巨大破坏，城市产业衰退，农村经济凋零，城乡经济分割，我国的工业化和城镇化陷于停滞。尤其是当时提出"反对美帝和苏修"，工业发展布局以国防建设为中心，重视"三线"建设，产业布局分散，基本建设投资难以促进城镇建设。同时，由于城市经济面临崩溃，国家号召"知识青年上山下乡"，城市人口大量流入农村，使得城镇化处于一种负发展状态。

有关资料显示，与1966年相比，1976年工业总产值提高了94%，但是市镇人口只增加了13.8%，工业年增长速度为6.9%，市镇人口年增长速度却只有 1.3%。1966 年，我国市镇人口占总人口的比重为 17.86%，在 13 年之后的 1978 年，这一比重仍只有 17.92%。在这十多年间，我国的人口城镇化率仅仅提高了 0.06 个百分点。1966—1972 年，城市数量略有增加，从 1965 年的 175 个增加到 181 个，而城镇化水平则呈逐年下降趋势，从 17.86% 下降到 17.13%，下降了 0.73 个百分点；1973—1978 年城市人口缓慢回升，城市增加了 10 个，达到了 191 个，但建制镇从 1965 年的 3146 个减少为 2850 个，城市人口仅增加了约 2000 万人，城镇化水平每年回升约 0.72 个百分点，达到了 17.92%，基本上恢复到 1966 年的水平。

也应看到，虽然当时的“三线”工业化布局造成产业布局分散，并且大量沿海工业的陆续内迁延缓了沿海地带工业化和城镇化的发展，但“三线”工业向西南、西北、豫西、鄂西、湘西等内陆扩散，客观上促进了全国生产力布局结构的优化，促进了落后地区的工业化发展，为这些地区的城镇化发展奠定了一定的基础。

（四）改革开放之前的城镇化特点

新中国成立初期，整个国家处于异常贫困落后的状态，为提高人民生活水平，我国效仿苏联，以发展工业为主，尤其是重工业。因此，社会建立了计划经济管理体制，围绕重工业为主的战略发展目标，将所有资源都配置在重工业领域。随着计划经济的实行，随即产生了一系列相关的计划经济制度，如户籍制度、人民公社制度等。这些制度严重阻碍了农村劳动力在城乡之间的自由流动，户籍制度的产生标志着中国进入二元结构化社会。

第一，农村劳动力转移进展缓慢。根据前文对农村劳动力转移历程的回顾可知，1953—1977 年中国农村劳动力向城镇转移的进程非常缓慢。为控制城镇劳动人口失业率及减小农村劳动人口外流对城镇就业的压力，政府出台了一系列限制人口流动的政策，形成了一套类似于“护照”体系的户籍制度。通过户籍管理，农村劳动力向城镇转移的通道基本堵死，这种被割裂开的农村与城镇劳动力市场，形成了发展中国家普遍存在的“二元经济结构”基础。

第二，基层组织化与乡村劳动力转移限制。新中国成立之后，沿用一贯的组织建设方式，中国政府采取“集体制”形式对基层农村进行管理，完成了广大农村的再组织化过程。这种管理模式很好地实现了中国农业社会的秩序条件，一定程度上为国家彼时的重工业化战略提供了稳定基础（折晓叶，2014）。与“集体制”农村基层管理组织伴随而来的，是农村劳动力被固化在土地上，外出受到集体管理连带责任的制约，转移受到严格的限制，失去了参与工业化或城镇化建设的机会。当然，该阶段农村劳动力转移并没有完全堵死，通过升学、入伍和婚嫁等途径仍然有机会到城镇生活，但是机会非常少。

第三，城镇化与逆城镇化并存。这一阶段，中国社会人口转移层面城镇化与逆城镇化并存。被严格“捆绑”在土地上的农民，一旦有机会或受到生活压迫，还是会选择到城镇谋生，这就导致了社会一度出现的“盲流”问题。为减轻城镇人口压力，政府通过劝阻、遣返等手段，将进城农民遣返回乡；同时，发动城镇年轻劳动力参加到轰轰烈烈的“上山下乡”运动，构成了该阶段中国独有的逆城镇化现象。

二、改革开放之后的城镇化（1979年至今）

1978年底党的十一届三中全会召开以后，我国重新回到“以经济建设为中心”的正确轨道上，工业化和城镇化进程快速提升。结合当前的经济发展特点，这一阶段大致可以分为5个阶段。

（一）1979—1984年：农村体制改革推动的阶段

党的十一届三中全会以后，农村的改革与发展轰轰烈烈地开展起来，有力地推动了我国城镇化进程。

1978年后，中国农村家庭联产承包责任制的实行和人民公社制度的解体，使农户不仅有了生产经营和资源配置的自主权，而且生产经营成果以及不同的资源配置选择直接反映到家庭收入和福利上，农民生产经营的积极性空前高涨，农业劳动生产率大幅度提高，过去在人民公社制度下隐藏的农村剩余劳动力很快体现出来。此外，伴随着农村生产品和生产要素市场慢慢开放，农村劳动力市场开始发展起来，一些土地经营出现劳动力过剩的现象。为了让这些过剩的劳动力得到充分利用，过剩的农户开始在非农业经济部门寻求就业机遇。

另外，由于农业劳动生产率的大幅度提高，粮食产量得到迅速增加，粮食短缺的局面很快得到全面缓解，经济学界普遍认为1984年以后中国粮食短缺的时代已经基本结束，粮食供给因素已经不是经济发展的主要制约，也不再是支持政府限制农村劳动力转移到城市的合理理由。在此前提下，政府开始实施以促进经济增长为目标的全面政策调整，过去对农村劳动力向非农产业转移的各种政策限制逐步得到放松。起初，农村劳动力主要向当地农村发展起来的所谓“乡镇企业”转移，进入20世纪80年代中期之后，随着城市经济体制改革和国有企业改革，城市就业体制和劳动用工制度发生改变，企业劳动用工的自主权逐步扩大，城市劳动力市场开始发育，城乡分割体制开始松动，劳动就业的市场化程度逐步提高，劳动力的流动性不断增强。与此同时，政府对农村劳动力向城市流动由过去的严格控制转变为允许流动，这样，越来越多的农村劳动力开始外出，在当地以外的其他地区尤其是城市地区和东部沿海地区寻求就业机会和实现非农就业。

在农业大发展、乡镇企业异军突起和城市建设等多种因素的作用下，这一阶段的城镇化带有恢复性质，“先进城后建城”的特征比较明显，城镇化取得了长足的发展，城市数量由1978年的193个增加到1984年的300个，人口城镇化率由1978年的17.92%提高到1984年的23.01%，年均提高0.85个百分点。

（二）1985—1991年：城市体制改革推动的阶段

1984年10月，党的十二届三中全会通过了《中共中央关于经济体制改革的决定》，我国进入了以城市为重点的经济体制改革阶段。

20世纪80年代中期以后，随着农村乡镇企业、“三资”企业和城市其他非国有经济的迅速发展，城乡劳动力市场发育突破了二元制度性分割的局面，逐步形成具有多元、多级特征的劳动力市场结构。在城市劳动力市场，尽管国有经济部门的劳动力配置仍然基本维持原有的劳动用人制度，但非国有经济部门采取市场化的劳动力就业机制。非国有经济部门的迅速发展不仅为农村劳动力在城市就业提供了大量机会，而且形成了城市劳动力市场的多元化格局，即国有企业不再是劳动力就业的唯一部门，城市经济部门不再排斥农村劳动力的进入。

这一时期，我国开始严格控制大城市的扩张，鼓励小城市成长及发展农村集镇，同时建设了四个经济特区，并把沿海14个城市作为开放城市，后来又全面开放海南省，这些政策使沿海地区的城镇化进程有了实质性的飞跃，中国短时间内涌现出数千个小城镇，城镇化水平快速提高。在沿海靠近大中城市的地区，如珠三角、长三角的一些城市，乡镇企业率先快速发展并通过聚集形成了大量的小城镇。

在乡镇企业发展和城市改革双重动力下，1985—1991年，我国城镇化进程中新建城市占据了主导地位，城市数量由300个增加到517个，建制镇由

9140 个增加到 14539 个，城镇人口由 24017 万人增加到 32373 万人，城镇化水平由 23. 01%上升到 27. 63%，年均增长率为 0. 58%。

（三）1992—1998 年：市场经济深入发展推动的阶段

1992 年邓小平南方谈话以后，我国进一步加大了改革开放的力度，中国特色的社会主义道路进一步确立，社会主义市场经济全面深入发展，在此带动下，我国的城镇化水平迅速提升。

随着社会主义市场经济体制改革目标的确立，市场化改革得到进一步深化，城乡分割的制度性壁垒被逐渐打破，城镇化发展的主导机制开始由行政计划机制转向市场导向机制，城镇化在国民经济发展中的作用得到深刻认识和逐步加强，从“积极发展小城镇”战略的推出到“稳步推进城镇化进程”，我国城镇化进入了一个黄金发展时期。同时，政府的城镇化政策也日趋理性，城市建设呈现出原有城市改造、开发区建设和建立国际大都市并行的趋势，城镇化逐渐由量的扩张过渡到量与质共同提高的阶段。至 1997 年底，全国的建制城市发展到 668 个，城市人口增加到 39449 万人，城镇化率为 31. 91%。

农村劳动力向非农产业转移导致全社会劳动就业人口在三个产业间的结构分布出现显著的变化，第一产业的就业比重逐年下降，第二、第三产业的就业比重则逐年上升。1978—2000 年，第一产业就业人员比重从 70. 5%下降到 50%，下降超过 20 个百分点；1953—1977 年长达 24 年的时期内，这一比重仅下降了近 7 个百分点。第二、第三产业就业比重逐渐上升，但第三产业从业人员比重上升幅度大于第二产业。1978 年，第三产业从业人员比重为 12. 1%，比第二产业低 5. 1 个百分点，到 2000 年，第三产业从业人员比重为 27. 5%，比第二产业高出 5. 0 个百分点。如果以第一产业从业人员与第二、第三产业就业人员对比，1978 年，二者的比例大约为 2. 4 : 1，而到 2000 年，二者比例为 1 : 1。就业结构的这种变化主要取决于非农产业快速发展对劳动力需求的增长和农村劳动力向非农产业转移规模的不断扩大。

农村劳动力市场发展体现在非农就业比重的提高和劳动力流动性的加强。经济改革初期，农业几乎是农村劳动力就业的唯一部门，到 2002 年，从事非农产业的农村劳动力占全部农村劳动力的比例达 34%以上。改革开放以来，农村劳动力转移经历了由当地非农就业为主要途径向外出流动就业为主要途径的转变过程，标志着城乡劳动力市场分割的局面已经被打破，城乡统一的劳动力市场正在逐步形成。

这一时期，无论是人口城镇化率、城镇经济产业素质，还是城镇与乡村间经济社会结构的关联性都得到了大幅提高。1998 年 10 月，中共中央在《关于农业和农村工作若干重大问题的决定》中，第一次提出了“小城镇大战略”，将城镇化作为国家发展战略载入执政党的文件，体现了城镇化对于经济社会发展的重要作用。

当然，这一时期我国城镇化也产生了一些问题，包括一些地方政府盲目扩大城市规模，擅自设立开发区，不顾实际大建中心广场和修建马路，乱圈耕地，造成城镇化一定程度的虚高，而且造成了生态环境破坏、土地资源浪费和基础设施投资过热的局面。

（四）1999—2012 年：区域经济平衡发展的阶段

1999 年，党中央开始实施“西部大开发”战略。此后几年时间，又相继出台了“振兴东北老工业基地”和“中部崛起”的发展战略，加大了国家对区域经济平衡发展的政策扶持力度和资金投入力度，这些制度变迁和制度创新不仅加快了中西部地区的经济发展，也推动了这些地区的城镇化进程，进而带动全国城镇化进入到一个新的发展阶段。

进入 21 世纪，中国政府逐渐放宽了农民工转移条件，农民工进城就业的门槛越来越低；劳动力市场逐渐统一，提高了对农民工的就业服务，开展了维护农民工合法就业权益等工作。2000 年 6 月，我国发布的《关于促进小城镇健康发展的若干意见》，使中国人口流动政策进入平等阶段。2001 年 3 月，政府颁布《关于推进小城镇户籍管理制度改革的意见》，该意见取消对农民工流入城市就业遇到的各种不合理限制。2003 年 4 月，国务院颁布了《工伤保险条例》，第一次把农民归入社保范围。2000—2005 年，农村户籍转入非农户籍人数由 15165 万人上升到 20412 万人，第一产业就业人数比重由 50%下降到 44.8%，第二产业就业人数比重由 22.5%上升到 23.8%，第三产业就业人数比重由 27.5%上升至 31.4%。2010 年中共中央、国务院颁布了《中共中央、国务院关于加大统筹城乡发展力度 进一步夯实农业农村发展基础的若干意见》，指出要“着力采取有针对性的措施，解决新生代农民工问题”，推进符合条件的农村户籍人口转移到城镇进行落户，并享有与城镇户籍住户同等的权利，利用多种渠道，以不同形式改善农民工的居住条件。

一般情况下，一个国家或地区的工业化水平与其城镇化水平具有同步性的规律，城镇化率即城镇人口占全国人口的比重，是观察一个国家城镇化水平的重要指标。从新中国成立初期到经济改革之前，我国城镇人口占全国总人口的比例从12%提高到17.92%，而以非农业产值比重衡量的工业化水平由49.5%提高到71.9%，城镇化明显滞后于工业化。经济改革开放以后，我国农村劳动力的转移为加快城镇化进程提供了主要力量。到2002年，我国城镇化率达到了39.09%，比1978年提高了近21%。与经济改革之前相比，城镇化进程显然大大加快了，城镇化也被高层决策提上了议事日程。

2008年以来，由美国次贷危机引发的全球金融危机迅速扩展到新兴经济体国家，并且长期蔓延，我国也受到了非常严重的影响。我国适时推出“四万亿经济刺激计划”，加大对基础设施、城市建设的投资力度，城镇化面临着新的契机。同时，由于世界主要经济体消费锐减，我国出口受阻，要保持经济的平稳较快增长，必须扩大内需、增加消费，城镇化无疑是解决这一问题的一剂良方。此外，城镇化还能对钢铁、水泥、玻璃等过剩产能进行消耗。因此，为了塑造新的经济增长点，从客观上推动了城镇化进程的加快。

1999—2012年，我国城镇化水平得到了很大提高，城市人口迅速增长，城市数量不断增多，城镇建设规模不断扩张、城镇建设质量逐步提升、城镇经济实力得到增强。2012年城镇化率达到了52.6%，比1997年提高了21%，中国的城镇化迈入了新的发展阶段。

（五）2013年至今：新型城镇化发展的阶段

2012年，党的十八大报告提出“坚持走中国特色新型工业化、信息化、城镇化、农业现代化道路”。2013年党的十八届三中全会《中共中央关于全面深化改革若干重大问题的决定》提出“坚持走中国特色新型城镇化道路，推进以人为核心的城镇化”。新型城镇化是以城乡统筹、城乡一体、产城互动、节约集约、生态宜居、和谐发展为基本特征的城镇化，是大中小城市、小城镇、新型农村社区协调发展、互促共进的城镇化。新型城镇化的“新”就是要由过去片面注重追求城市规模扩大、空间扩张，改变为以提升城市的文化、公共服务等内涵为中心，真正使城镇成为具有较高品质的适宜人居之所，城镇化的核心应该是农村人口转移到城镇，完成农民到市民的转变，而不是建高楼、建广场。“新型城镇化”是相对旧的、传统的城镇化提出的一个概念。

李克强（2013）指出，最大的内需在城镇化，要把城镇化作为扩大内需的战略重点，核心是人的城镇化，关键是提高城镇化质量，目的是造福百姓和富裕农民；要走集约、节能、生态的新路子，着力提高内在承载力，不能人为“造城”，要实现产业发展和城镇建设融合，让农民工逐步融入城镇。要为农业现代化创造条件、提供市场，实现新型城镇化和农业现代化相辅相成。仇保兴（2013）认为，传统的城镇化，是城市优先发展的城镇化，而新型城镇化讲求城乡互补、协调发展；城乡一体化发展，绝对不能搞成“一样化”发展，不能把农村都变为城市，而是要走城乡协调发展的道路；推进新型城镇化，不能盲目克隆国外建筑，而是要传承自身的文明，重塑自身的特色。辜胜阻（2013）认为，新型城镇化是发展的新红利和改革的新起点，通过人口从农村走向城市的“城镇化红利”和改革产生的“制度红利”代替“要素红利”，能够推动经济新增长。易鹏（2014）认为，新型城镇化是“新四化”的核心，既是一个扩大内需的需求侧问题，也是一个可以通过提高劳动生产率解决经济增长的供给侧问题，同时还有投资保底和优化经济结构的作用。巴曙松等（2013）认为，中国新型城镇化的关键在于增长动力的转型，结构效率、规模效率和分工效率是城镇化驱动经济增长的三条渠道。姚士谋（2013）等认为，必须实现新型城镇化内容与形式的统一，让农业现代化支撑新型城镇化。唐任伍（2013）认为，城镇化要有产业支撑才能促进农民进城就业、创业，城镇化与创新农业生产经营体制、改革土地管理制度、推进新农村建设等密不可分。

2012 年至今，中国城镇化进程在经济转型升级的宏观背景下开始进入城镇化高质量发展阶段。在传统的高投资、低价值链加工等经济增长模式失灵以及经济增速放缓的“新常态”背景下，中国经济面临着从以数量和规模的快速扩张为显著特征的经济增长模式，转向以注重质量为突出特征的高质量发展模式，建设现代化经济体系是经济转型的迫切要求。在以人为核心的新型城镇化阶段，加快推进城镇化的同时，更加注重城镇化质量的提升。2013—2018 年，城镇化率由 53.73%增至 59.58%，年均增长 1.17%。从城镇化的高质量发展来看，这不仅意味着城镇化发展需要摆脱以往只注重速度的快速扩张模式，更代表着区域高质量发展是经济转型升级的重要基石。

首先，基于国家的宏观调控，中国开始转向以提高城镇发展质量为核心的新型城镇化阶段。以 2013 年中央城镇化工作会议提出“着力提高城镇化发展质量”和 2014 年《国家新型城镇化规划（2014—2020 年）》所提出的“全面提高城镇化的发展质量”为转折点，中国城镇化正式进入高质量发展阶段。在该阶段下，政府重点围绕新型城镇化、城市群与都市圈发展、乡村振兴战略三大方面，提升城镇化的发展质量，城镇化的重心有所下移，城乡融合发展不断突出。

其次，城镇化高质量发展阶段的显著特征主要表现为户籍人口城镇化率的快速提高与城镇化率增速的逐渐放缓。一方面，高质量发展提高了户籍人口城镇化率，加快了以农民工市民化为核心的城镇化步伐。2012 年，常住人口与户籍人口两种口径下的城镇化率之间的差距高达 17.1%，在进入高质量发展阶段之后这一差距逐渐缩小。2019 年末，全国城镇常住人口 84843 万人，占总人口的比重为 60.60%，户籍人口城镇化率为 44.38%，常住人口与户籍人口的城镇化率进一步缩小到 16.2%。另一方面，城镇化率也开始呈现增速减缓的趋势。2012—2018 年，已经处于生长周期理论的中线的中国城镇化率水平从 52.57% 增加到 59.58%，年平均提升 1.17%。但这种增速已低于 2001—2011 年的发展水平，显示出速度放缓的态势。总体来看，2012 年至今，面临着中国经济转型的宏观背景与全面深化改革开放，中国城镇化以人为核心、以解决城镇化发展中的关键问题为主要任务呈现出高质量发展的态势。

2017 年 10 月，党的十九大报告在回顾过去 5 年工作和历史性变革时指出，我国城镇化率年均提高 1.2%。城镇基础设施水平明显提升，居民生活质量得到改善，市民化制度性障碍逐步消除，城市包容性得到提高。此外，城镇化发展不再是单一模式，各地结合自然资源禀赋、产业发展基础，形成了一些特色城镇化的建设模式，推动了城镇化的健康发展。

三、我国城镇化发展的总体特征

在中华民族 5000 年的文明发展以及 70 多年的新中国成立史中，城镇化进程形成了鲜明的自身特点，主要体现在以下几个方面。

（一）起步晚、水平低，城乡二元结构特点明显

在 1949 年以前，我国社会以传统的小农经济为主，城镇化发展异常缓慢，落在发达国家和世界平均水平的后面。1949 年以后，我国城镇化开始了真正的起步，但是发展异常艰难，人口基数大，增长速度快；人均资源占有量少；农业人口比重高，人均国民生产总值水平低；工业化基础薄弱，分布不均衡。

由于新中国成立初期对工业化的渴望，加上宏观政策上强化对农业和农村经济的积累向工业领域的转移，新中国成立后到改革开放前夕一直利用工农产品的“剪刀差”等形式加强工业和城市的发展，形成了壁垒森严的城乡

二元经济体系，二元结构特点非常明显。毋庸置疑，我国社会的典型“二元结构”——城市与乡村之间的反差，对于国家工业化初期的支持是巨大的。通过农业对于工业、城市的支持，我国初步构建了工业经济的基础体系，一方面形成了较先进的城市，另一方面却又无可奈何地造就了落后的广大农村。

在计划经济的影响下，我国逐步形成了差别巨大的城乡身份制度、城乡教育制度、城乡就业制度、城乡公共服务制度等，不仅导致了中国城乡居民人均收入的差距日益扩大，也导致了城乡居民公共服务水平过于悬殊。改革开放以后，我国逐步意识到城乡二元结构的巨大弊端，公共资源开始向农村倾斜，我国当前的城镇化进程正处在工业反哺农业、城市反哺农村的历史条件之下。对发展中国家而言，城镇化过程就是二元结构一元化的过程，在相当长的一段时期内，破除城乡差别，解决“三农”问题，促进城乡一体化发展将成为我国城镇化的历史使命和重要课题。

（二）城镇化水平明显落后于工业化水平

工业化是城镇化的基本动力，城镇化与工业化之间具有密切的正相关关系，两者是相互促进的。中外学者的研究表明，在工业化达到一定程度之后，世界城镇化水平要普遍高于工业化水平，即城镇化一般会超前于工业化的发展。

中国的城镇化则始终落后于工业化的发展，在改革开放前国民经济发生严重困难的计划经济时期如此，在改革开放后国民经济顺利发展的市场经济时期也是如此。新中国成立后，由中央政府发动的初次工业化是计划经济时期中国城镇化的基本推动力量，改革开放时期，市场导向型的基层工业化则成了市场经济下城镇化的主要推动力量。但是，由于长期的计划经济体制把商品经济限制到极小的范围内，只强调了城市的生产功能和农村的供给能力，忽略了城市及乡村的流通消费和再分配功能，导致第三产业发展极其落后，削弱了城市的承载能力、辐射能力以及城乡互动焕发的生机，制约了城镇化的快速推进，也导致了城乡经济的畸形发展。即使是改革开放以后，由于城乡壁垒的消除需要较长的时间和体制的惯性，使得城镇化推进困难重重，我国城镇化水平仍然明显滞后于工业化水平。

按照唯物主义的观点，事物的发展具有两面性，表现为一个事物的两个方面相互作用、相互影响。工业化势必将推动城镇化的大力发展，同时，城镇化进程又将反作用于工业化，加快工业化的推进。我国的工业化发展已经达到了一个高点，以制造业、建筑业为主的工业化率在现有经济基础上已经难以得到新的突破，在世界市场渐趋饱和的今天，“中国制造”开始遭遇发展的“天花板”，打破我国工业化进程的“瓶颈”，出路在于广阔的国内消费市场，在于拥有将近8亿人口的广大农村的城镇化建设。改变我国当前城镇化滞后于工业化的局面，成为我国经济社会全面协调可持续发展的重要举措。

（三）大中小城市发展不协调，小城镇的发展加快了城镇化进程

改革开放以前，我国城镇化推进主要集中在发展大中城市方面，城市与乡村的过渡形式——小城市和城镇的发展非常滞后。进入20世纪80年代后，我国经济体制逐步向市场经济方向发展，城镇化进程结束了长期停滞的局面，开始步入正轨，大中城市带动的小城市、城镇形成了集群发展的态势，这一特点在沿海发达地区尤为明显。

与1979年相比，1998年市镇人口比重提高了11.4%，在这一时期中小城市和小城镇的迅速发展对提高城镇化水平起到了极其重要的作用。1980年12月，国务院批准了“控制大城市规模，合理发展中等城市，积极发展小城市”的城市建设方针后，小城镇如雨后春笋般迅速发展，以中小城市为主的城市数量由1980年的233个发展到1996年的666个，1997年进一步增加到668个，属于市镇范畴的建制镇由3521个发展到17770个，从而使市镇人口占全国总人口的比重迅速由1980年的19.4%上升为1996年的29.4%。由此可见，中小城市和小城镇的发展对推进中国城镇化发展的贡献非常突出，主要是因为：首先，改革开放以来，集中在小城镇的乡镇企业的迅猛发展对经济的推动作用大大增强，以加工业为主的小城镇发展推动了城镇化的深入发展；其次，沿海大中城市的规模效益大幅度提高后，对周边地区的辐射带动能力大大增强，促进了这些地区中小城市和小城镇的发展。

但是，必须看到，我国的大中小城市发展仍然呈现出一定程度的不协调。一方面，由于害怕出现类似于拉美的超前城镇化，导致“城市病”现象的产生，我国采取了严厉的“大城市”人口准入措施，严格限制人口在大城市的落户；另一方面，在小城镇的推进上，一些地方急功近利，大搞开发区、高新区建设，出现了一定程度的“虚假城镇化”现象。总体来说，中央提出的“大中小城市和小城镇协调发展”的战略是非常正确的。在落实的过程中，关键是既要放开大城市的限制政策，又要夯实小城镇发展的经济基础，最终实现城乡一体化的目标。

（四）政策导向作用对城镇化进程的影响明显

在我国，政策导向作用对城镇化进程的影响非常明显，无论是城市规模、城镇区域分布，还是市镇的设置体制和设置权限，以及对市镇的人口、土地、社会保障管理等方面，都是由政府决定或者调控的，政策的取向影响着城镇化的进程。

同时，政府还具有工业布局、产业发展、城镇化建设资金的强大调控能力，由此形成的政策导向使中国的城镇化失去了经济、社会、人口、资本等因素自然变动的活力，失去了大中城市的聚集规模效益和市场引导活力，增加了人为控制的色彩，可谓“政策兴，则城市兴；政策息，则城市息”。例如，自20世纪60年代开始至70年代末期结束的“三线”建设，带动了中西部城镇化的进程，一些边远地区的城市如西昌、德阳、绵阳等得以发展；进入20世纪80年代后世界形势趋于缓和，和平与发展成为世界的主旋律，这些城市的战略地位随之下降，城镇化进程出现断裂；进入21世纪，因为“西部大开发”战略的实施，这些地区又借助于“三线”建设的遗留工业基础，城镇化进程迅速推进。

在计划经济时期，我国单一行业的工业基地建设和布局、“三线”建设、20世纪60年代初调整时期的职工精减及干部下放和20世纪60年代末开始的城市知识青年下乡及随后的返城等政策，都曾经对我国的城镇化进程产生了深刻的影响。改革开放后，经济特区建设、沿海开放城市建设、高新科技园区建设以及城市人口户籍管理体制、土地管理体制等，也深刻地影响了城镇化的进程，各地能否纳入政策优惠地区成为影响其城镇化进程的重要因素。

由于政策导向对城镇化发展的影响，政策对城镇化的作用表现出两方面的作用，当政策有利于一个地区的城镇化发展时，政策将成为城镇化的推动因素；当政策不利于该地区的城镇化发展时，政策就会成为城镇化的制约因素。因此，在我国的城镇化进程中，必须充分发挥政策的导向作用，坚持创新，革除政策中不利于城镇化的因素，实现城镇化的持续发展。

（五）区域城镇化发展不平衡

我国城镇化的又一个重要特点是各区域间的城镇化水平差距较大，最主要的表现是东、中、西部的城镇化发展呈现由高到低的阶梯状分布，具体表现为：城市规模差距大、城市密度差距大、承载能力差距大、聚集的规模效益差距大。

改革开放以来，我国区域城镇化发展的差距仍有不断加大的趋势，特别是在西部欠发达地区，城市规模普遍较小，城镇分布的密度很低，导致区域经济、城乡经济发展的不平衡。同时，即便是同等规模的城镇，其人口和经济发展的承载能力也相对有限，城镇对于经济发展的规模效应和辐射作用也受到极大的制约。

因此，我国的城镇化进程必须破除区域差距，加大对中西部城镇化，特别是西部欠发达地区的倾斜力度，推动全国范围内的区域一体化、城乡一体化发展。

四、我国城镇化发展中的农业生产协同问题

城镇化是由以农业为主的传统乡村社会向以工业和服务业为主的现代城镇社会逐渐转变的历史过程。近年来，我国人口城镇化率日益提高，城镇化进程不断加快，取得了令人瞩目的成绩。同时，我国城镇化质量不高、城镇化过程忽视“人”的发展、城乡差距日益扩大等问题仍然十分严重，究其原因，主要是具有二元分立性质的城镇化要素如土地、劳动力、资本、技术、产业等协调不足，因此必须加强这些要素的协同发展。

对于农业生产来说，随着新型城镇化的不断推进，相关资源要素、供需关系、技术条件等也会发生深刻的变化，必须厘清其中的复杂关系，进而做出适当的调整和安排。

（一）城镇化协同问题的由来

二元经济结构理论认为，发展中国家传统的自给自足农业经济体系和城市现代工业体系并存，这两种体系构成了“二元经济结构”。二元经济结构造成城乡之间长期分立，不利于要素的自由流动和优化配置，不利于经济社会可持续发展，不利于加快推进现代化进程。基于二元经济结构的视角，土地、劳动力、资本、技术、产业等城镇化要素都存在传统部门和现代部门的分立，必须加强制度改革和创新，推动这些要素朝着有利于推动城镇化进程的方向协同发展；而空间布局、生态环境等要素协同则是乡村传统部门和城镇现代部门都普遍存在的难题，不存在二元分立的情况。

协同系统是指由许多子系统组成的，能以自组织方式形成宏观的空间、时间或功能有序结构的开放系统，协同学是研究协同系统从无序到有序的演化规律的新兴综合性学科。城镇化要素协同是指城镇化各要素组成的协同系统在发展演进中趋于合作、有序、协调的过程，按照各要素对城镇化进程的

直接作用和间接作用划分，这些协同关系可以进一步分为一次协同、二次协同、多次协同。

因此，从二元经济结构理论出发，城镇化与土地、劳动力、资本、技术、产业等要素构成了一个协同系统，推动这些具有二元性质的要素协同发展，有利于破除二元经济结构，推动城乡融合发展。

（二）我国城镇化协同问题的表现

新中国成立前夕，我国基本上是一个农业国，传统农业占据了经济的主要地位。此后在长达 30 年的时间内，我国长期实行计划经济，并借鉴苏联社会主义模式：一方面，采用优先发展工业特别是重化工业的战略，并通过工农产品“剪刀差”、重工轻农政策等方式从农业部门抽取了大量资金、物资、资源等支持工业发展，导致整个农业部门发展缓慢；另一方面，用户籍、土地等制度禁锢农民的自由迁徙，形成大量的农业沉滞劳动力和人口，城镇化率一直在低位徘徊。1978 年改革开放以来，我国实施了持续、深入的改革和开放战略，经济社会迅速发展，逐渐摆脱了积贫积弱的困境。但是，由于对发展路径、发展模式的依赖，我国的城镇化发展长期倾向于城镇人口数量的被动提升，土地、劳动力、资本、技术、产业以及空间布局、生态环境等要素供给和条件保障没有完全跟进和协调，导致城镇化质量欠佳，要素协同问题日益凸显。

同时，城镇化要素协同问题还带有明显的发展阶段特点。纵观欧美等发达经济体城镇化发展历程，尽管现时的英、美等国家城镇化数量、质量增长和要素协同达到了很高的水平，但是在城镇化的初期和中期，也出现过大量的要素不协同、不支撑的问题。比如，英国在工业革命和城镇化初期，出现了臭名昭著的“羊”吃“人”的“圈地运动”，实质上就是土地要素与工业化、城镇化的不协同、不支撑。美国在工业化、城镇化初期，为了取得廉价的劳动力，不惜从非洲贩卖黑人作为奴隶，强迫黑人辛苦劳作以弥补劳动的不足；为了取得足够的土地空间，开展了大规模的“西进运动”，在印第安人的血泪中攫取了大片领土。我国到目前为止还属于发展中国家，工业化和城镇化发展还没有进入成熟阶段，二元经济结构仍然十分强大，因而出现和形成阶段性的城镇化要素协同问题是必然的。

（三）加强农业生产和城镇化协同的问题研究

加快推进城镇化进程是我国现阶段经济社会发展的重大战略选择。城镇化在经济功能上能够调结构、稳增长、保投资；在社会功能上能够打破二元分立，增进城乡社会福利，实现“人”的全面发展；在制度功能上能够推动结构性改革，释放改革“红利”。党的十八大和十八届三中全会对城镇化特别是新型城镇化战略赋予了极高的地位，国人也对城镇化推动经济社会变革和持续发展充满了期待，但是城镇化绝非一蹴而就，只有推动要素协同发展，才能真正实现“以人为本”的发展目标。

城镇化进程和农业生产协同发展有利于促进要素自由流动和优化配置，实现城镇化发展和农业生产、粮食安全等的共同提升。随着我国城镇化发展、农业生产进入攻坚克难的关键阶段，其肩负的调结构、稳增长、保投资、促改革重任更加显著，相关要素协同问题更加突出。开展相关研究，对于破除我国二元经济结构、实现城乡一元发展具有十分关键的作用。

参考文献

[1] 刘秉镰，朱俊丰. 新中国70年城镇化发展：历程、问题与展望[J]. 经济与管理研究，2019（11）：3-14.

[2] 顾朝林. 中国城市发展的新趋势[J]. 城市规划，2006（3）：26-31.

[3] 杨升祥. 当代中国城市化的历程与特征[J]. 史学月刊，2000（6）：129-134.

[4] 吴淑莲. 浅析农村城镇化可持续发展[J]. 安徽农业科学，2006（4）：754-755，759.

[5] 田文江. 郊区城市化机理与发展战略研究[D]. 武汉：武汉理工大学，2003.

[6] 沈刚. 中国适合走什么样的城镇化道路[J]. 中国发展观察，2010（9）：30-31.

[7] 赵桂英，陈丽娜. 关于我国城镇化建设过程中若干问题的思考[J]. 党史博采，2010（9X）：24-25，28.

[8] 巴曙松，王劲松，李琦. 从城镇化角度考察地方债务和融资模式[J]. 中国金融，2011（19）：20-22.

[9] 北京大学国家发展研究院综合课题组. 还权赋能——成都土地制度改革探索的调查研究[J]. 国际经济评论，2010（2）：54-92.

[10] 北京天则经济研究所“中国土地问题课题组”. 城市化背景下土地产权的实施和保护[J]. 管理世界，2007（12）：31-47.

[11] 蔡昉. 为什么劳动力流动没有缩小城乡收入差距 [J]. 理论前沿, 2005 (20): 18-20.

[12] 蔡继明. 农村集体建设用地流转的主体和利益分配——重庆市和成都市农村集体建设用地流转的政治经济学分析 [J]. 农业经济研究, 2010 (12): 59-62.

[13] 陈吉元, 胡必亮. 中国的三元经济结构与农业剩余劳动力转移 [J]. 经济研究, 1994 (4): 14-22.

[14] 仇保兴. 新型城镇化: 从概念到行动 [J]. 理论参考, 2013 (5): 12-14.

[15] 冯广京, 林坚, 胡振琪, 等. 2012 年土地科学研究重点进展评述及 2013 年展望 [J]. 中国土地科学, 2013 (1): 84-96.

[16] 冯开元. 聚集还是稳定? ——对近年农村土地制度创新的历史反思 [J]. 中国农业大学学报 (社会科学版), 2013 (2): 120-128.

[17] 辜胜阻. 城镇化: 中国经济升级的新引擎 [J]. 紫光阁, 2013 (9): 21-23.

[18] 贾康, 刘微. "土地财政" 论析——在深化财税改革中构建合理、规范、可持续的地方 "土地生财" 机制 [J]. 经济学动态, 2012 (1): 11-18.

[19] 贾康, 孙洁. 城镇化进程中的投融资与公私合作 [J]. 中国金融, 2011 (19): 14-16.

[20] 李国敏, 卢坷. 中国土地管理体制变革的路径选择 [J]. 国家行政学院学报, 2011 (6): 89-93.

[21] 刘合光, 潘启龙, 秦富. 中国的城市化与农业发展: 基于世界视角的比较分析 [J]. 农业经济, 2013 (12): 3-6.

[22] 刘合光. 城镇化背景的中国农业发展: 国别经验借鉴与战略方向选择 [J]. 改革, 2013 (9): 73-81.

[23] 刘尚希. 我国城镇化对财政体制的 "五大挑战" 及对策思路 [J]. 地方财政研究, 2012 (4): 4-10.

[24] 刘守英. 土地资本化与农村城市化道路——北京三模式调查 [J]. 开放导报, 2011 (2): 17-22.

[25] 柳思维, 徐志耀, 唐红涛. 公路基础设施对中部地区城镇化贡献的空间计量分析 [J]. 经济地理, 2011 (2): 237-241, 253.

[26] 陆学艺. 城乡一体化的社会结构分析与实现路径 [J]. 南京农业大

学学报（社会科学版），2011（2）：1-5.

［27］马庆斌．中国城镇化融资的现状与政策创新［J］．中国市场，2012（16）：34-40.

［28］孟亚平．金融支持中国城镇化建设的开行模式［J］．中国金融，2011（19）：17-19.

［29］潘启云．西部欠发达地区城镇化路径与模式［M］．北京：经济科学出版社，2012.

［30］曲福田，田光明．城乡统筹与农村集体土地产权制度改革［J］．管理世界，2011（6）：34-46.

［31］唐任伍．李克强经济理念和改革思想述要［J］．改革，2013（7）：5-13.

［32］汪晖，陶然．论土地发展权转移与交易的"浙江模式"——制度起源、操作模式及其重要含义［J］．管理世界，2009（8）：39-52.

［33］王国刚．城镇化——中国经济发展方式转变的重心所在［J］．经济研究，2010（12）：70-81.

［34］王静．城镇化中土地制度改革的未来走向——中国近10年研究成果综述［J］．甘肃行政学院学报，2013（4）：102-124.

［35］王克稳．论我国集体土地征收中的被征收人［J］．苏州大学学报，2013（1）：72-78.

［36］王雪青．经营性政府工程项目融资TOT模式研究［J］．内蒙古农业大学学报，2007（4）：119-121.

［37］温铁军．金融资本带动土地兼并集中的后果［J］．西部大开发，2012（5）：6-7.

［38］肖万春．世界城镇化发展的趋势与我国城镇化的定位［J］．小城镇建设，2003（10）：36-37.

［39］徐秋艳．城市化水平指标体系的构建及其实证分析［J］．安徽农业科学，2007（23）：7286-7287.

［40］杨志勇．我国城镇化融资方式分析［J］．中国金融，2011（19）：25-27.

［41］叶裕民．中国城市化的制度障碍与制度创新［J］．中国人民大学学报，2001（5）：32-38.

［42］易鹏．中国新路——新型城镇化路径［M］．成都：西南财经大学

出版社，2014.

[43] 张培刚．农业与工业化［M］．武汉：华中科技大学出版社，2009.

[44] 张千帆．城市土地“国家所有”的困惑与消解［J］．中国法学，2012（3）：110-111.

[45] 张曙光．博弈：地权的细分、实施和保护［M］．北京：社会科学文献出版社，2011.

[46] 赵桂英，陈丽娜．关于我国城镇化建设过程中若干问题的思考［J］．党史博采，2010（9）：24-25，28.

[47] 郑风田．新型城镇化应从改革土地制度入手［J］．农村工作通讯，2013（2）：27-28.

[48] 郑菊芬．关于城市化理论研究的文献综述［J］．现代商业，2009（11）：197-198.

[49] 郑振源．建立开放、竞争、城乡统一而有序的土地市场［J］．中国土地科学，2012（2）：10-13.

[50] 中国土地政策综合改革课题组．强化中国城乡土地权利：整体性法律框架与政策设计［J］．改革，2008（3）：5-18.

[51] 周立群，张红星．农村土地制度变迁的经验研究：从“宅基地换房”到“地票”交易所［J］．南京社会科学，2011（12）：72-78.

[52] 周其仁．土地制度引发社会冲突，再不改革面临崩溃［N］．经济观察报，2011-07-23 版．

[53] 周天勇，张弥．城乡二元结构下中国城市化发展道路的选择［J］．财经问题研究，2011（3）：3-8.

[54] 周英．城市化模式选择：理论逻辑与内容［J］．生产力研究，2006（3）：59-61.

[55] 左学金，朱宇，王桂新．中国人口城市化和城乡统筹发展［M］．上海：学林出版社，2007.

[56] 朱鹏华．新中国 70 年城镇化的历程、成就与启示［J］．山东社会科学，2020（4）：107-114.

第三章

新中国成立70余年以来我国农业生产发展历程分析

本章从城乡关系角度出发，对新中国成立以来我国农业生产发展历程进行分析。新中国成立之初，农业生产服务于重工业，城乡关系逐渐显现出二元分割特点。改革开放后，市场经济和土地制度等政策的确立，推动了农业生产的市场化改革，城乡关系融合发展。目前我国农业在生产、经营和社会化服务方面都取得了一定进展。回顾我国农业生产发展的 70 余年历史演变，从中能够总结出宝贵经验：保障农民基本权益，加强和巩固政府对农村的政策扶持，提高农业生产现代化，尊重基层对发展模式的革新；为改革留出容错空间，为改革者提供公平包容的治理环境。当前农业生产发展也遇到诸多问题，如城乡二元分割矛盾仍然存在、资源要素配置制度尚未完善、户籍制度改革仍需丰满和深入、城乡间基本公共设施及服务供给差距显著、村庄"空心化"现象加剧等。针对上述问题，未来应从以下角度入手：确保城乡发展一体化，刨外壳重内核；推动城乡要素合理配置，打破要素市场一体化发展中所遇僵局；把握户籍制度改革要点，提高国家城镇化水平；提升农业生产现代化水平，助推乡村三产协调发展。

一、引言

1949 年 10 月 1 日，中华人民共和国的成立实现了我国作为一个独立性大国的整体性与稳定性，中华民族伟大复兴进入了一个新纪元。农业生产作为我国产业发展的重要组成部分，在我国国民经济中占有重要地位，正如习近平总书记在 2013 年中央农村工作会议上指出的"中国要强，农业必须强"。可以说，农业始终是我国经济发展的命脉，农村是我国社会组织形式的重要组成部分，农民是促成社会变革的重要助力。

中国农业生产发展的70余年是从传统小农社会不断向现代化工业社会转型历程中蓬勃发展的70余年。1979—2012年，中国经济增长迅速，以年平均增长率9.9%的速度高速发展，高于世界其他主要经济体平均增长水平7.0个百分点；2013—2018年，我国经济涨势不下，年平均增长率达7.0%，显著高于世界同期的2.9%。在这70余年间，中国通过不断的探索与努力，在全球占比仅为7%的耕地上，养活了占全球近22%的人口，并通过经济持续发展联动产业结构调整，帮助7亿贫困人口脱离绝对贫困迈入小康社会，减贫比率占世界总人口的70%以上。新中国成立以来，农村从集体经济建设到合作化发展道路，逐渐将重点转移到经济体制变革，大力支持城镇化、工业化建设，随着国家经济的蓬勃发展以及生产能力的不断攀升，又相继推行了社会主义新农村建设、城乡融合发展以及乡村振兴等一系列农村经济体制改革，中国农村事业的发展在社会主义现代化建设过程中的地位不可小觑，也为我国经济发展提供了广阔的平台。

在改革开放以来所发布的“中央一号”文件中，将发展重点聚焦在“三农”问题上的有21份，其中，1982—1986年连续五年发布以“三农”为主题的“中央一号”文件，拉开了中国乡村繁荣的序幕。间隔18年后，2004—2019年又连续16年将“三农”作为全党重点工作，充分表明了农业生产发展是我国经济发展过程中的奠基与核心，也体现了农业生产发展变革的过程是从局部走向整体，从单一走向多元，不断丰盈、层层深入的长期过程。然而，1987—2003年，“中央一号”文件将改革重心由农村转移到城市，如何处理好城乡关系也是中国国家发展必然要面对的关键问题之一。

党的十九大明确指出，要“建立健全城乡融合发展体制机制和政策体系”，在2017年召开的中央农村工作会议中，将“城乡融合发展”作为乡村振兴战略道路的第一要务，并在《国家乡村振兴战略规划（2018—2022年）》中强调要加快形成“工农互促、全面融合、共同繁荣的新型工农城乡关系”。因此，促进城乡关系平衡、构建城乡融合发展体制机制，对全面部署乡村振兴、提高国家现代化发展质量及国际竞争力具有不可忽视的作用。据此，本章基于城乡关系、工农关系角度，对新中国成立以来我国农业生产发展的基本历程进行梳理，总结其中经验，审视发展中遇到的问题，对当下发展方向及未来改革动向都具有重要意义。

二、我国农业生产发展的基本历程

（一）我国农业生产发展的现状

我国农业生产发展现状大体可分为农业生产体系、农业经营体系及社会化服务体系三个方面。

1. 从农业生产体系来看

我国农业产量产值获得显著提升，农业生产结构全面优化。党的十八大以来，随着党中央对粮食生产高度重视，我国粮食综合生产能力得到不断巩固和显著提升，保持了农业发展的持续性、协调性。2018 年我国粮食产量达 13158 亿斤，比 1949 年的 2264 亿斤增长 4.8 倍，人均粮食产量也由 1949 年的 209 千克提高至 472 千克，增长了 1.3 倍。目前，我国已实现农业由单一发展种植业到农林牧渔业全面发展的转型。按可比价格下的农林牧渔业产值计算，我国 2018 年总产值为 113580 亿元，比 1952 年增长 17.2 倍，平均每年增长 4.5%；从构成来看，1954 年农业处于绝对主导地位，占农林牧渔业产值的 85.9%，改革开放以来，农林牧渔业均衡全面发展，到 2018 年农业产值占四业的比重下降至 57.1%，降低了 28.8 个百分点。与此同时，我国种植业内部构成由以粮食作物的种植为主向粮经饲三元种植协调发展过渡，深入推进农业供给侧结构性改革，2016—2018 年粮改饲面积已达 1400 多万亩；畜牧业内部构成也由以生猪生产为主向猪牛羊禽等多品种共同发展转变，猪肉产量由 1985 年占肉类总量的 85.9%降低至 2018 年的 62.7%，牛羊禽三种肉类产量占比分别由 2.4%、3.1%、8.3%增长至 7.5%、5.5%、23.1%。不仅如此，随着质量兴农、绿色兴农等农业战略的推行，农产品品质日益提高，国家主要农产品的监测合格率在 96%以上的比率自 2014 年以来已保持五年，2018 年的总体合格率达到 97.5%，可见，农产品质量安全稳中向好趋势只增不减。

2. 从农业经营体系来看

我国农业生产的生产模式和组织模式都发生重大转变，生产效率不断攀升。党的十八大以来，农村基本经营制度不断完善，农村土地制度改革全面深化，承包地“三权分置”制度不断改善，规模经营加速推进，农业生产组织方式发生变革。农村土地流转为农业规模化发展提供助力，2018 年全国家庭承包耕地流转面积累计超过 5.3 亿亩。新型经营主体的出现为我国现代农业注入活力，家庭农场、农民合作社、龙头企业等新型农业生产经营主体的发展在国家的重视与鼓励下，规模逐渐扩大。截至 2018 年，我国农业产业经营龙头企业已有 8.7 万家，家庭农场 60 万个，工商部门登记注册的农民合作社 217 万个。2017 年，党的十九大明确提出“建立健全城乡融合发展的体制机制和政策体系”，政府加大对农业农村发展的投入力度和规模，鼓励大中专毕业生、退伍军人、农民工以及科技人员等返乡下乡，以改善城乡发展格局，促进工农关系和谐。近年来，随着国家对农业发展的重视和农村建设的蓬勃发展，返乡下乡人数不断增加，新型职业农民队伍不断发展壮大，2018 年返乡创业人数累计达到 780 万人，成为农业现代化发展的领军队伍。此外，农产品电商、设施农业、休闲旅游农业等农业新模式的快速发展丰富了农业发展的现代产业要素，2018 年全国设施农业占地面积近 4000 万亩，休闲旅游农业经营收入超 8000 亿元。物联网、大数据、云计算等新型信息技术向农业农村领域不断普及和覆盖，农产品电商发展如日方升。2016 年第三次全国农业普查结果显示，全国有 25.1%的村落已增设电子商务配送点。2018 年农产品网销额达 3000 亿元。

3. 从社会化服务体系来看

乡村基础设施显著提高，乡村公共服务全面增强，为农村生产生活幸福感提升提供了有利条件。首先，乡村农田水利设施建设增强，提升了农业生产的防灾抗灾能力，2018 年全国建成的高标准农田累计达 6.4 亿亩，农产品功能区和保护区任务完成 9.7 亿亩，扭转了农民自古以来“靠天吃饭”局面。其次，农业机械化的推进与发展为“粮藏于计”战略实施提供了硬件条件，农业机械总动力由 1978 年的 11750 万千瓦提升至 10.0 亿千瓦，粮食单产也由 1952 年的每亩 88 公斤上升为 2018 年的每亩 375 公斤。水电路网全面建设、垃圾污水处理能力不断提升等措施，为农村居住环境提升提供了可能。而且截至 2019 年 3 月，我国已有 92.7%的县乡实现义务教育，乡村教育的普及使农民文化素质明显提高。医疗服务及养老服务体系的加速形成和完善为农村居民健康提供保障，2018 年各级财政对新型农村合作医疗制度的人均补助达到 490 元，基本养老保险金最低标准提高至每人每月 88 元。

（二）我国农业生产发展的历史演变

城乡关系的协调问题一直是我国“三农”发展中需要面对的核心问题之一，如今，社会主要矛盾已经发生深刻变革，党的十九大明确提出要“建立健全城乡融合发展体制机制和政策体系”，因此，本章着重从城乡关系角度对新中国成立70余年以来农业生产发展的历史演变进程进行梳理，以期发现农业生产发展与城乡发展之间深层次的逻辑关系。

1. 城乡关系从自然发展到“二元分割”（1949—1978年）

新中国在成立初期是典型的农业大国，工业发展带来的收益在国民经济中占比较低，为了使国家迅速完成从落后的农业国向发达的工业国的转型，当时的政府决定施行优先发展重工业的战略部署。然而，我国因自身缺乏对资本的积累和发展工业的经验，无法满足重工业这种资本密集型的产业，因此，政府通过财政手段收集农业资本剩余，通过征收重税和设置农产品价格“剪刀差”两种形式筹集重工业发展资金。其后，为进一步集中农业生产剩余，政府又推行了农产品统购统销制度、集体化经营和人民公社化等政策，以支持重工业优先发展，这三项政策制度组成了城乡二元经济体制的核心内容。当时的城乡关系不仅涵盖了农村与城市之间的利益博弈，也包含了国家与农民之间的利益关系。该阶段的农业生产发展特点大致可概括为以下四个方面：

（1）农村资源补给城市。在当时优先发展重工业的战略部署下，为巩固新政府政权和稳定物价、恢复国民经济，农业的发展被局限在单一层面，即为城市发展提供资金支持，以及为城市居民提供粮食支持。在统购统销和集体化两项制度下，农业剩余持续被转移为城市居民基本生活资料以及城市工业、服务业当中。此外，通过工农产品价格“剪刀差”，在改革开放前农业对工业的供给达到6000亿~8000亿元。相关研究表明，1978年全国工业总产值比1952年增加15倍，而农业总产值只增加1.3倍。国家政策向重工业发展的不断倾斜，导致农业发展的基础条件不被重视甚至削弱，导致工农关系受到破坏，影响城乡协调发展。

（2）城乡生产要素配置失衡。政府严格管控流入城市的农村劳动力，同时又鼓励农民通过储蓄方式将农村资金流向城市，以此来为政府筹集资金。1953—1979年，农村信用社累计在农村吸收的存款达1941亿元，而对农村放出贷款数额仅为530亿元，由农村流向城市的资金高达73%。所筹资金大多投入到城市建设，在“一五”到“五五”期间，我国工业基建占比远远高于农业，但城乡建设投资比率的发展方向相反，即工业投资比重大幅度增加的年份农业比重往往减少。相反，为缓解城市就业压力，政府将城市人口大量转移到农村，1968年以后“上山下乡”的知识青年数量达到1600多万人，这个数量达到当时城市人口的1/10。资金和劳动力的长期单向流动，使城乡间资源配置失衡情况不断加剧。

（3）对农村进行经济管控。集体化制度的推行将农民划分到组织当中，使农民能够集中接受政府对其生产、生活方式的管控。农村发展的主要任务被规定为只能发展农业，并向城市提供农产品和生产资料。1958年颁布的《中华人民共和国户口登记条例》将城乡居民分配为“非农业户口”和“农业户口”两种不同户籍类型。这种户籍管理制度规定了农民不能自由向城市流动，只能单一发展农业，这就在一定程度上降低了劳动生产力水平。更有甚者，生产要素配置的四个基本问题（生产什么、如何生产、为谁生产、谁来决策）以及出售价格都被明确规定，这种微观的经济管制难免造成生产效率低下等问题，农民自由就业和选择的权利被限制。

（4）城乡福利制度存异。以票证制度和户籍制度为基础，政府在城乡之间建立起不同的福利制度。城市实行的福利制度是低工资制度下的高保障福利体系，如城镇居民从出生到死亡均可享受政府提供的福利保障，同时，政府降低对城镇居民工资的发放可以抑制居民消费，减少市场货币的流通，以保障重工业发展所需要的资金支持。而农村则实行生产结余下的低保障福利体系，如农民只能获得生产队、人民公社等集体提供的少量现金甚至实物补助，政府提供的福利支持十分有限。

2. 城乡二元经济体制僵持局面逐步缓解（1979—2003年）

在新中国成立30年后，中国现代工业发展初见成效，此时城乡分化情况不断缓解，农民肩上的担子逐渐减轻。这一阶段，发展的主要内容是通过推行家庭联产承包制向农民放权，同时推动国家市场化改革，使城乡关系“破冰”。

（1）家庭联产承包责任制的施行使农民彻底脱离了政府对其经济活动的管制，跳脱出人民公社体制对农村和农民的封锁，农民的自主权和选择权放宽。一方面，政府通过建立家庭联产承包责任制的内部手段再次巩固了家庭经营在农业生产中的主体地位。另一方面，党中央不再一味推崇农业支持工业、农村支持城市的理念，逐渐将现代化建设重心转移到发展农业上来，1978年“中央一号”文件中提出“允许多渠道经营……农民私人可以经营，可以进城，可以出县、出省”，以及在党的十一届三中全会通过的《中共中央关于加快农业发展若干问题的决定（草案）》中明确提出“1979年夏收开始，粮食统购价提高20%，超购价在此基础上再提高50%”，同时，政府还放低了农药、化肥等农业生产资料的出厂价和销售价，在一定程度上促进了农民增收，使城乡收入差距缩小，从而提高了农业生产发展能力。

（2）农产品市场体制发生变革，统购统销制度被取消，农产品的市场属性逐渐恢复，在一定程度上促进了农业生产发展。1978—1984 年，由于政府在调高农产品收购价的同期并没有将销售价格一并调高，购销价格难以平衡，政府需要利用大量财政补贴填补销售漏洞，有资料显示，在此期间政策性农产品补贴由 1.14 亿元迅速翻番至 218.34 亿元，极大地增加了政府的财政负担。据此，政府将发展重点转移至农产品购销体制改革上来，以调整农产品价格和流通领域为载体，依靠经济规律带动农业生产发展。1985 年的“中央一号”文件明确指出“除个别品种外，国家不再向农民下达农产品统购派购任务，按照不同情况，分别实行合同订购和市场收购”，自此，已实行 32 年的统购统销政策被政府明确取消，农产品销售不再受经营分工所限，可在多种渠道广泛流通。随即，农产品价格逐渐放开，农民作为独立生产者能够直面市场，农产品销售价格摒弃计划定价形式，转为市场定价，一定程度上使农产品供需达到平衡，从而促进了城乡经济接轨。

（3）城乡企业的发展接踵而来，为城乡协调发展注入新的活力。20 世纪 80 年代后，乡镇企业在国家政策鼓励下为农民提供大量就业机会，使农村剩余劳动力“有空可填”，提高了农民家庭总收入，同时为城乡发展过程中多样化的消费需求提供了足够消费品，为政府放松对农产品市场监管提供了经济支持。20 世纪 90 年代后，乡镇企业受自身发展原因影响，为农民提供就业的效用逐渐减弱。相对地，国家于 1984 年提出的城市企业改革全面启动，恰好接替乡村企业容纳了农村日益庞大的剩余劳动力，城乡间大量流动的劳动力使城市与农村关系日益紧密。农民通过外出务工的方式在微观上增加了自身收入，在宏观上带动了国民经济总量的增长。

总的来说，城乡二元经济体制发展的僵局在这一阶段得到较明显的缓解，农业发展路子变宽，农民权利日益增加，农村剩余劳动力压力逐渐减小。

3. 城乡发展一体化政策覆盖面不断拓宽（2004—2012 年）

这一阶段改革的重点仍旧放在协调城乡关系和谐发展上，政府对农业发展的关注点不只局限于经济领域，而转为向社会领域逐渐延伸。

进入 21 世纪以来，我国经济呈持续快速发展态势，综合国力不断提高，针对以往农村支持城市的单向发展关系，为进一步提升农业生产力，政府决定根据城乡发展的现实，实施“工业反哺农业”的一系列调整措施。2000—2003 年，中央连续三年将“统筹城乡发展”作为解决城乡二元结构的主题方针，同时又推行税费改革制度，降低农民税费税收负担。在此基础上，在 2005 年召开的党的十六届三中全会上提出“建设社会主义新农村”的新目标。2006 年农业税制度被废止，紧接着，2007 年召开的党的十七大上也明确强调“要统筹城乡发展、推进社会主义新农村建设，必须建立‘以农促工、以城带乡’的长效机制，形成城乡一体化的新格局”，这对调整我国国民经济分配、支持“三农”政策发展都起到了助推作用。

惠农政策改善了农产品市场机制体制，劳动力市场城乡壁垒被打破，城乡发展一体化程度进一步提高。2004 年，政府主动开放粮食区域性限制，开放粮食市场，允许各主体参与到粮食购销中来。2004—2012 年，中央财政公布的“四项补贴”即粮食直补、良种补贴、农机具购置补贴、农资综合补贴总支出从 2004 年的 145.7 亿元提高到 2012 年的 1668 亿元，补贴金额总计增加 7661 亿元，2012 年的投资金额相对 2004 年增长 10.4 倍，年平均增长率达到 35.6%，这些都标志着农产品市场机制体制已完全建立。21 世纪以来，小城镇落户政策得到国务院获批，各地政府纷纷开始探索户籍制度的改革。与此同时，城乡间就业制度的改制、政府对城乡社会保障和福利制度的改革优化、乡镇企业的发展等一系列宏观条件的完善，为农村劳动力流向城市提供了制度加持，在一定程度上降低了农民进城务工的就业和居住成本，农民工在城镇就业人员中的比重不断增加。1983 年，农民工进城务工人员占城镇总劳动力人数的比重为 1.7%，而到 2012 年，这一比重已增加到 44%。第五次人口普查数据显示，进城务工农民工数量在第二产业中占比达 58%，在第三产业中占比达 52%，其中在加工制造业中的从业人数占比达 68%、在建筑业中的从业人数占比达 80%，由此可见，进城务工农民工基本代替城市居民成为支撑城市工业化发展的主力军。城市一体化联系更加紧密，其原因除受国家政策支持影响外，也受市场调节作用的影响。农村剩余劳动力在城市一体化发展的助推下，数量逐年减少，到 2004 年甚至在沿海地区出现“民工荒”的现象，在此背景下，农民工市场需求不断加大，劳动力市场供需情况发生扭转，2009 年以来农民工工资已开始大规模上涨。基于此，城乡间、不同地区间劳动力工资差距逐渐缩小，劳动力市场一体化程度大幅度提高。但城乡一体化还有很长一段路要走，受户籍制度的限制，农民工在劳动力市场进行行业选择和职业获得时仍会受到较明显的歧视。

政府对农业农村的关注度和直接投入力度逐渐加大，城乡关系进一步改善。第一个层面，政府通过对农民增收减负缩小城乡发展差距。2006年农业税的全面取消大幅度降低了农民的税收负担。税费改制前，基层政府通过农业税和“三提五统”等税收政策每年可从农民手中收取1500亿~1600亿元；农业税取消后，基层政府失去收取税费的平台和依据，农民手中盈余资金相对增加，为国民收入分配结构的调整、基层政府职能的转换、乡镇机构财政供养人员的缩减创造有利途径。不仅如此，政府在2001年开始全面推行退耕还林，开启了政府直接投入对农业进行补贴制度的先河。同时还推行了农村教育的“两免一补”政策及增加对农民补贴范围的“四项补贴”政策等，这些都对农业生产发展提供了有利的政策支持。第二个层面，政府将财政投入的重点由经济领域逐渐拓展到社会服务领域。为带动农业生产发展，中央财政对“三农”投入不断增多，一系列能够强化农村公共服务能力的举措相继出台。1996—1998年，中央财政对“三农”的资金投入不到1000亿元；到2003年这一金额便增加至2144亿元，为1998年的2.2倍；2003—2012年，中央财政对“三农”的资金投入量以每年21.5%的增长率逐年增加。在制度改革方面，农村医疗制度试点、义务教育经费保障机制改革、农村最低保障制度、新型农村养老保险试点等探索性政策都基本获得有效成果，并在2012年基本实现了区域全覆盖，增强了农村生产发展的软实力。

4. 城乡发展融合发展的内容更具全面性（2013年至今）

在国民经济发展迅猛的大背景下，农业经济占国民经济比重逐渐减弱，因此单一提升农业生产发展水平已不能完全解决“三农”问题，国家必须转变当前经济发展模式，寻求新方法、推进新措施。这就要求国家不仅要加强农业生产现代化能力，还要解决农民的温饱和富裕问题。

党的十八大以来，推动城乡发展一体化、构建城乡发展体制机制便成为党和国家关注的重点工作之一。自2000年以来我国城镇化开始飞速发展，2019年人口城镇化率已达到60.60%，人均GDP也超过70892元，由此可以看出，变革城乡关系从而达到进一步融合的条件已具备。2012年党的十八大明确提出“解决好农业农村农民问题是全党工作的重中之重，城乡发展一体化是解决‘三农’问题的根本途径”。2013年党的十八届三中全会进一步丰富了政策内容：“城乡二元结构是制约城乡发展一体化的主要障碍。必须健全体制机制，形成以工促农、以城带乡、工农互惠、城乡一体的新型工农城乡关系，让广大农民平等参与现代化进程、共同分享现代化成果。”2017年党的十九大及2018年党的十九届三中全会分别强调“建立健全城乡融合发展”以及“精准扶贫”的战略方针。多项政策措施的出台，表明国家将发展农业经济作为目前国民经济发展的第一要务，体现中央集中解决“三农”问题、全面发展农业产业体系以缩小城乡差距的决心。在此过程中，农民生活水平获得显著提升，随着“精准扶贫”战略的开展，截至2018年底已有将近8249万人脱离绝对贫困，城乡居民收入比率已由2015年的3.22：1降低至2.69：1，虽然城乡居民收入水平仍有差距，但可以看出已呈现出明显下降趋势，城乡融合发展的成果初见成效。

要改善农业农村发展环境，政府在上一阶段已初步建立一系列对农业农村的直接投资政策，在这一阶段将会继续加大投入规模，全面实施乡村振兴战略。“精准扶贫”战略思想主要解决眼前农村农民的贫困问题，但长远来看解决农村农民的富裕问题才是未来发展目标。2012年以来，中国经济发展逐渐进入新常态，政府在公共财政方面的收入相对减少，但仍持续增加对“三农”工作的直接投入。2008—2012年，全国一般公共服务支出在农林水事务方面的比重为10.20%，而在2013—2017年这一比率增加到10.45%，支出总额从3.9%万亿元提升到7.9万亿元。政府增加一般公共财政的投入表明其对农业发展的重视，农业生产和农民生活条件获得显著提升。

城乡资本要素流通，城市反哺乡村特征明显。第一个表现为城市工商企业看中农村市场，带动城市资源流入农村，增加对农业生产的投入。政府在党的十八届三中全会以来逐渐放松了对城乡要素流动的管制，允许城市企业在农村投资设厂，城市工商资本投入在农业生产中的比重逐渐加大，为农村兴办粮食、蔬菜产业以及增设各类事业提供经济支持，加快资本下乡的步伐，扩大了农业产业发展规模。城市资本的注入不仅为农业生产发展解决了一部分资金问题，还为农村带来了先进生产技术和管理理念，为农业发展的可持续性、高效性和农业现代化生产提供了有利条件。第二个表现为外出务工人员返乡人数持续增加，据农业部统计，2017年内，受全国返乡下乡热潮影响，已有总计超700万人选择从进城务工变为回村发展，其中进城务工经验多、时间久、人脉广的返乡农民接近500万人，回村农民选择的农业生产领域多为规模种植经营、休闲旅游农业、农产品初加工以及发展当地特色产业，为当地农业农村生产发展注入新鲜血液和活力。

户籍制度逐步完善，城乡基本公共服务项目全面蓬勃发展，为农业生产发展和城乡发展融合提供制度条件。户籍制度一直是新中国成立以来阻碍我国城乡一体化发展的主要因素之一，近年来，虽然国家逐渐开放对户籍的制度限制，但其对城乡发展的阻碍作用仍有遗留。2014 年国务院颁布的《关于进一步推进户籍制度改革的意见》，翻开了新一轮改革的篇章，该文件将农业户口与非农业户口分制取消，将城乡住户户口统一登记为居民户口，清除城乡居民自由迁移的壁垒，城镇化率在户籍上的表现为从 2012 年的 35.3%跃升为 2018 年的 43.37%。随着政府对城乡户籍制度改革的推进，城乡基本公共服务也取得了实质性进展，城市内的农村流动人口可享受的公共服务的机会和品质均获得大幅度提升。党的十八大提出的有关公共服务建设内容，如"全面建成覆盖城乡居民社会保障体系""整合城乡居民基本养老保险和基本医疗保险制度"和"大力促进教育公平，合理配置教育资源"等都预示着我国公共服务体系改革步入正轨。国家统计局数据显示，到目前为止，全国 31 个省、市及开发区都已全面建立居民养老保险制度、医疗保险制度。截至 2017 年，通过国家义务教育经费保障机制获得教育机会，并完成国家督导评估的县乡数量已达 2379 个，总量占全国的 81%。

三、新中国成立 70 余年以来我国农业生产发展的基本经验

中国农业生产发展的 70 余年是党和中央领导下农民脚踏实地、大胆探索、砥砺前行的 70 余年。总结新中国成立 70 余年来农业农村发展的经验，弃劣从优，不仅可以助推未来农业农村现代化建设，而且对全面乡村振兴和平衡城乡间发展关系具有重要意义，这些宝贵的经验为我们以后的发展提供了重要借鉴。

（一）保障农民基本权益，不断对农民放权

农民是我国农业农村的最基本构成因素，尊重和维护农民的根本利益才能维持农业稳定发展，相对地，发展农业过程中只有切身考虑农民的最根本利益才能获得最广泛的支持。改革开放前，城乡二元体制形成的过程实际上是不断剥夺和索取农民权利与成果的过程，随着城乡二元体制的不断确立，农民的生产创新能力被逐渐扼杀，农业农村发展出现停滞是其必然结果。改革开放后，国家对农民放权力度逐渐加大，农民有更多实践生产和创新能力的可发挥空间。改革开放初期，家庭联产承包责任制的制定在政策层面赋予农民自主经营土地权利，农民的温饱问题得到迅速解决，收入也不断增加。20 世纪 80 年代中后期，统购统销制度被取消、乡镇企业和工业的发展都赋予

了农民自由选择职业的权利，农民从事非农经营生产概率增加，城乡二元经济结构模式被削弱。20 世纪 90 年代政府放宽农民进城限制，农民可在城乡间自由迁移，劳动力市场更加趋于一体化，推动了农业生产的快速发展和城镇化率的提升。未来应当继续对农民放权，提高农民的生产积极性和社会地位，从而带动社会经济的发展。

（二）加强和巩固政府对农村的政策扶持，坚持渐进性改革的方式

我国农业农村制度建设的方式经历了从相对单一到城乡全面发展的转变。改革开放后，农业农村发展主要以依靠政策性改革为核心，从摸索前进到精准扶贫，惠农助农成为农村政策改革主题，说明改革是由简入繁、由表及里的渐进性过程。首先，改革总是来源于实践，而实践经验的积累是一个循序渐进的过程，从打破城乡发展壁垒到消除城乡二元分割，再到实现城乡发展融合，都是在实践中逐渐寻找规律和解决方法的过程。其次，这种渐进性改革方式能够适当降低改革风险，改革解决的是现实问题中最综合、最核心的部分，这种具有针对性和时效性的改革政策能够更好地解决当下遇到的“瓶颈”。最后，渐进式改革所受阻力相对更小，农民可接受程度更高。

（三）激发农村科技生产力，提高农业生产现代化，将市场作为改革风向标

我国农业生产发展的过程经历了从依靠资源要素投入为主要内容的粗放型生产时代，到以制度创新和技术创新为驱动的市场化驱动时代。由此可以看出，提高农村科技生产力和发展水平，发挥市场配置资源的作用，是我国改革成功的核心因素之一。因地因时制定的创新型制度改革不仅大大解放了农业生产力，而且形成了适合发展农村经济和农业生产发展模式的组织方式。近年来兴盛的技术变革，如信息、生物、设备等新兴技术为核心的现代农业发展，推动了绿色农业和高品质农业生产在技术层面的保障。同时要发挥市场机制的作用，建立城乡统一经营的农产品市场，允许劳动力在城乡间自由移动，以城带乡，从而为乡镇企业提供良好发挥空间。

（四）改革创新发展理念，尊重基层对发展模式的革新

在农业生产发展过程中，基层依靠实践经验探索新的发展路子，为中央设计全国性的制度改革提供了决策参考。回顾我国创新型改革的发展历程，从对农民进行放权和让利，到开放农产品流通市场和商品价格、农民创办乡镇企业获得制度保障，再到放宽进城务工农民的职业选择和加强城乡公共服

务水平等一系列改革措施可以发现，决策者在改革过程中摒弃固有思想和守旧意识的束缚，不断革新发展观念。农业生产发展和城乡关系变革的过程，实际上就是积累基层经验、创新发展模式，与决策者冲破固有思维模式相结合的结果。因此，在已出台政策的作用显著发挥的情况下，要想解决实际问题，最基本的方法还是将基层创新作为改革的源头，以务实的态度解决农民最关键的问题，摒弃老旧思想和封建迷信，寻求发展农业生产、促进城乡关系融合的新方法、新路径。

（五）为改革留出容错空间，为改革者提供公平包容的治理环境，以探索出有价值的改革方案

农业生产发展一方面要带动农村解放生产力；另一方面要提高农村经济实力，提高农村城镇化水平，以缩小城乡发展差距。改革是每个国家社会经济发展过程中都会经历的一个探索和试错的阶段，改革总是来源于实践又反作用于实践，因此难免走错路，对改革的态度应是摒弃坏的、坚持好的，而不是一味追求完全正确，这样才能为改革者留下足够的创新探索空间，以推出有益于农业发展建设的有意义的改革措施。发展至今，需要调整和改革的内容已大幅度减少，但为了让改革者有更好发挥创新能力的平台，必须要在法律允许范围内为改革者提供足够空间以健全城乡发展关系，促进农业生产发展。

四、当前农业生产发展过程中存在的主要问题

虽然新中国成立以来我国的农业生产发展已初具规模，并取得了一定成效，但农业生产和城乡发展过程中还有诸多未解决的问题。

（一）城乡二元分割矛盾仍然存在，以城带乡政策的开展缺乏动力

近年来，我国农业现代化水平不断提升，社会主要矛盾已转化为人民日益增长的美好生活需要和不平衡不充分的发展之间的矛盾，城乡二元经济结构的矛盾得到缓解，但前期漫长的城乡二元体制问题已造成资金、人才、土地资源等要素配置在城乡间发展不平衡，形势虽有改善，但效果不明显。农业生产发展水平仍处于初级阶段，生产现代化和产业化水平低，且农村资源单方面流向城市的趋势未发生根本逆转。相对地，城市依靠丰富的资金和人才，通过引进各种先进技术，大力扶持二三产业，为城市发展提供了源源不断的经济动力，这为城市反哺农村创造了有利条件，但由于城乡二元分化已是两者关系间长期存在的问题，城乡产业发展侧重点不同，因此以城带乡缺

乏根本动力。

（二）城乡资源要素配置制度尚未完善

目前，我国社会主要矛盾已转变，农村生产发展处于较高水平，但要素市场改革仍未成熟，城乡资源要素不平衡的情况主要体现在资金和土地资源上。1978—2012 年，农村资金净流入城市的金额达 26.66 万亿元，其主要通过工农产品价格“剪刀差”、银行储蓄以及国家财政税收等渠道流通，与改革开放前相比，其资金净流出速率明显降低，但数额却远高于前。随着我国社会经济的飞速发展，工农产品价格差以及国家财政税收作用逐渐减弱，银行储蓄作用随着金融市场的飞速发展而不断突出，成为农村资金净补给城市的主要途径。近年来政府对农业农村发展逐渐重视，为鼓励城乡企业在农村投资设厂，政府放宽了金融信贷条件，但城乡间信贷资金配比仍然严重失衡。相对于金融信贷条件，城乡土地资源分配偏颇情况更为明显，在政府财政大力支持土地改革的背景下，土地城镇化速度比人口城镇化速率更快。从根本上讲，土地作为农民最主要的财产，由于受政策限制无法在城乡间自由交易，阻碍了城市资金进入农村，且农民不能将土地变现为资产，从中获取利润，这些土地制度改革滞后的弊端造成农村资金单方面流向城市。

（三）户籍制度改革仍需丰满和深入

时至今日，我国大部分省（区、市）都已实行城乡户口统一的户籍制度，这样来看，城乡间人口流动受户籍限制的壁垒被大大削弱。然而，当下户籍制度作为城乡二元体制最主要原因之一，其改革虽可削弱城乡间人口流动的限制，但不可避免地还会遇到除子女升学外的就业、购房、医疗以及养老等问题的困扰。与我国社会经济发展程度相比，即使目前户籍制度改革已在很大程度上缩小了城乡发展中的利益差距，但改革的深度和广度还远远不够。户籍制度对人口城镇化率的提高、农业生产发展速率的提升以及城乡间劳动力流动的推进都有不可忽视的作用，因此应加快户籍制度的全面性改革，以推进城乡融合发展。

（四）城乡间基本公共设施及服务供给差距显著

近年来，我国城乡基本公共设施及服务在国家政策支持和鼓励下取得明显成效，制度覆盖了义务教育、基本养老保险和公共医疗领域，城乡居民生活获得了基本保障。但由于城乡发展程度不同，其公共服务标准仍存在较大差距，这种不均衡主要体现在医疗和教育领域上。农村义务教育受惠人口不断增加、教师素质不断提升、医疗保障人员数量和水平都得到显著提高，但由于农村人口基数大、素质低，导致农村劳动力和资源的质量与城市相比依旧有很大差距。此外，由于城乡间教育和医疗水平起点不同，获得的扶持政策和资源配置也有所不同，这无形间也扩大了城乡间基本公共设施和服务的差距，在一定程度上制约了城乡间基本公共设施和服务均等化的发展。

（五）村庄“空心化”现象日益加剧，农村衰退情况只增不减

党的十六届三中全会提倡社会主义新农村以来，国家大力兴建和改善基础设施、生态环境，重新规划乡村布局以提升农村生活质量的硬环境；与此同时，国家还大力宣传乡村文化，呼吁保护和传承非物质文化遗产等软文化。这些措施虽然改善了乡村生活的硬环境和软文化，但仍有很大上升空间，城乡间发展差距依旧不可小觑，农村劳动力尤其是高素质人才持续向城市涌入的情况转变困难，农村现居民多为留守老人，“空心化”趋势越发严重，越来越多的农村开始走向衰退。

五、未来发展思路

针对我国目前农业生产和城乡发展的现状以及发展过程中遇到的问题，为实现我国建设社会主义现代化强国的奋斗目标，可从以下几个方面着重处理农业生产发展中遇到的问题，进而调整城乡关系。

（一）确保城乡发展一体化能够刨外壳重内核

要想真正实现城乡发展的融合与同步，仅靠表面建设的无差别化是不够的，更要从内核上切实考虑农村需要，结合现实问题填补漏洞，从而更好地推动农村发展。然而，首先，城乡一体化发展无成功经验可借鉴，容易在真正落实过程中认识不到位，难以从根本上促进农村城镇化的建设；其次，城乡发展一体化建设需要大量资金，受我国地域经济发展不平衡的影响，一些发展较落后地区更倾向于花最少的资金达到最好的效果，例如，从村容村貌的单一建设来实现这种双赢。现如今，我国已具备城乡融合发展所需要的客观条件，但很多地方政府仍未将城乡融合发展作为重点任务，或者降低发展标准，或者反对及搁置城乡发展一体化。而城乡发展一个重要基础和前提即为“由表及里”，也就是说，不只在城乡建设上趋向一致，更应在发展内容上统筹规划。因此，应首先突破城乡发展差别大这一难点问题，在政策规划中给予城乡同等地位，使城市与农村拥有平等发展的权利；其次，提升城乡基本公共服务的均等化，将城乡就业、医疗、教育和社会保障等基本社会公共

服务的待遇调整一致，摒弃差别对待、重城轻乡的腐朽观念，为每一个公民提供平等的服务和同等的权利。近年来，农村居民基本公共服务的待遇虽得到提升，但仍未达到与城市发展同等权利、同等标准的水平，未来应将均等化切实落到发展内容中来。

（二）推动城乡要素合理配置，打破城乡要素市场一体化发展中的僵局

加快城乡要素市场一体化进程是城乡融合发展的核心内容和薄弱环节，要想打破城乡要素市场一体化进程中的僵局，首要任务是扫清城市资源向农村流动的障碍，其中，土地制度改革又是解决要素配置不合理的首要任务。目前所实行的土地制度不但无法满足城市资本下乡投资的现实需求，而且降低了农村土地的利用效率，降低了农民投入农业生产的热情。要想合理配置城乡要素，一方面，要转变地方政府职能，加强其对土地管理规划、耕地力保护、社会保障、产权保障等社会公共管理职能的重视，以削减其通过扩建房屋、获取土地财政收入等方式所体现的经营性职能，从而更好地规范当地政府的政策行为，为市场在土地资源配置过程中发挥的作用提供先决条件。另一方面，在宅基地三权分置政策改革的前提下，放宽宅基地有偿退出的条件和范围，惠及其他村与外来投资资本。

（三）把握户籍制度改革要点，提高国家城镇化水平，巩固城乡融合发展

当下，为实现农业农村现代化，进一步推进城乡要素融合发展，城镇化建设是基础和前提。国际发展经验表明，只有当国家的人口城镇化率达到70%后，城镇化才能进入稳定期，在此期间，城市反哺乡村能力明显增加，农村人口数量大规模降低，从而进一步推进城乡发展融合。截至2019年，我国的常住人口城镇化率为60.60%，户籍人口城镇化率为44.38%，目前仍未达到城镇化稳定期的标准。但随着农民工数量逐年递减趋势的加强，城镇化进展速度逐渐减缓。因此，为降低城镇化建设的风险，政府要进一步推进人口城镇化建设，全面落实户籍制度改革，确保城市内的农业转移人口和农村现有的农业劳动力一并转移到城市。具体做法可总结为，一是从制度设计层面入手，提高农村福利水平，改革户籍制度，进一步促进城乡发展一体化；二是城镇化路径需要调整，将重心移动到发展中小城市上，着重提升县城及乡镇的基础设施建设水平，方便农村转移人口就近城镇化，稳定提升常住人口的城镇化率。审视目前城镇化发展的阻碍与助推因素，一方面城市现有常住居民不愿同非户籍制度居民共享公共资源和福利，这在一定程度上阻碍了国家城镇化进程；另一方面国家通过加大城镇化建设能够更快利用现有资源

推动国家发展，帮助国家获取更多经济利益，并反作用于城镇化的推进。因此，政府应揆情度理，全面改革当下户籍制度，为城乡融合发展铺平前路。

（四）提升农业生产现代化水平，助推乡村三产协调发展

在注重农业适度规模经营的基础上，应鼓励发展农业相关产业链，如农产品加工业、乡村旅游农业、农产品电商等多渠道发展模式，推动三产融合发展，提高农民生产积极性，增加农民现实收益，从而带动农业农村的比较劳动生产率。此外，在落实土地制度改革和资本支持的同时，还要加强人才引进策略，确保团队中具有技术好、懂经营的精干农民人才。同时，农村的就业环境仍然严峻，下一阶段要着重增加农民就业创业机会，通过政策减少城乡不公平竞争问题，政府可相对给予农村就业创业的资金支持，加快外部资金落到农村中来，提升农业生产发展前景，提高农产品数量和品质。

参考文献

［1］国家统计局．国际地位显著提高　国际影响力持续增强——新中国成立70周年经济社会发展成就系列报告之二十三［EB/OL］．（2019-08-29）．http：//www. stats. gov. cn/ztjc/zthd/sjtjr/d10j/70cj/201909/t20190906_ 1696332. html.

［2］陈文胜．中央一号文件的“三农”政策变迁与未来趋向［J］．农村经济，2017（8）：7-13.

［3］中共中央，国务院．乡村振兴战略规划（2018—2022年）［EB/OL］．（2018-09-27）．http：//www. askci. com/news/chanye/20180927/0923071132939. shtml.

［4］白学峰，鲁植雄，常江雪，等．中国农业机械化现状与发展模式研究［J］．农机化研究，2017，39（10）：256-262.

［5］国家统计局．农村经济持续发展乡村振兴迈出大步——新中国成立70周年经济社会发展成就系列报告之十三［EB/OL］．（2019-08-07）．http：//www. stats. gov. cn/tjsj/zxfb/201908/t20190807_ 1689636. html.

［6］林毅夫．90年代中国农村改革的主要问题与展望［J］．管理世界，1994（3）：139-144.

［7］李周．改革以来的中国农村发展［J］．财贸经济，2008（11）：82-90,127.

［8］蔡昉．“工业反哺农业、城市支持农村”的经济学分析［J］．中国农村经济，2006（1）：11-17.

［9］韩俊．中国城乡关系演变60年：回顾与展望［J］．改革，2009

(11)：5-14.

［10］王雪磊，郭兴平，张亮．新中国成立以来农村金融的发展历程及其评述［J］．农村金融研究，2012（7）：66-70.

［11］董志凯．工业化初期的固定资产投资与城乡关系——对 1950—1980 年代工业建设的反思［J］．中国经济史研究，2007（1）：12-22.

［12］邢祖礼，陈杨林，邓朝春．新中国 70 年城乡关系演变及其启示［J］．改革，2019（6）：20-31.

［13］刘子操．城市化进程中的农村社会保障问题研究［D］．大连：东北财经大学，2007.

［14］王彦庆．中国城乡商品流通一体化研究［D］．哈尔滨：哈尔滨商业大学，2012.

［15］李周．中国农业改革与发展［M］．北京：社会科学文献出版社，2017.

［16］金三林，曹丹丘，林晓莉．从城乡二元到城乡融合——新中国成立 70 年来城乡关系的演进及启示［J］．经济纵横，2019（8）：13-19.

［17］蔡昉．中国农村改革三十年——制度经济学的分析［J］．中国社会科学，2008（6）：99-110，207.

［18］中国宏观经济研究院产业所课题组．改革开放 40 年中国工农关系演变：从缓和走向融合［J］．改革，2018（10）：39-51.

［19］欧阳志刚．中国城乡经济一体化的推进是否阻滞了城乡收入差距的扩大［J］．世界经济，2014，37（2）：116-135.

［20］章莉，李实，William A. Darity Jr.，等．中国劳动力市场就业机会的户籍歧视及其变化趋势［J］．财经研究，2016，42（1）：4-16.

［21］李周．中国农村发展的成就与挑战［J］．中国农村经济，2013（8）：4-14.

［22］国家统计局．中华人民共和国 2019 年国民经济和社会发展统计公报［EB/OL］．(2020-02-28)．http：//www.stats.gov.cn/tjsj/zxfb/202002/t20200228_1728913.html.

［23］农业部新闻办公室．推进农村创业创新　加快培育农村发展新动能［EB/OL］．(2017-09-17)．http：//www.gov.cn/xinwen/2017-09/17/content_5225731.htm5.

［24］刘金伟．新一轮户籍制度改革的政策效果、问题与对策［J］．人口与社会，2018，34（4）：89-98.

[25] 宋建，王静．人口迁移、户籍城镇化与城乡收入差距的动态收敛性分析——来自262个地级市的证据 [J]．人口学刊，2018，40 (5)：86-99.

[26] 国家统计局．人口总量平稳增长　人口素质显著提升——新中国成立70周年经济社会发展成就系列报告之二十 [EB/OL]．(2019-08-22). http：//www.stats.gov.cn/tjsj/zxfb/201908/t20190822_1692898.html.

[27] 周振，伍振军，孔祥智．中国农村资金净流出的机理、规模与趋势：1978—2012年 [J]．管理世界，2015 (1)：63-74.

[28] 张海鹏，朱钢．中国城乡发展一体化实现程度、存在问题及政策启示——以2020年全面建成小康社会为目标 [J]．开发研究，2017 (2)：10-16.

第四章

城镇化影响农业生产的主要机理和路径分析

我国城镇化进程进入了快速推进的时期，农业发展将受到何种影响以及农业发展如何主动适应城镇化进程成为值得探索的重要问题。本章首先分析了城镇化与农业发展的联系机理；其次从中国农业生产模式和经营制度的既有路径和创新等角度阐述了城镇化对中国农业发展的影响；再次分析了城镇化对中国农产品需求和供给的影响，并指出了制度变革是农产品供需矛盾的解决之道；最后分析了城镇化背景下中国农业发展的演变曲线和战略选择。

一、引言

城镇化是由以农业为主的传统乡村社会向以工业和服务业为主的现代城市社会逐渐转变的历史过程，加快城镇化进程是一个国家和地区走向现代化的必由之路。2012 年，我国的人口城镇化率达到了 52.6%，进入了快速推进的时期，在此背景下，农业发展将受到何种影响、农业发展如何主动适应城镇化进程成为值得探索、令人瞩目的重要课题。

一般来说，城镇化对农业发展的影响主要涉及几个方面：一是在城镇化过程中，随着大量的农业人口不断进入城镇，土地利用日益集中，农业生产规模不断扩大，并带动生产技术和劳动工具的发展，这促进了劳动生产力的提高，加之城市对农副产品的需求增长，将进一步刺激农业生产的发展；二是城镇化改变了农村的社会结构和人口结构，使其从封闭、分散走向开放、集中，从自给自足走向市场交换，使更多的人能够享受到现代文明和相应的优质生活，促进了农村居民的市民化；三是适应于劳动输出和土地集中的变化，农业生产模式和经营制度逐渐向现代化转变，以此保障农业产出不断增加，满足城镇化带来的不断增长的农产品市场需求。

二、城镇化与农业发展的联系机理

城镇化是由以农业为主的传统乡村社会向以工业和服务业为主的现代城市社会逐渐转变的历史过程，既包括生产方式的转变，也包括生活方式的转变。

联合国统计数据显示，截至2009年，全球城市人口已超过34亿人，占当年世界总人口的50.1%，这标志着全球城乡人口结构首次发生“转折”，尤其是伴随发展中国家城镇化进程的加速，21世纪必将成为以城市为主导的世纪。就我国而言，2011年城镇化率首次超过一半，达到51.27%，这一转折点的出现，将对我国的现代化进程和中华民族的伟大复兴产生深远的影响。

（一）城镇化进程对我国农业的拉动效应

1. 推动传统农业向现代农业转化

（1）城镇化为现代农业发展提供了广阔的市场。传统农业主要以粮食生产为主，城镇化推动了农业生产向非粮食产品、专业化生产的方向迈进。在城市多元需求的拉动下，农业分工越来越细化。随着交通、信息手段的发展以及城市自身容量的扩张，城市的市场容量越来越大，市场需求越来越多样化，市场辐射能力越来越强，辐射的范围越来越大，从而让更多的农村和农民能够分享城市的市场，使城市市场功能大大拉动了农业的发展。

（2）城镇化为现代农业发展提供资金。随着城镇化进程的不断推进和金融产业、金融机构的不断发展，农业发展特别是现代农业的发展得到金融资本的大力支持。“工业反哺农业、金融惠及农村”成为一个趋势，这可以在浙江、江苏等地村（镇）银行的兴起中得到印证。城镇化不仅为金融资本惠顾农业提供了条件，而且为农业发展提供了其他的资金渠道。城镇化吸纳了大量的农村剩余劳动力，这些人通过辛勤的劳动，将在城市挣得的工资、商务收益等大量资本带到农村，极大地支持了农业的发展。

（3）城镇化为农业发展提供技术。城市集聚了大量的工业、服务业，成为技术扩散的中心地带，为农业发展提供了新的技术支撑，体现为新工具、新种子、新农资等，提高了农业的产出水平，推动农业向现代化、科技化、集约化发展。

2. 提高农业部门的产出效率

（1）人口输出相对地提高了农业生产效率。农村大量的富余劳动力外出务工，降低了农业承载的人口数量，在农业总量保持不变甚至略有降低的情况下，其人均生产率也得到了较大的提高。农村富余劳动力的输出，还导致了农业生产方式的改变，出现了规模经营、加大技术投入、扩大使用农机化肥农药、实现农业专业化分工等，对于提高单位产出、提高人均生产效率具有较大的帮助，使农业生产效率不断提升。

（2）城镇化推动人才向农业和农村流动，提高农业生产率。城镇化必然伴随着专业化分工的深入，有利于“三农”服务人才的外溢，从而提高农业部门的产出效率。此外，借助于城镇化进程的深化，由于城市经济发展的竞争加剧，现代农业、生态农业、乡村旅游等吸引了众多的城市专业人才，他们利用自身与农业、农村千丝万缕的联系，将项目、资金、技术源源不断地输送到广阔的农村，对于提高农业产出水平和农村发展水平大有裨益。

（3）城镇化推动农业向高效、高产、高质发展。当前，与城市的资源使用效率以及农民进城务工的效益所得相比，农业的生产效率还相当低下。实践中，从城市到农村的生产率呈现逐级下降的趋势，形成了一个类似于金字塔的结构，加快城镇化的进程，扩大城市的范围，必然提升城市与近郊区、远郊区和偏远农村的融合面和接触面，使更多的近郊区变成城市、远郊区变成近郊区、偏远农村变成远郊区，进而提高农村地区的生产率。因此，在城镇化进程不断推进的条件下，市场交换和扩散效应会使农村的生产率大为提高，推动农业向高效、高产、高质发展。

（二）农业发展对我国城镇化的支撑作用

1. 农业发展形成城镇化的基础动力

城镇化动力机制的有关理论认为，推动城镇化的动力源泉是产业结构的变迁。城镇化进程实际上就是产业结构演变和产业内容融合的过程。

农业发展是城镇化的基础动力，忽视农业发展，城镇化进程势必会出现粮食短缺、劳动力“空心化”、非农产业的原料供给不足等问题，破坏城市发展的数量和质量。就我国来说，加快农业发展更具有现实和迫切的意义。

2. 农业发展为城镇化提供保障作用

富余劳动力和粮食剩余直接促进了城镇化的发展，而土地、生态环境、社会和谐则为城镇化提供了保障作用。城镇化推动人口向城市聚居，长期来看可以释放更多的土地参与城市建设，也为农村土地集中连片开发提供了可能，因此农业发展与城镇化互为因果，农业发展为城镇化提供了一定的土地保障。

良好的生态环境是农业发展为城镇化提供的另一个保障。农业开发具有一定的生态功能，对生态环境具有净化作用，保证了二三产业的正常运行，促进了经济发展，具有积极、重大的正外部效应。因此，农业发展能够引起生态环境的优化，这为城镇化提供了生态环境要素的保障。当然，农业生产破坏生态环境的局部现象也并不少见，这要求提高农业发展的质量，降低负外部性，以更好地支撑城镇化发展。农业发展有助于构建稳定的社会环境，为城镇化进程提供和谐的外部氛围。

3. 农业现代化与工业化、城镇化发展相生相伴

工业化、城镇化和农业现代化是相生相伴的。工业化过程实质上就是工业在一国经济中的比重不断提高以至取代农业，成为经济主体的过程。工业化和城镇化过程离不开农业的发展，随着农业剩余的增加，农业劳动力大量转向工业，农村人口大量向城镇转移，推动工业化和城镇化程度加深。在三次产业高度发展和融合的基础上，形成工业经济强大、服务经济活跃、农业经济稳定的局面，推动基础产业、主导产业和新兴产业的全面发展，将为城镇化发展提供强大的产业动力。就现状而言，我国农业现代化发展显然是城镇化进程的当务之急。发展现代农业是加快城镇化进程的必由之路，并且将始终伴随我国的城镇化进程。

三、城镇化对中国农业生产模式和经营制度的影响

城镇化过程要求劳动、土地、资本等要素向城镇集中，这必然引起农业生产模式和经营制度的变化。中国由于城乡二元结构明显，户籍和土地制度等严重地限制了要素的流动，所以与世界相比，城镇化对农业生产模式和经营制度的影响既有共同之处，又有自身的特点。

（一）中国农业生产模式和经营制度的既有路径

从制度反作用于经济发展的角度来看，依据不同国情，进行良好的农业生产模式和经营制度安排，显然有利于更快更好地推进一国和地区的城镇化进程。同时，由于历史背景、资源条件、发展阶段等因素，在进行农业生产模式和经营制度的重新选择上，只有考虑既有模式的路径依赖，才能在此基础上进行创新。

新中国成立以来，我国以农村土地制度变迁的农业生产模式和经营制度经历了三次大的变化。一是 1950 年中央人民政府颁布了《中华人民共和国土地改革法》，将战争中解放区实行的土地改革推行到全国，废除封建土地所有

制，实行农民土地所有制，至1952年底，全国土地改革基本完成，3亿多无地或少地的农民分到了土地，广大农民成了土地的主人，基本达到了“耕者有其田”。在生产模式上，与此对应的仍是小农生产，生产技术较为落后，但基本适应当时的社会发展要求。二是1955年的土地集体化，将土地由农民个人私有变为集体所有，实行统一经营，按劳分配，取消土地报酬，农民既失去了土地所有权，也失去了经营权。特别是1958—1960年的“大跃进”和“人民公社”运动，将土地的农业生产合作社集体所有制变为人民公社所有制，农民完全丧失了土地的所有权、使用权和经营权，加剧了土地的公有制因素。在生产模式上，农民被组织起来集体劳动，甚至吃饭也必须到“公社食堂”，为了防止农民迁徙，实行严酷的户籍制度，逐渐形成了严重分立的城乡二元制度，并直接导致我国农业生产的大倒退，出现了历史罕见的大饥荒。三是1978年党的十一届三中全会后，我国在土地集体所有的基础上开始确立“家庭联产承包责任制”，农户以家庭为单位向集体组织承包土地等生产资料和生产任务，1983年初，全国农村已有93%的生产队实行了这种责任制。家庭联产承包责任制延续至今，只是在承包期限上，1984年明确承包期限为15年，1993年又提出再延长承包期限30年。这种制度安排进入21世纪以后越来越不适应于城镇化进程和农业发展，近年来“家庭联产”的提法逐渐消亡，但是“家庭承包”一直实行。

当前，中国的“家庭（联产）承包责任制”弊端日益显现，它和户籍、社保等城乡二元制度将农民禁锢在土地上，逐渐形成了城镇化进程的“瓶颈”。城镇化要求土地自由流转、人口自由迁徙，但是现行的土地、户籍和社保制度不支持农村人口市民化，所以尽管城镇化在不断推进，但是“人”的城镇化问题始终得不到根本解决。首先，一些具备了人口城镇化的家庭希望从土地上解放出来，他们的土地（法律上是承包权）却不能售卖；没有土地买卖市场，土地适度集中的推行也变得十分困难。其次，城镇化需要大量的人口进入城镇，农村劳动力通过在城镇从事非农产业实现生存和发展，但是户籍制度以及附着在户籍制度之上的社会保障、住房政策、教育政策等却对农民带有明显的歧视，使人口城镇化步履维艰。最后，以农户为主体的家庭承包经营难以大量采用现代生产技术，导致我国农业生产技术只能长期缓慢提高，农业产出渐渐难以满足城镇化进程加快带来的农产品需求的增长。

（二）中国农业生产模式和经营制度的创新

在城镇化加速推进的背景下，中国的农业生产模式和经营制度必须在路径依赖的基础上进行大胆创新。相比之下，日本、韩国的资源节约和资本技术密集型模式比较适合中国的资源特点和路径依赖特点：一是人口众多，人均土地面积狭小，劳动力充裕；二是没有经过高度的土地集中过程（土地集体所有区别于集中在私人手中），农户是农业生产的主体。

但是，必须注意到我国的农村土地集体所有、家庭承包经营等特殊情况极有可能在世界上也是独一无二的。在日本模式中，存在两种土地产权状况和生产形式：一种是日本、韩国、中国台湾地区等以农户土地私有为主，衍生出了主要以农户合作社为主的生产形式；另一种是以色列以土地集体、国有为主，衍生出了集体农庄、农户合作社、极少数独立农户并存的生产形式。显然，中国是可以走资源节约和资本技术密集型模式的，但是农村土地集体所有、家庭承包经营的特点又使得中国的模式可以有所不同。

推动土地集中和合作经营发展是中国农业生产模式创新的重要路径。

农村土地集体所有、家庭承包经营的缺陷在于农村土地产权不明晰、农户土地经营规模小、阻碍土地和劳动资源的市场配置，要克服这些缺陷，主要可以从农村土地权属改革方面入手。农村土地产权不明晰对于农业生产模式和经营制度的选择有利有弊：利在于土地归集体所有，在土地集中上相比较土地私有而言更为容易；弊在于土地人人有份，必须兼顾家庭承包权的既得利益。

因此，未来中国的农村土地集体所有、家庭承包经营在农业生产模式和经营制度上的衍生方向有两种：一是通过政府收回承包经营权，将土地适度集中起来，交给种植专业户，形成家庭农场，在有些地区不排除少量的私人大农场。当然，收回土地承包经营权必须坚持有偿、自愿、公平的原则，这一点可以参考我国台湾地区 20 世纪 50 年代的土地革命，主要通过和平赎买方式进行，赎买的代价可以是国有股票、期权收益、代为缴纳社会保障以及现金等。二是鼓励农户自愿联合，形成包括生产、流通、农业服务等各种类型的合作经济组织，加强与外部的交换。这两种方式是并行的，导致的结果也会形成既有家庭农场，又有农户合作社的新的农业生产模式，兼具日本、欧盟模式的特点，甚至在黑龙江等土地平整、地广人稀的地区，极有可能出现美国式大农场、大种植园。

无论是土地适度集中，还是走专业合作社的道路，前提条件都是土地的进一步确权，没有土地的确权，势必会出现巧取豪夺、侵犯农民权利等现象。应该说，在城镇化日益推进、土地价格不断攀升的今天，中央已经意识到保护农民土地、保护耕地的重要性，2013 年中央一号文件中明确 5 年内完成农村土地确权颁证。2013 年 3 月 28 日，李克强考察了江苏的家庭农场；4 月 3 日，李克强主持召开国务院常务会议，部署开展现代农业综合配套改革试验工作，强调了“培育壮大股份合作社、专业合作社、龙头企业、家庭农场、专业大户等新型生产经营主体”，足见家庭农场这种农业生产组织日益纳入高层视野。可以认为，当前新一届政府的中国城镇化和农业发展理念基本处在正确的轨道上。

四、城镇化对中国农产品供给和需求关系的影响

从世界经验来看，城镇化加速发展的过程中，会给农产品供给和需求带来较大的影响，推动农业向高端化和现代化发展。我国人口众多，城镇化带动的农产品供给和需求变化巨大，会深刻地改变中国农业的发展路径。

（一）城镇化对中国农产品供给的影响

总的来看，城镇化加速会增加农产品供给的压力，但是随着农业规模化经营和生产技术的提高，农产品的供给也面临着有利因素。

1. 城镇化导致土地用途转变带来的农产品供给压力

从理论上讲，城镇的人口承载密度远大于农村，人口城镇化将释放土地。但现实中，为了加快城镇化进程，政府征用了大量的城镇郊区耕地，虽然通过占补平衡有所弥补，但仍有大量的耕地改变了用途，使耕地减少的情况日益严重，造成了城镇化与粮食生产争地的局面。主要原因是城镇化更多地需要平坦的、距离城镇较近和交通便利的土地，而我国人口众多，城镇和乡村对土地的开发早就格局既定，扩大城镇面积，势必侵占耕地，能够用于平衡和弥补耕地的，都是一些多年来难以耕种的低等级土地，耕地面积减少使农产品供给压力增大。

城镇化进程中占用耕地以后是不可逆的，也就是说，当人们希望城镇化占用的土地再转换为耕地时，由于耕地浇上了混凝土、搭建了桥梁、受到污染等无法复原，因此坚守一定数量的耕地红线具有现实意义。当然，随着农业生产技术的提高和规模化经营的效益提升，满足既定人口粮食需求的耕地也是可以非常缓慢地减少的，未必必须锚定某个数字。

2. 城镇化导致农村劳动人口锐减带来的农产品供给压力

随着城镇化进程的加快，越来越多的农村劳动人口向城镇转移，所谓的“38（妇女）部队”“61（儿童）部队”“99（老人）部队”逐渐成为农村人

口的主体，“谁来种地”成为一个新的问题。显然，充裕的、富有经验的农村劳动人口有助于粮食产量的提高，但是在比较收益明显高于农事劳作的背景下，大量的农村青壮劳力纷纷涌入城镇务工，对进一步提高农产品供给总量造成了不小的压力。近年来尽管我国粮食总产量连年增加，但必须看到农村劳动人口锐减带来的粮食减产的潜在风险。

显然，农村劳动力流出对过去每家每户都耕田种地的方式产生了强烈的冲击，笔者注意到偏远农村的很多农地都抛荒了，特别是距离较远的以前种植杂粮的土地，基本上人迹罕至，道路不辨，一片荒芜。克服农民不愿种地的办法主要有：一是提高农业补贴，让种地的收益与外出务工的收益不至于差距太大；二是进行土地流转和集中，包括私有化式的集中，使土地握在种植大户手里，取得规模效应和专业效应，产生不低于外出务工的比较收益。

3. 规模化经营和生产技术提高带来的农产品供给增加

规模化经营和生产技术提高必然带来单位面积产出的增加，从而引起农产品供给增加。纵观世界城镇化进程，目前还没有因为城镇化进程加快引起粮食危机的例子，即使是巴西、墨西哥、阿根廷等过度城镇化的国家，虽有较多的城市贫民，但是并没有产生大的饥荒。从我国城镇化的发展历程与农产品供给的对应关系来看，不存在城镇化率高和农产品供给不足的对应关系，恰好是城镇化率较低的时代，中国遭遇了罕见的粮食危机和饥荒。

城镇化进程中，经济的工业化发展导致农业成为工业的附属，农产品的生产、销售和消费等，无不受到工业的直接影响。研究表明，工业化经济中，农产品经常存在超量供给，通过国际农产品贸易，各经济体实现了整体水平上的技术和市场效率竞争，因此农产品的供给十分充足，农业的重要性主要体现在工业技术的转移应用和市场效率上。

（二）城镇化对中国农产品需求的影响

观察高度城镇化的发达经济体，可以看出，伴随着工业化和城镇化，人均粮食消费量呈台阶式增长。目前，以印度为代表的农耕经济，其人均粮食消费为200~300千克/年；以中国为代表的由农耕经济向工业化、城镇化经济转型进程中的经济体，人均粮食消费为400~600千克/年；欧盟等工业化、城镇化成熟期的经济体，人均粮食消费为600~900千克/年。

随着社会形态由低级向高级进化，人们对农产品需求呈现递增的趋势。因为人们开始更多地消耗肉、蛋、禽、奶等高端食品，而生产这些高端食物，会间接地消耗大量农产品。此外，生物能源、工业原料等也会消耗农产品，形成城镇化背景下农产品需求的增加。

随着城镇化进程的持续推进，我国农产品消费不断提高，需要大量进口才能达到供需平衡。2004 年，我国首度成为农产品净进口国家，近年来净进口额进一步快速增长，2012 年农产品贸易逆差 491.9 亿美元，同比增长 44.2%，其中粮食（包括谷物、大豆等）进口量总计 8025 万吨，进口额 421.4 亿美元，同比增幅超过 25%，以 2012 年我国全年粮食产量约为 5.9 亿吨来计算，进口量占粮食总产量的比重达到了 14%。特别是大豆、玉米等大宗农产品，对进口的依赖度不断提高，例如，2012 年我国大豆进口量达 5838 万吨，同比增长 11.2%，对外依存率高达 80%，占世界进口总量的 64%，创下了新高。可以预见，短期内我国农产品净进口的格局不会改变，国内农产品供小于求的状况成为常态。

（三）农产品供需矛盾的解决之道

随着需求的增加，城镇化势必会给中国农产品供给带来一定的压力。长期来看，农产品供给会逐步增加，供给压力会逐渐消失，但这是建立在制度变革的基础上，必须适应土地集中、规模效应、现代生产技术广泛应用等农业生产经营制度才能达到中国农产品供给和需求的平衡。

本质上，城镇化首先是制度的变革，即以现代的生产、生活方式取代传统的生产、生活方式，实现“人”的城镇化也即“人”的现代化；其次城镇化才是经济发展、提振内需的重要手段。只强调经济发展，不注重制度的变革和调适，将导致没有“人”的城镇化，这与新型城镇化的要求相去甚远，也不可能具有持续性。片面强调从农村攫取土地，满足地方财政增长的需要，继续将农民禁锢在广袤的农村，既没有足够的土地生产粮食，也无法满足城镇化的主体——城镇人口的增加，注定会产生农产品供给不足、城镇“空心化”等诸多弊端。

城镇化进程引起农产品供给的增加主要建立在规模化经营和生产技术提升的基础之上，并引起整个农业生产模式的变迁。在要求农产品增加供给、满足需求的基础上，未来城镇化有望成为中国改革的新动力，那些反对城镇化，坚持认为土地、户籍制度不能改变的观点显然没有考虑到城镇化既是生产力突破，又是制度变革的发展观点。因此，未来的城镇化必然伴随着深刻的制度变革和社会演进，这才是解决农产品供需矛盾的根本出路。

五、城镇化背景下中国农业发展的演变曲线和战略选择

城镇让生活更美好，在加快“人”的城镇化的进程中，中国农业发展的演变曲线日渐清晰，也需要据此做出战略选择。

（一）演变曲线

未来，中国农业发展既是城镇化推动下制度变迁的重要构成部分，又是经济增长的构成部分，并且农业发展和城镇化相互影响、相互促进，成为改革最大的动力之一。

首先，农业生产模式和经营制度的变化形成中国制度变迁的重要部分。一是土地适度集中，以家庭承包经营为载体的农户经营模式部分消解，家庭农场和合作经济组织逐渐成为市场主体，大农场、大牧场等高度集中的生产方式将在具有条件的地方逐步出现。二是土地作为农业生产的资源要素，在日趋集中的基础上，逐渐具有价格、市场交易等商品特征，实现要素资源的优化配置，从而推进市场化进程，并将大量的农村人口从土地上解放出来。三是户籍等限制人口自由迁徙的制度逐渐瓦解，城乡社会保障、社会福利和公共服务逐渐实现均等化，引起城乡包括劳动、资本、技术等要素的自由交换。土地由于具有用途的不可逆性，城乡自由流动的特性并不明显，仅在高度规模化和农业生产技术大幅提高的基础上部分转变为城镇建设用地，满足城镇化发展的需要。

其次，农业产出不断提高，满足城镇化进程引起的农产品需求大幅增加，农业部门的增长构成经济增长的重要部分，农业的基础地位更加牢固。一是由于规模化经营、农业生产技术的提高以及新技术不断应用，农业产出不断增长，以化解由于城镇化进程引起的人均消耗增加带来的农产品供需矛盾。二是农业增长构成经济增长的重要成分，但是农业部门的弱质性无法根本改变，农业在 GDP 中的占比日益下降，农业作为一个产业部门，其重要性不仅在于提供足够的农产品，更在于消化工业技术、产能以及保持市场整体的有效性。三是农产品贸易逐渐融入全球竞争，为了提高农产品市场竞争力，保持农产品国内市场份额不被侵占，提高农民的收入和农业部门的效益，农业补贴、保护的手段不断得到应用，城乡收入差距明显缩小，城乡一体化发展逐步实现，城镇化质量不断提升。

最后，城镇化背景下，城镇化进程和农业发展相互影响、相互促进。一是城镇化需要农业领域的人口转移，取得城镇推进的劳动和部分土地要素，

从而引起农业生产模式和经营制度的转变。二是与被动的调整不同，农业经营制度可以主动变革，以适应和加快推进城镇化进程，并且对经济增长做出更大的贡献。三是城镇化进程对农产品的供给提出了更高的要求，也要求农业生产改变经营制度，推动规模化经营和提高生产技术，化解城镇化带来的农产品供需矛盾。

中国农业发展的演变路径如图 4-1 所示。

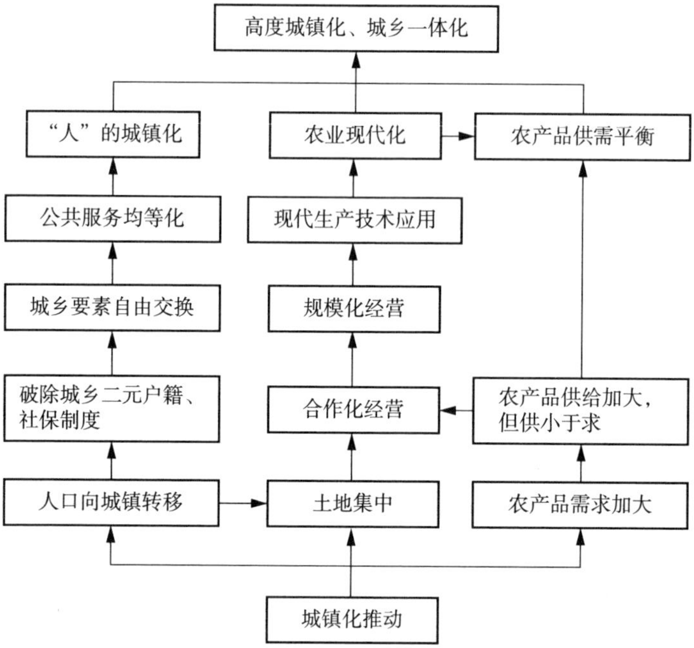

图 4-1　城镇化推动下中国农业发展的演变路径

我国正处于加快城镇化进程的阶段，终极目标是高度城镇化、城乡一体化，在此过程中，我国农业的生产模式、经营制度以及产出水平都发生了巨大的变化，既有制度变迁，又有农业经济增长，进而引起农业的现代化。

当然，这一过程也存在我国农业发展主动适应城镇化进程的道路选择，结合前面所述，借鉴日本模式，中国农业发展的可选模式可以归结为资源集约和资本技术密集型，即土地集中、节约（与日本只强调节约不同，我国土地尚需集中）以及资本渗透、现代生产技术广泛应用的模式。

（二）战略选择

面对城镇化进程和农业发展的相互影响，针对我国资源集约和资本技术密集型农业的模式选择，必须加强路径设计和战略选择，发挥制度的能动性，以推动经济社会的进步。当前，我国经济增长逐渐放缓，2008 年以来的经济衰退至今影响未消。面对经济下滑的不利局面，必须提振内需，而加快城镇化进程正是提振内需的重要手段。在当前环境下，中国面临的问题不是要不要城镇化的问题，而是如何加快城镇化的问题，这对农业发展提出了新的要求，必须做出正确的战略选择。

首先，推动农业生产模式和经营制度的改革创新。制度对经济的反作用是巨大的，改革是最大的红利，为了推动中国的城镇化发展，破除城乡二元体制，必须加强农业生产制度的改革创新，推进要素的自由流动，尽快适应新的生产力发展需求：一是利用农村土地集体所有的制度基础，加快土地确权，促进土地适度集中，加强耕地产权保护和用途保护，推进“人”的城镇化而不仅仅是土地的城镇化，提高城镇化的质量；二是大力发展现代农业，推动农业园区化发展，培育新型农业产业组织，发展农业专业合作社等合作经济组织，培育农业产业化龙头企业，鼓励“公司+农户”“公司+基地”“公司+基地+农户”“公司+合作社+农户”“公司+村组+农户”“公司+村组+合作社+农户”以及家庭农场、企业化大农场、大牧场等产业组织创新，推动农业部门和其他产业的融合，改变以农户为主体的农业生产模式，促进规模化经营和农业生产技术的广泛应用，满足城镇化带来的人均农产品需求增长。

其次，在对农村土地制度改革的同时，对户籍、社保等禁锢农村人口流动的制度因素进行改革和创新，逐步实现城乡社会保障、社会福利、公共服务的均等化，破除城乡二元制度，推进城乡一体化发展，促进农业要素资源优化配置。一是逐步取消城镇户籍附加的福利因素，转化为社会公共福利，开放大中小城市户籍，除个别特大型城市短暂限制外，允许自由落户、自由择业、自由居住，实现人口的自由迁徙。二是以人口统计信息为基础，在社会保障、社会福利、公共产品等投入上逐步取消对农业人口的歧视，实现城乡公共服务的均等化，最终实现城乡一体化和均衡发展。三是促进农村要素资源市场建设，构建城乡统一大市场，强化法治建设和公平市场塑造，允许城镇居民返回农村创新创业，推动城乡资源的自由交换和优化配置。

最后，加强农业保护和补贴，提高农村居民收入，增加农产品市场竞争能力，提高农业产出。一是延续重视农业、发展农业的政策思路，加强农业基础建设投资，加大农村公共产品和服务的投入力度，增加农业生态环保的建设投资，推动“美丽乡村”的建设。二是进一步加大农业补贴和保护力度，在取消农业税的基础上，扩大粮食最低收购价保护、粮食直接补贴和农资综合直接补贴、良种补贴和农机具购置补贴等保护补贴的范围和品种，提高农产品产出水平，满足城镇化进程加快带来的农产品供求增长，增加农村居民收入，逐步缩小城乡居民收入差距，不断推动“人”的城镇化。

参考文献

［1］朱铁臻．城市发展研究［M］．北京：中国统计出版社，1996.

［2］林玲．城市化与经济发展［M］．武汉：湖北人民出版社，1995.

［3］国家统计局城市社会经济调查总队．2001 年中国城市发展报告［M］．北京：中国统计出版社，2002.

［4］国家发展改革委赴美国现代农业培训团．美国现代农业发展及借鉴［J］．中国经贸导刊，2008（3）：28-30.

［5］蒋和平，宋莉莉．日本建设现代农业的模式及其借鉴［J］．科技与经济，2008（2）：34-37.

［6］厉为民．以色列的沙漠农业［J］．中国科技成果，2005（10）：36-38.

［7］茅于轼．再论 18 亿亩耕地红线［EB/OL］．（2009-08-28）．http：//blog. sina. com. cn/maoyushi.

［8］孙中才．技术传递、价格传递与农产品超量供给［J］．汕头大学学报（人文社会科学版），2003（6）：1-9.

［9］张庭宾．中国粮食危局严峻［N］．第一财经日报，2012-07-30 版．

［10］白田田．2012 年我国农产品贸易逆差近 500 亿美元［EB/OL］．（2013-01-25）．http：//jjckb. xinhuant. com/2013-01/25/content425676. htm.

［11］李海霞．钟山：中国是最大大豆进口国却无定价权值得深思［EB/OL］．（2012-11-16）．http：//finance. people. com. cn/n. /2012/11/16/c1004-19602441. html.

［12］王子约．李克强谈新型城镇化思路：核心是人的城镇化［N］．第一财经日报，2013-02-04 版．

［13］杨仕省．城镇化拉动投资 40 万亿将成改革新动力［N］．华夏时报，2012-12-22 版．

［14］刘阳．“改革是最大的红利”引网民热议［EB/OL］．（2012-11-30）．http：//finance. people. com. cn/n. /2012/11/30/c1004-19755598. html.

第五章

城镇化发展作用于农业生产的国际经验借鉴及比较

城镇化和农业发展具有密切的联系，比较世界城镇化和农业发展的一般规律，有助于认识我国城镇化和农业发展的特殊关系。本章首先对世界城镇化进程和农业发展进行了一般分析；其次对世界城镇化率和农业增加值增速、农业增加值占 GDP 比重的关系进行了实证观察；再次从世界比较的角度对我国的城镇化阶段和特点、城镇化与农业发展的联系进行了分析；最后阐述了我国城镇化和农业发展的启示，并提出建议。

城镇化是由以农业为主的传统乡村社会向以工业和服务业为主的现代城市社会逐渐转变的历史过程。城镇化既是经济社会持续发展的结果，又是经济社会持续发展的动力，加快城镇化进程是一个国家和地区走向现代化的必由之路。当前，欧美等发达经济体已经完成了城镇化进程，我国则正处在城镇化加快推进的关键时期，比较世界城镇化和农业发展的一般规律，有助于认识我国城镇化和农业发展的特殊关系，促进城镇化和农业生产的协调发展。

一、世界城镇化进程和农业发展的一般分析

城镇化是一种历史现象和历史过程，它先是推动城乡分离，在经济发展到一定水平以后又促进城乡融合，在此过程中伴随着农业的小部门化和农村劳动力转移引起的人口迁徙。

（一）世界城镇化的进程

世界城镇化最早出现于 200 多年前的英国、西欧，而后扩展到北美，20 世纪 50 年代以后又扩展到亚太地区乃至全世界，依据世界城镇化的发展特点，世界城镇化进程大体可分为三个阶段。

1. 世界城镇化的兴起阶段（1760—1850 年）

18 世纪中叶英国的工业革命伊始，以机器大工业取代工厂手工业的产业革命，不仅极大地促进了工业的发展，而且有力地促进了城市的发展，拉开了世界城镇化进程的序幕。历史上，从公元 100 年到 1800 年，经历了 1700 多年，世界城市人口占总人口的比重才由 4.7%增加到 5.1%，而工业革命后不到 100 年，至 1850 年，世界城市人口占总人口的比重就增加为 6.4%，到 1851 年，英国城市人口比重超过了农村人口，成为世界上第一个城市人口比重超过 50%的国家。1850 年发达国家的城市人口比重已达到 11.4%，超过了 10%的城镇化起步临界水平，意味着伴随着产业革命的兴起众多发达国家加入了城镇化的行列。当然，早期的城镇化进程仍然比较缓慢。

2. 欧美发达国家城镇化基本实现阶段（1851—1950 年）

1850 年欧洲和北美发达国家城市人口大约有 4000 万人，到 1950 年增加到 4.49 亿人。在这 100 年的急剧城镇化过程中，有 4 亿多人从农村转入城市，美国、德国、法国、英国等进入高度发达的城镇化阶段。

同期，特别是第二次世界大战以后，发展中国家和地区的城镇化也有了一定发展，城市人口有所增加，1850 年，发展中国家城市人口只有 4000 万人，到 1950 年增加到 2.68 亿人。从总体上看，在这一个世纪的时间里，世界城市人口由 8000 万人增加到 7.17 亿人，世界城市人口占总人口的比重达到 29.8%。

3. 世界城镇化加速发展阶段（1951 年至 21 世纪初期）

这个时期是全世界基本实现城镇化的阶段。如果说 1950 年以前只有欧美等少数国家城镇化水平达到或接近高度发达水平阶段，那么此后随着全球经济迅速恢复、发展以及电子、计算机、网络等新技术的广泛应用，越来越多的国家已达到或接近发达国家的城镇化水平。

1950 年，北美的城镇化率最高，达 63.9%；大洋洲和欧洲的城镇化率紧随其后，分别为 61.6%和 52.4%；而拉美、亚洲和非洲的城镇化率较低，分别只有 41.9%、17.4%和 14.7%。到 2000 年，北美的城镇化率仍然高居首位，为 77.4%；拉美、大洋洲和欧洲则紧随其后，其城镇化率分别为 75.4%、74.1%和 73.4%；亚洲和非洲的城镇化率仍然位居世界六大地区之末，分别为 37.5%和 37.2%。

（二）世界城镇化进程中的农业发展

城镇化是产业革命和产业结构非农化的产物，与农业部门具有密切的联系。

首先，城镇化促进了农业生产力的发展。在城镇化过程中，随着大量的农业人口不断进入城市，土地利用日益集中，农业生产规模不断扩大，带动了生产技术和劳动工具的发展，促进了农业生产力的提高，加上城市对农副产品需求的增长，进一步刺激了农业生产的发展。

其次，城镇化改变了农村的社会结构和人口结构，使其从封闭、分散走向开放、集中，从自给自足走向市场交换。一是城镇化从根本上改变了农民"日出而作，日落而息"的传统小农经济生产生活方式，代之以现代的、积极的生产生活方式，使农民从生活节奏慢、容易满足、小富即安向生活节奏快、竞争性强、不断奋进的方向发展；二是城镇化为相当一大批农村剩余劳动力提供了就业机会，促使这部分从业者得到相应的回报，从而使其获得较稳定的收入来源，使更多的人能够享受到现代文明和相应的优质生活，促进了农村居民的市民化。

最后，由于规模化经营和农业生产技术的提高，农业产出不断增加，表现为农业增加值同比增长。但是，劳动、土地等要素资源从农村流出，在市场条件下得到优化配置，说明非农部门的产出回报明显高于农业部门，引起农业小部门化，表现为农业增加值占 GDP 的比重日益下降。

二、世界城镇化和农业发展的实证观测

从一般分析中可以看出，世界城镇化和农业发展具有某种必然的联系，主要与农业增加值的增速、农业增加值占 GDP 的比重存在相关性。

（一）城镇化率和农业增加值增速的关系

一般来说，城市人口占总人口的比例基本可以反映一个国家或地区的城镇化率。通过查阅世界银行数据库，发现 1970—2010 年主要发达国家、新兴国家和世界平均的城镇化率（见表 5-1）具有如下特点：

表 5-1　1970—2010 年主要发达国家、新兴国家和世界平均的城镇化率　单位：%

	1970 年	1975 年	1980 年	1985 年	1990 年	1995 年	2000 年	2005 年	2010 年
巴西	55.9	60.8	65.5	69.9	73.9	77.6	81.2	82.8	84.3
中国	17.4	17.4	19.4	22.9	26.4	31.0	35.9	42.5	49.2

续表

	1970 年	1975 年	1980 年	1985 年	1990 年	1995 年	2000 年	2005 年	2010 年
法国	71.1	72.9	73.3	73.7	74.1	74.9	76.9	81.6	85.2
德国	72.3	72.6	72.8	72.7	73.1	73.3	73.1	73.4	73.8
印度	19.8	21.3	23.1	24.3	25.5	26.6	27.7	29.2	30.9
日本	71.9	75.7	76.2	76.7	77.3	78.0	78.6	86.0	90.5
韩国	40.7	48.0	56.7	64.9	73.8	78.2	79.6	81.3	82.9
英国	77.1	77.7	78.5	78.4	78.1	78.4	78.7	79.0	79.5
美国	73.6	73.7	73.7	74.5	75.3	77.3	79.1	80.7	82.1
世界	36.5	37.7	39.3	41.1	42.9	44.7	46.6	49.1	51.5

数据来源：世界银行数据库（http：//databank.worldbank.org/）。

一是发达国家城镇化率在较高水平的基础上缓慢增长。以美国、英国、日本、法国、德国为观测样本，五个国家平均城镇化率 1970 年为 73.2%、1980 年为 74.9%、1990 年为 75.58%、2000 年为 77.28%、2010 年达到 82.22%，总体上缓慢增长。

二是新兴国家城镇化率在较低水平上快速提升，以巴西、印度、中国、韩国为观测样本，四个国家平均城镇化率 1970 年为 26.76%、1980 年为 32.94%、1990 年为 39.92%、2000 年为 44.88%、2010 年达到 49.46%，呈现出跃升的状态。

三是世界平均水平稳步增长，从 1970 年的 36.5%稳定地提高到 2010 年的 51.5%。

在农业增加值的增速上（见表 5-2），发达国家不同年份（1970 年数据缺，以 1971 年代替）的农业增加值增速是不确定的，很多年份出现负增长，新兴国家总体上增速保持正值，但也有一些年份出现负增长，世界平均水平则保持了正增长速度。

表 5-2　1971—2010 年主要发达国家、新兴国家和世界平均的农业增加值增速

单位：%

	1971 年	1975 年	1980 年	1985 年	1990 年	1995 年	2000 年	2005 年	2010 年
巴西	10.2	7.2	9.5	10.0	-3.7	5.7	2.7	0.3	6.3
中国	1.9	2.0	-1.5	1.8	7.3	5.0	2.4	5.2	4.2
法国	1.7	-7.2	-0.9	6.1	6.5	4.0	-1.4	-5.4	..
德国	1.7	-1.6	1.5	-6.0	1.5	5.2	-0.4	-12.5	-0.4

续表

	1971 年	1975 年	1980 年	1985 年	1990 年	1995 年	2000 年	2005 年	2010 年
印度	-1.9	12.9	12.9	0.3	4.0	-0.7	0.0	5.1	7.0
日本	-4.3	-0.7	-6.5	-1.1	-0.3	-4.6	2.1	1.0	-7.4
韩国	3.9	4.3	-19.4	4.5	-6.5	5.3	1.2	1.3	-4.4
美国	2.5	3.9	-2.7	15.8	4.1	-10.0	12.9	11.7	-3.6
世界	1.6	2.1	0.7	3.0	3.4	0.3	2.9	3.0	1.9

数据来源：世界银行数据库（http：//databank.worldbank.org/）。

从 1970—2010 年所有年份城镇化率和农业增加值增速的关系来看，显然二者不是简单的线性相关关系。经过计算，可以得出世界城镇化率的增速与农业增加值的增速具有一定的相关性，但是相关系数（*R*）的值很小，不具有统计学意义。但是，在统计期间世界城镇化率与农业增加值总体向上的趋势是确定的。

（二）城镇化率和农业增加值占 GDP 比重的关系

从产业结构变迁的规律来看，农业增加值占 GDP 比重日益降低，与此同时伴随着非农产业化和城镇化进程的加快。1970—2010 年主要发达国家、新兴国家和世界平均的农业增加值占 GDP 比重（见表 5-3）具有如下特点：

表 5-3 1970—2010 年主要发达国家、新兴国家和世界平均的农业增加值占 GDP 比重

单位：%

	1970 年	1975 年	1980 年	1985 年	1990 年	1995 年	2000 年	2005 年	2010 年
巴西	12.3	12.1	11.0	11.5	8.1	5.8	5.6	5.7	5.3
中国	35.2	32.4	30.2	28.4	27.1	20.0	15.1	12.1	10.1
法国	8.1	6.2	4.9	4.6	4.2	3.3	2.8	2.3	1.8
德国	3.7	3.1	2.4	1.9	1.5	1.3	1.3	0.9	0.9
印度	42.0	37.6	35.4	30.9	29.0	26.3	23.1	18.8	17.7
日本	5.1	4.6	3.1	2.7	2.1	1.6	1.5	1.2	1.2
韩国	29.3	27.1	16.2	13.5	8.9	6.3	4.6	3.3	2.6
英国	2.9	2.7	2.1	1.7	1.8	1.8	1.0	0.7	0.7
美国	3.5	4.1	2.9	2.4	2.1	1.6	1.2	1.2	1.2
世界	8.6	8.0	6.5	5.9	5.4	4.4	3.5	3.0	2.8

数据来源：世界银行数据库（http：//databank.worldbank.org/），其中法国 2010 年数据缺失，以 2009 年代替。

一是发达国家农业增加值占 GDP 比重不断下降，到 2010 年达 1%左右。

五个发达国家平均的农业增加值占 GDP 比重 1970 年为 4.66%、1980 年为 3.08%、1990 年为 2.34%、2000 年为 1.56%、2010 年为 1.16%，下降趋势明显。

二是新兴国家农业增加值占 GDP 比重迅速下降。四个新兴国家平均的农业增加值占 GDP 比重 1970 年为 29.7%、1980 年为 23.2%、1990 年为 18.3%、2000 年为 12.1%、2010 年为 8.9%，实现了快速下降。

对 1970—2010 年四个新兴国家平均的城镇化率和农业增加值占 GDP 比重进行比较，经过线性回归处理，二者存在非常明显的线性关系，可以用公式表示为：$y=-1.2966x+72.494$，其 $R^2=0.9952$，二者的相关性达到了很高的水平（99%以上）。

三是世界平均水平的农业增加值占 GDP 比重较快下降。从 1970 年的 8.6%快速下降到 2010 年的 2.8%。

对 1970—2010 年所有年份世界的城镇化率和农业增加值占 GDP 比重进行比较，发现二者存在明显的线性关系：世界城镇化率随着农业增加值占 GDP 比重的降低不断提高。经过线性回归处理，二者的关系可以表示为：$y=-2.3671x+55.787$。同时，该线性方程的 $R^2=0.9574$，表明二者的相关性达到了较高水平（95%）以上。

上式表明，从世界平均水平来看，农业增加值占 GDP 比重每降低 1 个百分点，城镇化率可以提高约 2.4 个百分点。

三、中国城镇化和农业发展与世界的比较

（一）中国城镇化的阶段和特点

新中国成立后，我国城镇化才取得了真正意义的突破，迈上了发展的新阶段。一般以 1978 年为界，将我国城镇化分为改革开放前、后两段。从新中国成立到改革开放前夕，我国城镇化呈现了从较快（1949—1957 年）、较慢（1958—1965 年）到停滞（1966—1978 年）三个发展阶段。改革开放至今，我国城镇化又经历了农村体制改革推动（1979—1984 年）、城市体制改革推动（1985—1991 年）、市场经济深入发展推动（1992—1998 年）、区域经济平衡发展推动（1999—2008 年）和塑造经济增长极推动（2009 年以后）五个阶段。由于政策导向明显，我国的城镇化在不同阶段的发展速度具有很大的差别。

与世界比较，我国城镇化的主要特点体现在以下两个方面：

一是城镇化水平明显落后于工业化水平。中外学者的研究表明，在工业化达到一定程度之后，世界城镇化水平要普遍高于工业化水平，即城镇化一

般会超前于工业化的发展。中国的城镇化则始终落后于工业化的发展，长期的计划经济体制把商品经济限制到极小的范围内，只强调了城市的生产功能和农村的供给能力，忽略了城市及乡村的流通消费和再分配功能，导致第三产业发展极其落后，削弱了城市的承载能力、辐射能力以及城乡互动焕发的生机，制约了城镇化进程。即使是改革开放以后，由于城乡壁垒的消除需要较长的时期，体制的惯性使得城镇化推进困难重重，我国城镇化水平仍然明显滞后于工业化水平。

二是城乡二元结构特点明显。由于新中国成立初期对工业化的重视，加上宏观政策方面强化农业和农村经济的积累向工业领域的转移，新中国从成立后到改革开放前夕，政府一直利用工农产品的“剪刀差”等形式加强工业和城市的发展，形成了壁垒森严的城乡二元经济体系，二元结构特点非常明显。通过农业对工业、城市的支持，我国初步构建了工业经济的基础体系，一方面形成了较先进的城市，另一方面却又无可奈何地造就了广大农村的落后。改革开放以后，我国逐步意识到城乡二元结构的巨大弊端，公共资源开始向农村倾斜，到今天我国的城镇化进程仍处在工业反哺农业、城市反哺农村的时代背景下。

（二）中国城镇化与农业发展的联系

由于我国以改革开放为标志，在城镇化与农业发展上都分成了两个阶段，所以城镇化水平与农业增加值的增速、农业增加值占 GDP 的比重的相关性比较特殊。

1. 我国城镇化率与农业增加值的增速

改革开放以前，我国农业增加值增速十分缓慢，有正有负；城镇化率也时快时慢。这一阶段城镇化率完全取决于政治需要和政策导向，与农业增加值的增速的相关性几乎为零。

改革开放之后，我国农业增加值不断增长，平均增速达 4.6%。这一时期，我国的城镇化进程也快速提升，年均提高约 1 个百分点。说明农业增加值和城镇化率具有同向性，要加快城镇化进程，必须提高农业产出，为城镇化奠定一定的物质基础。

2. 我国城镇化率与农业增加值占 GDP 的比重

我国城镇化率与农业增加值占 GDP 比重的关系在改革开放以前相关性不高，农业增加值占 GDP 比重变化剧烈，城镇化率长期处于低水平状态，不符合世界平均水平体现出的农业增加值占 GDP 比重不断下降、城镇化率稳步提高的规律。

改革开放以后，我国城镇化率与农业增加值占 GDP 比重的关系才开始和世界接轨，农业增加值占 GDP 比重不断下降、城镇化率稳步提高。但是，按照世界城镇化率与农业增加值占 GDP 比重的关系来看，我国 2000—2011 年的城镇化率应该低很多（见表 5-4）。

表 5-4　2000—2011 年我国城镇化率的对照（世界回归值和实际值） 单位:%

	2000 年	2001 年	2002 年	2003 年	2004 年	2005 年	2006 年	2007 年	2008 年	2009 年	2010 年	2011 年
农业增加值占比	15.1	14.4	13.7	12.8	13.4	12.1	11.1	10.8	10.7	10.3	10.1	10.0
城镇化率回归值	20.0	21.7	23.4	25.5	24.1	27.1	29.5	30.2	30.5	31.4	31.9	32.1
城镇化率实际值	35.9	37.2	38.5	39.9	41.2	42.5	43.9	45.2	46.5	47.9	49.2	50.5

表 5-4 中，以世界城镇化率与农业增加值占 GDP 比重的关系 $y=-2.3671x+55.787$ 计算，我国的城镇化率大大超前于农业增加值占 GDP 比重的下降速度，这就是不少学者呼吁谨防中国出现“伪城镇化”“虚假城镇化”的原因。很多农民进城并没有实现真正的城镇化，而是像候鸟一样兼顾城市打工和农村劳作，所以计算城镇化的时候有他们，计算农业增加值的时候也有他们，这与世界的趋势是不符合的。

这也是所有新兴国家普遍存在的问题。以巴西、中国、印度和韩国为样本，对 1970—2010 年城镇化率与农业增加值占 GDP 比重进行考察，二者的线性关系为 $y=-1.2966x+72.494$，按照这一关系对应的 2000—2011 年我国的城镇化率见表 5-5。

表 5-5　2000—2011 年我国城镇化率的对照（新兴国家回归值和实际值） 单位:%

	2000 年	2001 年	2002 年	2003 年	2004 年	2005 年	2006 年	2007 年	2008 年	2009 年	2010 年	2011 年
农业增加值占比	15.1	14.4	13.7	12.8	13.4	12.1	11.1	10.8	10.7	10.3	10.1	10.0
城镇化率回归值	52.9	53.8	54.7	55.9	55.1	56.8	58.1	58.5	58.6	59.1	59.4	59.5
城镇化率实际值	35.9	37.2	38.5	39.9	41.2	42.5	43.9	45.2	46.5	47.9	49.2	50.5

表5-5中，与新兴国家城镇化率与农业增加值占GDP比重的关系相比，我国的城镇化率又显得滞后，但是我国的城镇化增长速度高于按照新兴国家平均水平测算的理论速度，且实际水平与理论水平差距不断缩小。这与上面说的我国城镇化水平明显滞后于工业化水平是相符的，所以，我国不少学者呼吁加快城镇化进程，而且以城镇化带动经济增长也成为党的十八大后重要的国家政策。

四、启示和建议

（一）中国城镇化和农业发展的启示

城市让生活更美好，加快城镇化进程符合我国经济社会发展和人民生活水平提高的根本需要。本章无意于探讨我国的城镇化率究竟是高了还是低了，主要是基于上述分析，可以得出如下一些启示：

一是伴随我国城镇化进程不断推进，我国农业增长不能慢。农业增长和城镇化具有同向性，没有农业产出的增加，大量的人口涌入城市，必然造成粮食危机。同时，农业部门为工业化、城镇化提供了大量难以替代的要素资源，涉及物资原料、环境资源和劳动力等，只有提高农业产出，才能保证城镇化顺利推进。

二是我国农业增加值占GDP比重偏高，与既有的城镇化率不符合，需要加快产业结构的调整转型。2012年，我国的城镇化率已达到52.6%，但是农业增加值占GDP的比重还保持在10%以上，这与世界水平是不符合的，即使是农业强国美国，其农业增加值占GDP的比重也仅为1%多一点，表明我国需要大力发展非农产业，特别是现代服务业，释放新的生产力，带动经济增长，逐步解决农业部门占比偏高的问题。

三是既要提高城镇化的速度，还要提升城镇化的质量，加快破除城乡二元结构。城镇化进程是快了还是慢了，基于不同的视角得出的结论可能截然相反，这也是我国处于转型时期的普遍性矛盾。但是，我国城镇化质量不高、城乡二元对立明显则是不争的事实，必须下决心破除阻碍城镇化进程的二元制度，在城镇化质量提升的基础上达到速度的加快。

四是在城镇化背景下，农业发展的出路是土地、劳动集约条件下的生产技术提升和资本增加。城镇化进程引起土地、劳动由农村流出，只能依靠提高农业生产技术，增加资本投入，推动农业产业化，促进城镇化和农业现代化的协调发展。

（二）同步推进中国城镇化与农业现代化的建议

我国正处于经济、政治和社会体制转型的关键时期，长期积累的矛盾必须通过改革创新和自由开放才能化解。就协调城镇化与农业发展的关系，同步推进中国城镇化与农业现代化来说，主要应强化三个方面的工作。

一是发展现代农业。在传统农业状态下，农业产出有限，农村富余劳动力的转移、农业积累转化的资本投入、农业单位产出增加所节约的土地资源等要素输出十分有限，对工业化和城镇化的支撑也就显得不足。现代农业是广泛应用现代科学技术、现代工业提供的生产资料以及现代科学管理方法的社会化农业，通过发展现代农业，提高农业剩余，将促进劳动、土地等要素资源向城市流动，将使我国的城镇化获得持续的动力，形成农业现代化与城镇化并驾齐驱、相互促进的有利局面。

二是加快产业结构调整。一方面，我国农业在 GDP 中的占比较大，人均产出水平较低，占用了大量的劳动力，对城镇化所要求的劳动释放、农村劳动力转移支持力度不够。另一方面，由于农村面貌落后，农民人均纯收入较低，人口占多数的农村消费水平很低，难以形成推动工业和服务业发展的完备消费市场，工业和服务业所具有的信息、金融、技术等优势无法被传统农业吸收，导致对城镇化的支持力度不够。推进城镇化发展的过程，实质也是产业结构调整的过程，在追求经济增长速度的同时，降低传统农业的比重、大力发展劳动密集的第三产业显得尤为重要。事实上，城镇化水平和第三产业密切相关，发达国家的第三产业普遍达到 75%左右，这与其城镇化率呈密切正相关，我国城镇化进程必须始终伴随着产业结构的调整转型。

三是加强制度创新。我国的城镇化具有鲜明的自身特点，主要表现为城乡二元对立明显，既有的户籍、土地、社保等制度成为城镇化的严重制度障碍，也是造成城镇化质量不高的重要原因。要取得城镇化质量和数量的提升，必须革除现有制度中的积弊，加强创新，促进城乡之间人口和要素资源的自由流动，最终在市场条件下达到城乡之间的最优资源配置。

参考文献

[1] 田文江. 郊区城市化机理与发展战略研究 [D]. 武汉：武汉理工大学，2003.

[2] 朱铁臻. 城市发展研究 [M]. 北京：中国统计出版社，1996.

［3］曾宪明．中国特色城市化道路研究［D］．武汉：武汉大学，2005.

［4］刘传江．中国城市化的制度安排与创新［M］．武汉：武汉大学出版社，1999.

［5］赵春淦．发挥中心城市的扩散效应　促成大农村的后发优势［J］．重庆经济，1998（1）：16-18.

［6］林玲．城市化与经济发展［M］．武汉：湖北人民出版社，1995.

［7］王高峰．城市化率破50%，防止伪城市化［EB/OL］．（2012-11-02）．http：//news. xhby. net/.

［8］叶檀．半城市化就是伪城市化［N］．新民周刊，2012-05-25版．

［9］叶裕民．中国城市化的制度障碍与制度创新［J］．中国人民大学学报，2001（5）：32-38.

第六章

我国粮食生产的时空格局及其影响因素分析

粮食问题是关乎我国国计民生的重大问题。随着经济的发展，我国粮食的生产格局发生了显著的变化，粮食生产格局的变化对于粮食供需平衡及粮食安全问题有潜在的影响。基于1997—2016年我国31个行政区的省域面板数据，从粮食产量和播种面积两个维度解析我国粮食生产布局的变化情况，并运用全局Moran's *I*指数检验我国各省域粮食产量的空间相关性，进一步采用空间杜宾模型（SDM）实证分析我国各省域粮食生产格局变动的影响因素。研究发现：我国粮食生产的重心逐渐北移，且各省域粮食产量之间存在明显的正向空间自相关性。有效灌溉面积、化肥施用量、粮食播种占作物播种的比例及人均耕地面积均对我国粮食产量的增长有着显著的正向影响，其中有效灌溉面积与人均耕地面积的空间溢出效应显著，这些因素的综合作用使得粮食产量的格局在近20年发生了变化。基于此，建议从提升农业科技水平、完善粮食主产区的基础设施建设、保护耕地、加强各省份之间粮食供给与需求的协调等方面做好粮食安全保障工作。

我国是粮食消费大国，粮食安全是关乎国计民生的重大问题，保障粮食生产、稳定粮食安全对于保障我国社会经济的发展来说具有重大意义，而保障粮食稳定生产和有效供给也一直是我国农业政策的主要目标之一。随着我国城镇化的快速发展，粮食生产也发生了明显变化。从时间范围来看，我国粮食的产量在2004—2015年实现了“十二连增”。虽然实现了“十二连增”，但粮食产量的年际波动仍较大，2016年我国粮食产量连增势头终止。从空间范围来看，我国粮食的主产区、主销区以及各省市之间的区域变化明显，沿海地区的粮食产量逐年下降。粮食生产问题具有地域性和时序性，研究我国粮食生产的时空格局及变化将有助于更好地把握粮食安全问题，探讨其影响因素有利于针对性地提出政策建议。

国内学者对粮食生产格局这一问题开展了较多研究。自1978年以来，中国粮食生产区域格局已经发生了明显的变化，总体上看，各区粮食产量都有不同幅度的增长，粮食主产区的地位明显上升，主销区的地位显著下降；粮食生产重心持续北移并逐渐向平原地区集中，主要粮食品种逐步向优势产区集中。从粮食生产的区域特征来看，当前我国粮食生产区域变化显著，呈现以下几个方面的特征：①区域结构变化明显，粮食主产区的贡献较大；②粮食生产的区域格局形成，生产重心向北转移；③主要粮食作物生产集聚在优势的粮食产区等。从粮食产量格局来看，中国粮食产量变化可分为1990—1998年（波动增长，空间无序）、1998—2003年（不断下滑，空间异质）、2003年以来（持续增长，空间集中）；从空间格局上看，东部省份的粮食生产地位明显下降，中部省份的粮食生产地位有所削弱，西部省份的粮食生产地位显著提升，东北省份主产区的粮食生产地位长期较为稳定，全国粮食总产量总体呈波动增长趋势，北方粮食产量增幅大于南方。从粮食生产重心的变化来看，中国传统的"南粮北调"格局正逐渐被"北粮南运"格局取代，粮食生产重心不断由南方向北方、由东部向中部推移。格局变动的原因是多方面的，其中粮食需求压力、技术进步和经济体制变革是最主要的因素。其中，1995—2012年，我国的粮食生产和消费重心皆位于地理重心偏东方向，且粮食生产重心移动距离明显大于消费重心，生产空间格局相对更加不稳定。

基于不同地域层级研究粮食生产格局问题会得到不同的结果，学者们从省域、市域、县域等多个层级对粮食生产问题开展过研究。研究发现，我国粮食生产的区域差异在不同层级上均呈现出总体扩大的趋势，但是各层级差异扩大的程度不同，依次为地带、地级、省级。同时，我国粮食生产在省级与地级层级上均呈现出空间集聚特征，并且层级越小，空间集聚特征表现越强。

影响粮食生产格局形成的因素可综合为自然禀赋方面的因素与社会经济因素两类：从自然资源禀赋方面来看，普遍的观点认为人均耕地面积、粮食播种面积、灌溉面积等资源禀赋条件是影响粮食生产格局的重要因素，经过科技进步、科技投入增加而获得改变的粮食单产与基期粮食生产同样会对粮食生产格局的形成产生影响；从社会经济条件来看，生产技术、非农就业机会、城镇化、人均 GDP、农业投入、农业政策、基础设施等都是诸多学者关注的因素。

本研究在前人研究的基础上，针对 1997—2016 年我国各省域粮食生产布局，尝试从产量与播种面积两个维度进行描述性统计，分析其历年的变化趋势，然后采用全局莫兰指数（Moran's *I*）检验各省域粮食产量的空间相关性，揭示我国粮食产量格局的不平衡现象，并进一步运用空间杜宾模型（Spatial Durbin Model，SDM）描述出各影响因素对粮食产量格局变化的直接效应、间接效应及总效应。研究我国粮食生产布局变化的特征及厘清其内在规律，探讨影响其具体的因素，利于发挥我国不同区域之间的自然资源禀赋，进一步提高区域之间的粮食生产的比较效益，对于调整我国粮食布局的农业资源区位配置，进一步保障粮食安全具有现实意义。

一、数据来源与分析方法

（一）理论假设

我国粮食生产过程是自然生产和经济社会再生产相结合的过程，粮食生产受诸多因素的影响，包括自然条件、经济水平、农业技术进步、市场化程度以及政策等因素的影响。此外，不同地区受不同的自然禀赋条件、经济社会发展水平以及政策要素等的影响，针对粮食生产的布局也大不相同。基于此，本章将从自然禀赋因素、农业生产投入（包括技术进步）因素、经济因素三个层面来分析各因素的影响机理。

1. 自然禀赋因素

自然禀赋中影响粮食生产的主要就是气候因素。气候变化有可能导致局部地区农业气候灾害和农业病虫害频度与强度加剧，在气候变化作用下，我国粮食生产的结构和地区布局将会发生相应的变化，导致我国粮食产量波动变化，甚至影响到国家粮食安全。水资源同样是自然资源中影响农业生产的重要因素，水资源直接影响着灌溉面积。基于此，本章将主要选取成灾比例（成灾面积与受灾面积之比）指标以及灌溉面积指标来考察粮食生产的自然禀赋因素。

2. 农业生产投入因素

农业生产投入主要包括土地、劳动力投入、化肥施用量以及受农业技术进步影响的农业机械动力等因素。土地因素主要是指有效耕地面积，其对粮食生产有明显影响。研究表明，耕地面积减少会造成粮食播种面积的减少，耕地质量下降会造成粮食产量的下降。劳动力因素方面主要起作用的是劳动力的数量以及文化程度，对于农业劳动力外流有两种观点：一种观点认为农业劳动力外流会增加粮食供给，另一种观点认为农业劳动力外流会减少粮食供给。研究还表明，劳动力的文化程度对粮食生产效率的提高有显著正向影响，化肥施用量以及农业机械总动力也对粮食产量有显著正向影响。基于上述分析，本章将选取人均耕地面积、农业劳动力数量、化肥施用总量以及农业机械总动力等指标来考察农业生产投入因素对粮食生产的影响。

3. 经济因素

非农就业机会能反映某一地区因城镇化发展而受影响的非农产业地位上升、耕地占用压力大等对粮食生产有冲击的现象。一般而言，经济发达地区的非农就业机会越多，农业劳动力转移的概率越大。研究显示，快速城镇化进程使耕地面积、第一产业就业人数、种植业比重显著下降，并主要通过对农业劳动力的影响进一步影响粮食产出。对于农户而言，决定扩大粮食的种植面积前，通常会考虑粮食生产成本。若生产成本过高，带来的收益及边际效益也会随之降低。因此，粮食的生产成本也是影响各区域粮食生产的重要因素。粮食播种面积与农作物总播种面积之比也能反映种粮的经济效益。基于上述分析，本研究将选取各区域非农就业机会（农村居民非农收入占家庭总收入的比重）、三种粮食生产每亩成本、粮食播种面积与农作物总播种面积之比等指标来考察经济因素对粮食生产的影响。

（二）变量设置及数据来源

1. 变量设置

根据上文分析，将自然禀赋因素、农业生产投入（包括技术进步）因素、经济因素三个层面的变量作为控制变量。各变量的具体说明及预期影响见表 6-1。

表 6-1　模型变量说明及其预期影响

变量	符号	预期影响	变量	符号	预期影响
粮食总产量	lnGYLD		农业机械动力	lnMACH	+
成灾比例	RDIS	-	非农就业机会	NAJOB	-
灌溉面积	lnIRR	+	每亩粮食生产成本	lnGCOST	-
人均耕地面积	ALAND	+	粮食播种面积占作物总播种面积的比重	GSOC	+
农业劳动力	lnAGLAB	?	化肥施用量	lnFER	+

注：本章中变量涉及的粮食成本是指三种粮食作物每亩成本及利润总和。

2. 数据来源

本研究估计模型所采用的数据为1997—2016年全国各省份的面板数据。其中，粮食产量、播种面积、农作物总播种面积、有效灌溉面积、农业机械总动力、化肥施用量、成灾比例等数据来源于《中国农村统计年鉴》（1998—2017），非农就业机会根据《中国农村统计年鉴》（1998—2017）的相关数据计算得出，粮食生产成本和净利润来源于《全国农产品成本收益资料汇编》（1998—2017年），农业劳动力数量数据根据各省（市）统计年鉴（1998—2017）计算得出，其中本章选取的农业劳动力指标是第一产业的从业人数。人均耕地面积根据《中国农村统计年鉴》（1998—2017）中的耕地面积数据与各省（市）统计年鉴中的农业人口数计算得出。

（三）分析方法

为全面分析我国粮食生产的时空变化及其影响因素，根据“地理学第一定律”“所有事物都与其他事物相关联，但较近的事物比较远的事物更关联”，认为各省份粮食生产有着广泛的联系，而且距离越近的省份联系越密切，为更好地探究这一问题，需用空间计量经济学的方法。

1. 空间相关性分析方法

在确定是否使用空间计量方法时，首先要考虑数据是否存在空间依赖性。如果不存在，则使用标准的计量方法即可；如果存在，则可使用空间计量方法。“空间自相关”可理解为位置相近的区域具有相似的变量取值，如果高值与低值完全随机分布，则不存在空间自相关。

本研究采用常用的全局 Moran's I 来检验粮食产量是否存在自相关。

$$I=\frac{\sum_{i=1}^{n}\sum_{j=1}^{n}w_{ij}(x_i-\bar{x})(x_j-\bar{x})}{S^2\sum_{i=1}^{n}\sum_{j=1}^{n}w_{ij}}$$

$$S^2=\frac{\sum_{i=1}^{n}(x_i-\bar{x})^2}{n} \tag{6-1}$$

其中，S^2 为样本方差；w_{ij}为空间权重矩阵（i，j）元素（用来度量区域 i 与区域 j 之间的距离）；$\sum_{i=1}^{n}\sum_{j=1}^{n}w_{ij}$ 为所有空间权重之和；n 为样本省份，本研究取31。莫兰指数（I）的取值一般介于-1到1之间，大于0表示正自相关，小于0表示负自相关；如果莫兰指数（I）接近于0，则表明空间分布是随机的，不存在空间自相关。

2. 空间计量经济模型

当数据存在空间相关性时，普通的 OLS 估计无法解决数据的空间依赖性问题，因此需要采用空间计量经济学的模型。空间计量经济学的模型有多种形式，常见的有空间滞后模型（Spatial Lag Model，SLM）、空间误差模型（Spatial Errors Model，SEM）和空间杜宾模型。三种模型之间有着不同的空间交互效应。空间滞后模型主要考虑的是变量在某一地区是否具有空间溢出效应，对应的是因变量 Y 之间的内生性交互效应（WY）。空间误差模型主要考察的是相邻地区因变量的误差冲击对本地区观察值的影响程度，对应的是误差项（ε）之间的交互效应（$W\varepsilon$）。而空间杜宾模型对应的是自变量 X 与因变量 Y 之间的外生性交互效应（WX）。由于 SDM 能考察内生交互效应与外生交互效应，并且能得到无偏的系数，因此本研究选用的是 SDM。其基本形式如下：

$$Y=\rho WY+X\beta+WX\theta+\varepsilon,\ \varepsilon\sim N(0,\ \delta^2) \tag{6-2}$$

其中，Y 为被解释变量；W 为空间权重矩阵；ρ 为空间自回归系数；β 为待估参数；θ 为外生交互效应的系数，当 $\theta=0$ 时，即为 SLM，当$\theta=-\rho\beta$ 时，即为 SEM。

本研究的模型如下：

$$\begin{aligned}\ln GYLD_{it} = {} & \rho\sum_{j=1}^{n} W_{it}\ln GYLD_{it} + \beta_1\ln IRR_{it} + \beta_2 RDIS_{it} + \beta_3 ALAND_{it} + \\ & \beta_4\ln AGLAB_{it} + \beta_5\ln FER_{it} + \beta_6\ln MACH_{it} + \beta_7 NAJOB_{it} + \\ & \beta_8\ln GCOST_{it} + \beta_9 GSOC_{it} + \theta_1\sum_{j=1}^{n} W_{ij}\ln IRR_{ij} + \theta_2\sum_{j=1}^{n} W_{ij} RDIS_{ij} + \\ & \theta_3\sum_{j=1}^{n} W_{ij} ALAND_{ij} + \theta_4\sum_{j=1}^{n} W_{ij}\ln AGLAB_{ij} + \theta_5\sum_{j=1}^{n} W_{ij}\ln FER_{ij} + \\ & \theta_6\sum_{j=1}^{n} W_{ij}\ln MACH_{ij} + \theta_7\sum_{j=1}^{n} W_{ij} NAJOB_{ij} + \theta_8\sum_{j=1}^{n} W_{ij}\ln GCOST_{ij} + \\ & \theta_9\sum_{j=1}^{n} W_{ij} GSOC_{ij} + \varepsilon\end{aligned} \tag{6-3}$$

其中，$GYLD_{it}$为被解释变量；ρ 为空间自回归系数；W_{it}为空间权重矩阵中的元素；$W_{it}GYLD_{it}$为各省份粮食产量之间的空间自相关性；$W_{ij}IRR_{ij}$，…，$W_{ij}GSOC_{ij}$为来自邻居自变量的影响，即邻近省域粮食产量的空间滞后因变量；IRR_{it}，…，$GSOC_{it}$为解释变量；β_1，β_2，…，β_9 及θ_1，θ_2，…，θ_9 为待估参数。

二、结果与分析

（一）时间维度粮食生产的变化

近年来，我国的粮食生产经历了较明显的变化（见图 6-1），从粮食生产的总体变化上看，1997—2016 年我国的粮食产量总体上经历了一个先增长后下降再增长的过程：1997—1999 年，粮食产量总体上呈略微增长趋势，由 49417.1 万吨增长至 50838.6 万吨，增长速度并不快，只有 2.8%；1999—2003 年，粮食产量总体上呈下降趋势，由 50838.6 万吨降至 43069.5 万吨，下降了 15.28%，幅度较大；2003 年的粮食产量同时也是近 20 年我国粮食产量的最低点；2004—2015 年，我国粮食产量经历了“十二连增”，由 46946.9 万吨增至 62143.9 万吨，增幅为 32.37%，年均增幅为 2.7%。总体来说，粮食总产量是增长的，自 1997 年的 49417.1 万吨增至 2016 年的 62143.9 万吨。与之相对应，近 20 年，我国粮食的播种面积同样经历了类似的变化，先上升后下降再上升，但与产量的增长不同的是，播种面积总数增长幅度并不大，2003 年为播种面积最少的年份，只有 9941.04 万公顷，1997—2016 年，我国粮食播种总面积由 11291.2 万公顷增至 11303.45 万公顷，增长率只有 0.11%。由此可以看出，播种面积与产量之间具有很强的相关性，产量受播种面积的变化影响比较明显。

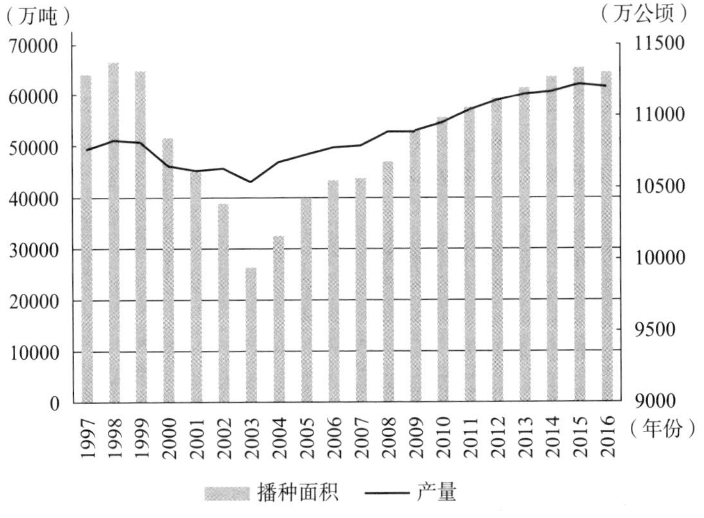

图 6-1 1997—2016 年全国粮食产量及播种面积变化情况

数据来源：《中国农村统计年鉴》（1998—2017）。

（二）空间维度粮食生产的格局变化

粮食生产受各省份之间不同的自然禀赋、经济条件等因素的影响而不同，因此有必要从空间布局角度来分析我国粮食生产的变化。中国有 13 个粮食主产区，根据国家粮食局的统计数据：13 个粮食主产区粮食产量占全国总产量的比重在 75%以上，全国约 95%的增产粮食来自这 13 个粮食主产区。下面以粮食主产区为研究单元进一步解释我国粮食生产空间变化的典型特征。

1. 我国粮食主产区粮食产量变化情况

由表 6-2 可以看出，1997 年，山东、河南、江苏、四川四个省份粮食产量占全国的比重最高，均超过了 7%。2003 年，江苏的粮食生产地位有所下降，河南、山东、四川依然保持粮食产量的高水平。2003—2009 年，黑龙江后来居上，粮食产量位于全国前列，并且其粮食产量占全国粮食总产量的比重在不断攀升，增长趋势明显；而之前一直高产的四川粮食生产地位逐步下降，与此同时，山东、河南依然保持粮食产量位居全国前三甲，但占全国的比重有所减小，增速缓慢，这种趋势一直延续到 2016 年。总体来看，河南、山东作为两个粮食生产大省，其粮食生产地位一直很稳定，每年的粮食产量居全国前三甲，而四川和黑龙江同样作为两个粮食生产大省，前期（1997—2006 年）四川的粮食产量较高，而黑龙江的粮食产量较低，后期（2006—2016 年）黑龙江取代四川跃居全国粮食产量的前三甲，2011 年过后，黑龙江的粮食产量位居全国首位，并且呈继续增长的趋势。

表 6-2　1997—2016 年我国粮食主产区省份粮食产量变化情况　　单位：%

省份	1997 年	2000 年	2003 年	2006 年	2009 年	2012 年	2016 年
河北	5.56	5.52	5.54	5.58	5.48	5.51	5.61
内蒙古	2.88	2.69	3.16	3.63	3.73	4.29	4.51
辽宁	2.66	2.47	3.48	3.61	3.00	3.51	3.41
吉林	3.66	3.54	5.25	5.47	4.63	5.67	6.03
黑龙江	6.28	5.51	5.83	7.72	8.20	9.77	9.83
江苏	7.21	6.72	5.74	6.22	6.09	5.72	5.62
安徽	5.67	5.35	5.14	5.73	5.78	5.58	5.55
江西	3.58	3.49	3.37	3.81	3.77	3.54	3.47
山东	7.80	8.30	7.98	8.22	8.13	7.65	7.63
河南	7.88	8.87	8.29	10.26	10.15	9.56	9.65

续表

省份	1997 年	2000 年	2003 年	2006 年	2009 年	2012 年	2016 年
湖北	5. 33	4. 80	4. 46	4. 21	4. 35	4. 14	4. 14
湖南	5. 67	5. 99	5. 67	5. 33	5. 47	5. 10	4. 79
四川	7. 00	7. 30	7. 09	5. 74	6. 02	5. 62	5. 65

数据来源：《中国农村统计年鉴》（1998—2017）。

2. 我国粮食主产区粮食播种面积变化情况

进一步分析我国粮食主产区省份粮食的播种面积情况（见表 6-3）可以发现，河南、山东的粮食播种面积一直位居全国前列且比较稳定，黑龙江的粮食播种面积在近 10 年中一直居全国首位，其他粮食播种面积靠前的省份主要是山东、河北、四川、安徽。这前六大省份的粮食播种面积占全国粮食播种总面积的 43%左右。通过对粮食主产区粮食产量及播种面积的分析不难看出，我国粮食生产的中心与重心正在向晋、冀、鲁、豫地区和东北地区转移。

表 6-3 1997—2016 年我国粮食主产区省份粮食播种面积变化情况 单位：%

省份	1997 年	2000 年	2003 年	2006 年	2009 年	2012 年	2016 年
河北	5. 68	5. 77	5. 67	5. 59	5. 47	5. 37	5. 60
内蒙古	3. 74	3. 78	3. 77	4. 01	4. 37	4. 38	5. 12
辽宁	2. 33	2. 32	2. 44	2. 40	2. 47	2. 58	2. 86
吉林	2. 61	2. 91	3. 09	3. 17	3. 20	3. 25	4. 44
黑龙江	5. 79	5. 97	6. 43	6. 67	7. 65	7. 49	10. 44
江苏	5. 11	5. 08	5. 04	4. 85	4. 77	4. 68	4. 81
安徽	5. 44	5. 76	5. 99	5. 82	5. 70	5. 49	5. 88
江西	3. 87	3. 62	3. 28	3. 42	3. 39	3. 38	3. 26
山东	7. 04	7. 13	7. 14	6. 83	6. 80	6. 65	6. 65
河南	7. 87	8. 40	8. 98	9. 03	8. 94	8. 73	9. 10
湖北	4. 96	4. 85	4. 68	4. 68	4. 75	4. 94	3. 93
湖南	5. 14	5. 12	5. 07	5. 14	5. 06	5. 21	4. 33
四川	6. 09	6. 15	6. 16	6. 16	5. 97	5. 91	5. 71

数据来源：《中国农村统计年鉴》（1998—2017）。

（三）空间相关性检验

1. 空间相关性检验结果

从表 6-4 中可以看出，1997—2016 年，我国粮食产量的全局 Moran's I 均大于零，其 P 值均在 5%的水平上显著，这一结果表明过去近 20 年间我国省域粮食产量存在明显的正向空间自相关性，也就是各省域粮食生产格局存在空间溢出效应。同时，Moran's I 值虽然有一定的波动性，但是从整体趋势上看是逐年提升的，进一步表明我国省域之间粮食生产的空间效应逐渐加强。通过对 Moran's I 的分析，本研究认为，在研究中国各省份粮食生产的格局变化时需要考虑空间效应给粮食生产布局带来的影响。

表 6-4　1997—2016 年我国粮食产量的 Moran's I 检验结果

年份	Moran's I	Z 统计量	P 值
1997	0. 195	1. 927	0. 054
1998	0. 213	2. 087	0. 037
1999	0. 213	2. 093	0. 036
2000	0. 196	1. 953	0. 051
2001	0. 220	2. 159	0. 031
2002	0. 212	2. 085	0. 037
2003	0. 212	2. 079	0. 038
2004	0. 239	2. 315	0. 021
2005	0. 237	2. 307	0. 021
2006	0. 262	2. 537	0. 011
2007	0. 257	2. 496	0. 013
2008	0. 261	2. 522	0. 012
2009	0. 228	2. 240	0. 025
2010	0. 242	2. 370	0. 018
2011	0. 250	2. 437	0. 015
2012	0. 260	2. 523	0. 012
2013	0. 266	2. 576	0. 010
2014	0. 255	2. 489	0. 013
2015	0. 262	2. 547	0. 011
2016	0. 264	2. 558	0. 011

2. 空间计量的结果分析

本研究实证方面采用极大似然估计法对空间杜宾模型进行实证参数估计，根据对空间杜宾模型固定效应和随机效应的两组估计结果进行豪斯曼检验，发现豪斯曼检验的统计量并不显著（见表 6-5），故接受随机效应的原假设，因此本研究采用随机效应下估计的参数。随机效应下空间杜宾模型的回归结果见表6-6。

表6-5 固定效应-随机效应豪斯曼检验

变量	固定效应系数	随机效应系数	固定效应-随机效应
lnIRR	0.156	0.216	-0.060
RDIS	-0.089	-0.095	0.006
ALAND	0.069	0.065	0.004
lnAGLAB	-0.045	0.100	-0.145
lnFER	0.399	0.379	0.020
lnMACH	0.074	0.066	0.008
NAJOB	-0.429	-0.570	0.141
lnGCOST	0.059	0.060	-0.001
GSOC	2.164	2.097	0.067
Hausman Test	10.46		

表6-6 空间杜宾模型估计结果

解释变量	系数	解释变量	系数
lnIRR	0.216*** (0.031)	WlnIRR	-0.058 (0.059)
RDIS	-0.095*** (0.024)	WRDIS	0.016 (0.043)
ALAND	0.065* (0.034)	WALAND	0.176*** (0.058)
lnAGLAB	0.100*** (0.044)	WlnAGLAB	-0.023 (0.060)
lnFER	0.379*** (0.033)	WlnFER	-0.091 (0.068)
lnMACH	0.066*** (0.023)	WlnMACH	-0.028 (0.042)
NAJOB	-0.570*** (0.081)	WNAJOB	0.281* (0.122)
lnGCOST	0.060*** (0.016)	WlnGCOST	-0.031 (0.023)
lnGSOC	2.097*** (0.091)	WlnGSOC	-0.895** (0.186)
-cons	0.313 (0.298)	—	—
rho	0.355***	—	—
sigma2_ e	0.005***	—	—
Log-likelihood	630.10	—	—

注：***、**、*分别表示1%、5%、10%的显著性水平，括号内数字为标准误。

从表6-6空间杜宾模型的回归结果中可以看出，空间自回归系数rho显著为正，由此进一步验证了我国不同省份之间的粮食产量存在明显的空间集聚效应。同时，对解释变量估计系数的初步分析发现，成灾比例与非农就业机会变量显著为负，其他各解释变量的系数显著为正，表明它们均对省域之间粮食产量格局的变化有着明显影响。从模型解释变量的空间滞后项来看，人均耕地面积、非农就业机会、粮食播种面积比例的 WX 的估计系数也都通过了显著性检验，说明这些变量能够通过空间溢出效应来影响粮食产量格局的变迁。

根据 Lesage 的研究，如果被解释变量的空间相关系数显著不为零，则不能直接用回归系数来度量解释变量对被解释变量的空间溢出效应，而是需要将解释变量对被解释变量的空间溢出效应分解为直接效应、间接效应和总效应。基于此，本研究的粮食生产格局变化影响因素效应分析见表 6-7。

表 6-7　粮食生产格局变化影响因素效应分析

解释变量	直接效应	间接效应	总效应
lnIRR	0.217*** (0.032)	0.028 (0.083)	0.245* (0.097)
RDIS	-0.097*** (0.024)	-0.025 (0.058)	-0.122* (0.064)
ALAND	0.084** (0.033)	0.283*** (0.093)	0.368*** (0.109)
lnAGLAB	0.099** (0.043)	0.012 (0.081)	0.112 (0.091)
lnFER	0.384*** (0.034)	0.061* (0.096)	0.446*** (0.115)
lnMACH	0.065*** (0.022)	-0.005 (0.060)	0.059 (0.064)
NAJOB	-0.561*** (0.074)	0.105 (0.149)	-0.455*** (0.149)
lnGCOST	0.058*** (0.016)	-0.013 (0.031)	0.044 (0.034)
lnGSOC	2.084*** (0.083)	-0.201 (0.193)	1.882*** (0.190)

注：***、**、*分别表示 1%、5%、10%的显著性水平，括号内数字为标准误。

从表 6-7 中直接效应分析可以看到，所有变量都通过了显著性检验，其中，有效灌溉面积、成灾比例、化肥施用量、农业机械动力、粮食播种面积比例、非农就业机会变量均在 1%的水平上显著，对我国的粮食生产格局具有显著的影响。需要注意的是，若粮食生产成本在直接效应结果中也显著，意味着某一省份粮食生产成本的变化对该省份的粮食产量有正向影响，即成本上升产量也上升。这一现象可解释为，对某省份自身来说，短期内成本上升可能会导致粮食产量的下降，但长期来看，粮食生产的成本随着时间变化也不断上升，粮食播种面积增多，成本上升导致产量随之上升，如黑龙江等粮食主产省；粮食播种面积下降，成本也会随之下降，粮食的产量也会下降，如北京、上海等发达城市。

从表 6-7 中间接效应分析可以看到，人均耕地面积、化肥施用量通过了显著性检验，其中，人均耕地面积对粮食生产格局的间接效应在1%水平上通过显著性检验。人均耕地面积对粮食生产格局的间接效应影响为正，意味着该变量对邻近省份粮食产量有正向影响，本地人均耕地面积每上升1单位，邻近省份粮食产量会上升30%。关于这一点，本研究认为主要是由于我国粮食产量经历了“十二连增”的大背景，每个省份的粮食产量都经历了不同程度的增长，因此造成了这种现象，即本省份的人均耕地面积上升会对邻近省份粮食产量增长产生正向影响。化肥施用量的间接效应也为正向，即本地区化肥施用量越高，邻近地区的粮食产量也越高，体现了化肥的空间溢出效应明显，主要原因在于相邻的地区之间有一定的信息共享性，某地区农户施用化肥的行为会通过信息的传递影响周边地区农户效仿采取相同的施用行为，进而使粮食产量上升。

从表6-7中SDM总效应结果来看，有效灌溉面积、人均耕地面积、化肥施用量、粮食播种占作物播种的比例均通过了1%水平上的显著性检验，且为正向影响，与预期的变量影响方向一致；非农就业机会、农作物成灾比例为负向影响，说明在全国范围内，有效灌溉面积越多、人均耕地面积越多、化肥施用量较多、粮食播种面积占农作物播种面积较大、自然灾害较少的地区粮食产量越多，并且粮食生产重心将逐步向这类地区转移。

三、讨论与政策建议

（一）讨论

与以往对粮食生产格局的研究相比，本研究运用空间杜宾模型，能够反映某一变量对本地区、邻近地区及全国范围内的平均影响。以农业劳动力变量、农业机械动力变量为例，在本研究中，农业劳动力数量对粮食产量的直接效应影响显著，但间接效应影响与总效应影响不显著，意味着农业劳动力因素会对某一地区的粮食产量有正向影响。但是从全国范围来看，农业劳动力变量对于粮食生产的正向影响并不显著，即农业劳动力变量不是单纯对粮食生产有正向或是负向影响。不可否认，随着经济的发展及城镇化水平的提高，大量农村劳动力转移到城市，农村劳动力数量急剧减少，但同样地，农业机械化水平、科技水平也在提高，劳动力数量对农业生产的影响已不再那么重要，但在某些地区，农业劳动力对粮食生产的作用依然很大。

农业机械动力变量与农业劳动力变量的影响相同，说明在某些地区其农业机械动力对粮食生产的正向作用显著，通过空间杜宾模型的回归结果可以发现。但在全国范围内，农业机械动力对于粮食生产的正向影响不显著，说明我国的农业机械动力有待提升，或者说尚未发挥其对于粮食生产的潜力。

（二）政策建议

基于上述分析，为了更好地合理布局我国的粮食生产，保证粮食安全，本研究认为应从以下方面加以完善：

首先，应着力提升农业科技水平，建立粮食生产的防灾预警机制与治灾机制，完善粮食主产区的基础设施建设与农业机械化的推进。通过改造修建水库、增加水库容量等方式来修整水利设施，通过推广新型节水灌溉技术等提高农业生产的灌溉条件。通过先进的农业科技手段，结合气象监测与预报等技术，对于气候、降水等自然因素进行实时的动态监测，配合完善的水利灌溉设施等，对可能出现的灾害如旱灾、洪灾等加以防范，同时还要通过对粮食作物的实时动态监测防止病虫害、灾害。合理施肥可以促进粮食高产，不仅能够对粮食的增产起到一定的作用，而且能够很好地保护土壤的质量，提高耕地的复种指数。提高农业机械的使用水平，可以充分发挥农业机械对粮食生产的潜力，应对农业机械购置进行补贴，加大对农业机械化的推广普及，提高粮食生产能力。

其次，应大力保护耕地。加强对耕地的管理以及耕地质量的监测，做到保护耕地数量与质量并重。要坚守 18 亿亩（1.2 亿公顷）耕地红线不动摇，在城镇化推进过程中，各地区要做好相关的土地利用规划，严格规定城镇用地与农业用地的区别与界限，在城市发展的过程中，优先考虑占用荒地，要最大限度地减少对耕地资源的占用，对于个人或单位等非法占用耕地、改造耕地的行为要严加惩罚。对部分农村地区存在的土地抛荒现象，要加强整治和充分利用。适当开发能够利用的潜在耕地，通过改造将部分可利用的荒地变成可以进行农业生产的耕地。

再次，应保证一定的农业劳动力数量，短期内通过提高种粮收益等激励措施激发农村种粮的积极性，保有一定的劳动力数量。与此同时，要着力推进集约化、规模化经营，有效提高土地利用效率与种粮收益；要推动农村机械化水平的提高，随着机械化进程的推进，农业劳动力因素对粮食生产的影响将逐渐变小。

最后，应加强各省份之间粮食供给与需求的协调，针对南方粮食生产比重逐步下降的地区，应通过市场的作用调配粮食供给。针对各省份自身的粮食生产，各省份之间应加强彼此的沟通与交流，通过农业科技及灌溉技术等空间溢出效应来实现本地区此类粮食生产条件及农业技术等的进步，稳定粮食生产与粮食供给。这对保障我国粮食安全来说具有重要意义。

参考文献

[1] 宋晓丹，赵予新，孙常辉．我国粮食主产区与主销区经济发展差距及影响因素分析——以河南与浙江为例［J］．当代经济，2016（31）：80-83.

[2] 丁金梅，杨奎，马彩虹，等．中国粮食产量时空格局演变研究［J］．干旱区地理，2017（6）：1290-1297.

[3] 汪希成，徐芳．我国粮食生产的区域变化特征与政策建议［J］．财经科学，2012（4）：80-88.

[4] 徐海亚，朱会义．基于自然地理分区的1990—2010年中国粮食生产格局变化［J］．地理学报，2015，70（4）：582-590.

[5] 刘腾谣，吴玲．我国粮食生产区域变化特征及影响因素分析［J］．江苏农业科学，2016（4）：548-551.

[6] 陈秧分，李先德．中国粮食产量变化的时空格局与影响因素［J］．农业工程学报，2013（20）：1-10.

[7] 周巧富，吴绍洪，戴尔阜，等．近年来我国粮食生产的时空格局变化及其对策研究［J］．安徽农业科学，2011，39（8）：4925-4927，4937.

[8] 吴建寨，张建华，孔繁涛．中国粮食生产与消费的空间格局演变［J］．农业技术经济，2015（11）：46-52.

[9] 范业龙，陆玉麒，赵俊华，等．中国粮食生产区域差异的多尺度分析［J］．经济地理，2014（10）：124-130.

[10] 刘彦随，王介勇，郭丽英．中国粮食生产与耕地变化的时空动态［J］．中国农业科学，2009（12）：4269-4274.

[11] 刘正兵，丁志伟，王发曾．山西省县域粮食生产时空格局及影响因子分析［J］．广东农业科学，2014（13）：186-193.

[12] 杨春，陆文聪．基于空间计量经济模型的县域粮食生产区域格局研究［J］．农业技术经济，2010（5）：24-29.

[13] 陈秧分，王国刚，王丽娟．农户生产决策视角下我国粮食生产格局变化机制［J］．经济地理，2016（7）：139-145.

[14] 陆文聪，梅燕．中国粮食生产区域格局变化及其成因实证分析——

基于空间计量经济学模型［J］. 中国农业大学学报（社会科学版），2007，24（3）：140-152.

［15］覃志豪，唐华俊，李文娟. 气候变化对我国粮食生产系统影响的研究前沿［J］. 中国农业资源与区划，2015，36（1）：1-8.

［16］洪舒蔓，郝晋珉，周宁，等. 黄淮海平原耕地变化及对粮食生产格局变化的影响［J］. 农业工程学报，2014，30（21）：268-277.

［17］程名望，黄甜甜，刘雅娟. 农村劳动力外流对粮食生产的影响：来自中国的证据［J］. 中国农村观察，2015（6）：15-21.

［18］成德宁，杨敏. 农业劳动力结构转变对粮食生产效率的影响［J］. 西北农林科技大学学报（社会科学版），2015，15（4）：19-26.

［19］王珺鑫，杨学成. 山东省粮食生产波动及主要投入要素效应的实证分析——基于17地市的面板数据［J］. 中国农业资源与区划，2015，36（3）：18-23.

［20］陈欣，吴佩林. 快速城镇化进程对我国粮食生产影响的实证检验［J］. 统计与决策，2015（6）：124-126.

［21］姜磊，柏玲. 空间面板模型的进展：一篇文献综述［J］. 广西财经学院学报，2014，27（6）：1-8.

［22］刘海猛，方创琳，黄解军，等. 京津冀城市群大气污染的时空特征与影响因素解析［J］. 地理学报，2018，73（1）：177-191.

［23］冯林，罗怀敬，李文正，等. 县域金融集聚影响因素研究——基于空间杜宾模型和山东省县域数据的实证［J］. 农业技术经济，2016（6）：113-122.

［24］程名望，张帅，潘烜. 农村劳动力转移影响粮食产量了吗——基于中国主产区面板数据的实证分析［J］. 经济与管理研究，2013（10）：79-85.

［25］ELHORST J. P.. Spatial Panel Data Models［M］//Spatial Econometrics. Springer Berlin Heidelberg，2014：37-93.

［26］TOBLER W. R.. A Computer Movie Simulating Urban Growth in the Detroit Region［J］. Economic Geography，1970，46（2）：234-240.

［27］LESAGE J. P.，PACE R. K.. Introduction to Spatial Econometrics［M］//Introduction to Spatial Econometrics. Los Angeles，USA：CRC Press，2009：513-514.

第七章

空间视角下城镇化对我国农业全要素生产率的影响研究

中国城镇化的进程与农业生产密切相关。为厘清城镇化对我国农业全要素生产率的影响机制，本章基于相关文献研究成果和理论基础，对我国的城镇化发展状况与农业生产的发展现状进行归纳总结，并定性分析城镇化可能对农业生产产生的影响。首先通过 DEA-Malmquist 指数方法计算 2004—2016 年我国的农业全要素生产率。从空间角度分析农业全要素生产率的演变和贡献，可以发现农业 TFP 的增长有效促进我国农业产出水平的提高，同时不同省份的农业全要素生产率增长速度与城镇化发展水平的协调程度表现出差异性。接下来本章采用双向固定效应的空间面板模型估计城镇化对农业全要素生产率的空间溢出效应。结果表明，从全国范围内来看，城镇化对农业 TFP 的“U”形曲线关系分别在直接效应、间接效应和总效应的层面通过检验。这说明城镇化对农业全要素生产率的影响方向和影响程度随着城镇化的发展阶段呈现出动态变化趋势，城镇化水平的提高对我国农业 TFP 具有显著的空间溢出效应。此外，科研投入的增加和市场化开放水平的提高也对我国农业全要素生产率具有促进作用。按照东部地区、中部地区和西部地区来分析，发现城镇化对农业全要素生产率的作用程度和显著性水平会随着不同区域的自然资源条件、经济发展水平和区位分布等因素的变化表现出差异性。

一、引言

（一）研究背景

截至 2019 年底，我国拥有超过 14 亿的人口，一直保持着农业生产大国的地位。其中粮食安全问题是关乎我国人民食物营养保障和社会稳定的重大民生问题，具体表现为“粮食问题优先阶段”（Hayami Yujiro et al.，1985）。随着“中央一号”文件的正式公布，我国政府对“三农”问题做出规划和指示，尤其对我国农业生产中的粮食安全问题给予高度的关注。在2019年的“中央一号”文件中，我国政府大力倡导推进农业现代化发展，构建现代化农业生产体系和经营体系，推动“藏粮于地、藏粮于技”等战略真正落实。2004—2015年，我国农业实现了粮食产量的“十二连增”。其中我国粮食产量增产的很大一部分原因在于我国农业生产效率的增长。其中以增加劳动力、土地、机械、农药、化肥等农业生产要素的投入和以促进农业技术进步为代表的农业全要素生产率（Total Factor Productivity，TFP）的提高是提升我国农业生产效率的两种主要途径（Comin D. et al.，2011；Chanda A. et al.，2008）。然而长久以来我国农业生产的发展模式为“高投入、高产出”的粗放式发展模式，在增加产量的同时也造成农业生产资源浪费、生态环境破坏、生产技术含量较低等突出问题。因此提高农业投入要素的配置效率、提高农业生产技术含量、提高农业劳动力素质等成为提高我国农业全要素生产率的有效措施（张乐等，2013）。

诺贝尔经济学奖获得者斯蒂格利茨认为，中国的城镇化发展是影响21世纪世界经济发展的重大事件，是推动中国经济持续、高效增长的强劲动力（陆根尧等，2011）。经济方面，推进城镇化建设有助于破解城乡二元经济的结构性障碍，形成经济聚集效应（周其仁，2013），充分发挥市场经济的作用，从供给侧有效推动我国产业的结构性革新；社会方面，推进城镇化建设有利于解决城乡发展不平衡、农村地区发展相对落后等问题，使农民在城市发展中真正受益并获得权益保障，增加自信心和自我认同感；生态方面，推进城镇化建设有助于自然资源的整合利用，有效推进生态建设和环保政策，为人民提供优质的生活环境。

同样，城镇化的发展对我国农业全要素生产率的增长会产生根本性的影响。随着我国城镇化进一步发展，城市常住居民和城市户籍人口持续增加，农村劳动力由于流向城市也会不断减少，这一变化会促使我国的城乡要素配置模式和农业生产模式发生深刻变革。因此城镇化是影响我国农业全要素生产率的重要因素。一方面，城镇化能够推动城乡之间的资源配置，城市的专业化部门能够为农业生产部门提供农业生产要素如种子、化肥和机械等物质性产品以及先进的农业生产技术等服务性产品，同时城市资本注入农业生产部门有助于推动建设现代化农业生产体系，对农业全要素生产率的提高起到促进作用；另一方面，城镇化也带来一系列问题，如人口流动导致农业劳动力数量不足、城镇建设占用耕地使我国耕地面积总量逼近 18 亿亩耕地红线、城镇化带来的生态污染导致农业面源污染和农地质量下降等问题，在一定程度上可能阻碍农业全要素生产率的增长。

综上可知，城镇化发展与我国的农业全要素生产率的增长具有紧密的关联。本章基于相关理论，采用数据包络分析（Data Envelopment Analysis，DEA）方法测算 2004—2016 年我国的农业全要素生产率，并从时间维度和空间维度对我国农业生产率的变化进行分析。由于我国的城镇化发展状况以及农业全要素生产率水平具有显著的地域性和时序性，因此本研究采用空间计量方法探讨城镇化对农业全要素生产率的作用方向和作用程度。以城镇化指数及其二次项作为本研究的核心解释变量，同时纳入科研投入、市场开放程度、土地质量、农业劳动力投入等主要指标，从空间视角下在全国性层面以及我国东部地区、中部地区、西部地区的区域性层面全面探索影响我国农业全要素生产率的主要因素。本研究对于厘清城镇化对农业全要素生产率影响的途径和机制、城镇化对农业 TFP 的空间溢出效应分析、促进城镇化与农业生产的协调发展具有重大意义。

（二）研究目标及意义

1. 研究目标

城镇化是我国从发展中国家转变为发达国家的必经阶段。一方面，城镇化能有效推动人口迁徙和耕地资源整合，促进城乡之间的资本、劳动力和技术等关键要素的流动配置，形成“涓滴效应”和“溢出效应”，从而对提高农业全要素生产率做出重要贡献；另一方面，城镇化的发展可能产生“虹吸效应”，给农业生产所需要的劳动力、耕地、水等资源带来一定的压力，吸收农村地区的资源从而对农业全要素生产率的增长产生抑制作用。

本研究根据城镇化和农业全要素生产率的相关理论，从时间维度和空间维度出发，分析城镇化对我国农业 TFP 的影响。本研究试图从以下两个重要方面来进行分析：

（1）在我国的城镇化进程中，农业全要素生产率的发展趋势是怎样的？这需要对农业 TFP 进行因素分解并分析其增长贡献度。基于不同省份资源禀赋的差异，不同区域的城镇化发展水平与农业 TFP 的协调程度有何差异？这需要进行计量分析，并讨论其背后原因。

（2）从宏观层面，基于空间计量经济学的方法，从空间角度下深入分析城镇化的发展给我国农业全要素生产率的增长带来怎样的影响，城镇化对农业 TFP 是否存在“U”形曲线作用关系以及城镇化对农业 TFP 的空间溢出效应等如何，并讨论这种影响是否会由于地区的差异性而发生改变。

2. 研究意义

理论意义：本研究旨在为城镇化与农业生产的研究提供新的角度。目前有大量关于农业全要素生产率的研究文献，但从空间视角出发关于城镇化对农业 TFP的研究较少。本研究从空间角度出发充分关注城镇化对我国农业 TFP的直接效应、间接效应和总效应，在一定程度上能够丰富相关的研究文献，具有一定的理论意义。

现实意义：农业全要素生产率是指劳动、土地和资本等投入要素以外的增长部分，是指技术、制度等要素所推动的农业增长，农业 TFP的稳定增长对于促进我国农业产出的持续增长具有重要意义。城镇化发展对我国农业 TFP 增长具有重要影响，本研究有助于厘清城镇化对农业全要素生产率的影响方向和影响程度，对于我国不同地区的城镇化对农业 TFP 的“促进”作用或“抑制”作用进行分析，有助于制定合适的农业发展政策，对于探讨如何提高我国农业 TFP、协调城镇化与农业的有序发展具有一定的现实意义。

（三）研究思路、技术路线图及研究方法

1. 研究思路及技术路线图

首先，通过相关的理论基础和文献梳理，定性分析城镇化与农业全要素生产率的影响机制，同时对我国的城镇化现状和农业生产现状进行描述和分析，为本研究提供基本的理论框架和现实背景。其次，选取以产出作为基本导向的规模报酬不变（Constant Returns to Scale，CRS）的 DEA-Malmquist 指数对我国的农业全要素生产率进行计算，从时间和空间两个维度分析我国农业全要素生产率的变化趋势，并计算其对农业 GDP增长的贡献程度。再次，根据 2004—2016 年我国农业生产的省级面板数据，采用空间杜宾模型分析我国的城镇化发展对农业 TFP的影响是否具有空间溢出效应。从空间视角出发，将不同省份之间的农业 TFP的相互影响和作用纳入模型实证，为城镇化对农业 TFP的影响路径和影响程度提供实证证据。最后，根据本研究的结论，针对如何促进城镇化与农业生产的协调发展给出政策建议。基于上述研究思路，

可设计如图 7-1 所示的技术路线。

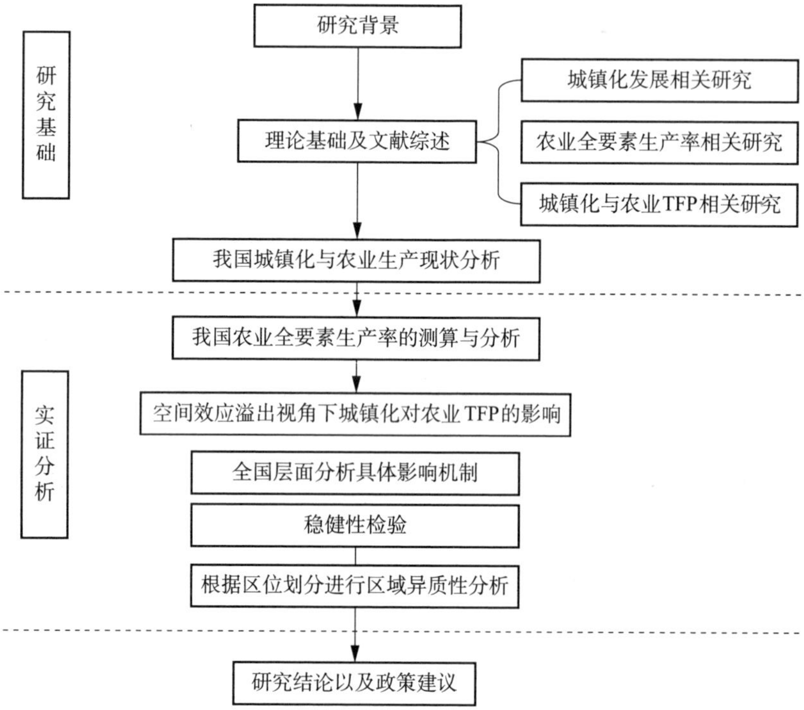

图 7-1　技术路线

2. 研究内容

本研究在对我国城镇化与农业生产的发展现状进行梳理分析的基础上，定性分析城镇化对我国农业生产的作用机制，采用 DEA-Malmquist 指数分析方法对我国的农业全要素生产率进行数据测算，并从时间和空间两个维度研究我国农业 TFP的变化趋势。然后建立空间杜宾模型，从空间视角出发分析我国城镇化对农业 TFP的影响是否存在空间溢出效应。本研究可以分为六节：

第 1 节：引言。首先从该研究的理论背景和现实背景出发，详细阐述本研究的问题、目标和意义。然后分别介绍研究的思路、技术路线图、内容、方法和可能的创新点及不足。

第 2 节：文献综述与理论基础。本节分为文献综述与理论基础两部分，第一部分介绍我国城镇化发展与农业 TFP 等相关研究领域的实证文献；第二部分介绍城镇化理论、农业全要素生产率理论以及空间计量模型理论。

第 3 节：我国城镇化与农业生产的发展现状。介绍我国城镇化的发展现状以及所遇到的问题，然后对我国的农业生产从劳动力、土地、机械等方面进行详细分析。

第4节：我国农业全要素生产率的测算与结果分析。使用2005—2016年的省级面板数据，采用DEA-Malmquist指数对我国农业TFP进行测算，然后对不同区域的TFP时空变化趋势和地区差异进行分析对比。

第5节：基于空间视角下城镇化对我国农业TFP的实证分析。首先介绍相关变量的选取和数据来源，进行莫兰指数检验。其次建立空间杜宾模型，从空间视角下通过实证分析验证城镇化对农业TFP的“U”形曲线关系，通过不同的空间权重矩阵、核心解释变量城镇化的滞后期变量和动态空间面板模型进行稳健性检验。最后针对我国东部地区、中部地区、西部地区分别建立空间计量模型，对我国东部地区、中部地区、西部地区进行异质性分析。

第6节：研究结论、政策建议与未来研究展望。整理和总结上述研究成果形成研究结论，并根据研究结论和现实问题提出相应的政策建议。

3. 研究方法

本研究采用城镇化与农业TFP相关的经典理论作为研究基础，并从实证角度给出经验证据，全面分析城镇化对我国农业TFP的影响，具体研究方法如下：

文献阅读法与数据整理法：通过阅读相关文献，确定研究思路以及变量，全面、广泛整理与研究相关的数据，主要数据来源为官方公布的各类统计年鉴，如《中国统计年鉴》《中国农村统计年鉴》等，从而获取关于城镇化与农业生产各方面的数据。

定性分析法与定量分析法：本研究在全面梳理相关问题研究的基础上，定性分析城镇化发展对我国农业生产产生的重大影响。接下来结合新经济地理学的前沿分析范式，采用空间计量方法等进行定量研究从而提供相应的实证经验。

（四）可能的创新点及不足

1. 可能的创新点

关于城镇化与农业TFP方面的研究文献较多，但多数文献都是以空间的均质性作为理论假设基础，空间溢出效应没有得到充分考虑。本研究从空间视角出发建立空间杜宾模型，重点关注城镇化这一核心因素对我国农业TFP的影响，设定城镇化直输的一次项以及二次项以验证城镇化对农业TFP的影响是否存在“U”形曲线关系，从空间溢出效应的总效应、直接效应和间接效应的角度进行翔实的论证分析，并且考察科研投入、市场开放程度等重要因素对我国农业 TFP 的影响。

2. 研究存在的不足

目前本研究已初步取得一些研究成果，但受到个人研究能力、计量建模能力等条件的限制，仍然存在以下不足：

（1）空间计量模型的局限性：最大似然估计（MLE）方法是空间计量的理论基础，但是关于 MLE 的理论分析目前尚未完善。目前，学界公认的关于空间矩阵的设定仍然存在一定的主观性，并未能完全按照社会经济的客观状况进行分析。

（2）关于数据的收集清理方面：由于本研究成果以实证分析为基础，因此对数据质量有较强的依赖性。未能够从年鉴上获得全部变量和指标，受到客观条件的制约，因此有待改进。

二、文献综述与理论基础

（一）文献综述

1. 关于城镇化方面的研究

我国学者对我国的城镇化发展进程展开一系列研究。与发达国家的城镇化发展进程有所不同，20 世纪，由于国民经济基础薄弱，我国采取优先发展工业、农业辅助支持工业发展的战略，这导致我国城镇化发展滞后，工业化程度远高于城镇化发展程度（马孝先，2014）。现阶段我国城镇化发展进入转型发展阶段，中部地区、西部地区城镇化率加快，东部地区城镇化率放缓，同时也存在城乡发展差距大、城市基础设施建设不完善等问题，未来我国城镇化的发展趋势是城镇化发展速度将从高速增长转为中高速增长（崔应留等，2016）。党的十八大以来，中国提出新型城镇化的发展模式。新型城镇化道路符合世界潮流和我国的基本国情。新型城镇化对促进经济可持续发展、提高城市居民生活质量以及全面实现小康生活具有重要意义（刘进辉，2014）。

在城镇化拉动需求方面，学者也做了诸多研究。Henderson 等（1999）对农业结构调整和升级、劳动力转移、资本流动等因素进行分析，对城市的产生进行详细分析，发现城市资源的整合配置有助于推动消费和储蓄的增长。克鲁格曼（Krugman P. R. 1991）论证城镇化对消费行为产生的凝聚效应。消费者对产品有着不同的诉求，企业为了提高生产效率和节约生产成本走上规模化生产的发展道路，这进一步促使消费者与企业之间产生凝聚效应，表现出城镇化与消费需求具有正向相关关系。Fujita、Krugman 和 Venables（2001）对城镇化的外部经济性与消费需求之间的关系进行论证，提出居民的经济活动能够在地理上形成外部经济性进而拉动消费需求。

从城镇化发展战略出发，为了保证我国新型城镇化的可持续发展，需要从学术角度理解城镇化的意义，然后根据自然资源条件、人力资本水平和基础设施建设水平进行新型城镇化建设（张鸿雁，2013）。郁鸿胜（2013）从实践的角度总结两种主要的城镇化主体模式：一是欧美化的国家主体推动模式，二是拉美化的投资主体推动模式。陆大道（2015）根据长期从事区域发展和城市地理的研究，认为城镇化领域的研究需要重点关注城镇化的影响因素、区域整合建设规划、生态资源评价等方面。

2. 关于我国农业全要素生产率影响因素的研究

关于我国农业 TFP 对农业产出的贡献程度，Lin（1992）通过测算 1979—1988 年的中国农业投入产出，发现我国农业产出增长 42.33%，其中农业 TFP 的贡献接近 50%。吴方卫（2000）认为，农业要素投入的不断增加是我国农业产出持续增加的主要因素。辛翔飞（2005）也认同这个观点，通过分析 20 世纪 80 年代末到 2003 年我国的农业增长因素，发现农业要素投入的贡献要高于农业全要素生产率对农业产出的贡献。龚斌磊（2018）认为，只有同时保证农业投入要素的持续供给以及提高我国的农业生产效率，才能保证我国农业部门的产出实现持续增长。

关于我国农业 TFP 地区差异性的研究，李谷成（2011）通过 30 年的面板数据，利用 Malmquist-Luenberger 指数进行测算，得出东部地区、西部地区、中部地区的农业 TFP 依次递减。余康等（2011）使用随机前沿分析（Stochastic Frontier Analysis，SFA）方法测算 1988—2008 年 28 个省份的 TFP，发现人均劳动力的资本投入会显著影响区域性的劳动生产率。Xin 和 Qin（2011）通过测算 1987—2005 年 30 个省份的数据，发现我国中部地区、西部地区的农业 TFP 对农业发展的贡献均要低于东部地区。郭萍等（2013）采用 Fare-Primont 指数方法发现，我国农业 TFP 的地区性差异表现出“V”形的动态变化。

关于我国 TFP 与要素配置效率方面的研究，颜鹏飞等（2004）通过 DEA 方法以 1978 年为起点测算中国经济的总体 TFP 变化趋势并对其进行效率分解，发现推动中国经济增长的主要来源是技术效率水平的显著提高。涂正革等（2005）对 1995—2002 年我国中大型企业的 TFP 变化进行分解，发现企业投入要素的资源配置效率对企业产出增长所做出的贡献较小，仅为 0.02%。朱喜等（2011）通过要素价格扭曲研究农业投入要素的配置效率，以此来分析要素配置效率对中国农业 TFP 的作用。张乐等（2013）进一步引用随机前沿方法，分析出配置效率在不同地区农业 TFP 增长方面所表现出的异质性作用。

3. 关于城镇化对农业生产影响的研究

城镇化对于农业结构调整具有重要意义（何忠伟，2004）。基于熊健益的研究成果（2003），诸多学者对城镇化与农业生产结构的相关关系进行定量实证分析。代斌等（2013）运用 SUR 模型对山东省城镇化发展与农业产业结构调整的关系进行研究，发现山东省的城镇化进程与农业产业结构变动相关且表现出正向相关关系。崔宇明等（2013）运用山东省面板数据进行实证研究，发现山东的城镇化水平与农林牧渔业产值保持长期均衡的关系。项光辉和毛其淋（2016）采用工具变量两阶段最小二乘法（2SLS）深入研究农村城镇化对农业产业结构的影响，发现农村城镇化显著降低农业产业的比重。

鉴于城镇化对农业 TFP 增长的影响具有重大的研究意义，本研究梳理已有重要的城镇化与农业 TFP 方面的文献，表 7-1 整理归纳了近年来相关文献的数据选择、研究方法和主要结论等。

表 7-1 关于城镇化与我国农业生产效率的已有研究

文献作者	研究时段	变量选择	研究方法	研究结论
罗能生等（2013）	1999—2011 年	人口城镇化指标、生态效率	IPAT 模型	城镇化水平对我国生态效率的影响呈现“U”形非对称的曲线关系
杨森平等（2015）	1995—2012 年	人口城镇化指标、城乡居民收入数据	泰尔指数、非线性回归模型	城镇化水平与城乡收入差距呈现倒“U”形关系
高帆（2015）	1992—2012 年	农业投入要素、第一产业增加值等	DEA - Malmquist 指数方法	农业技术进步是推动我国农业 TFP 增长的主要因素
赵丽平等（2016）	1994—2012 年	人口、土地、经济、生态压力城镇化指标	面板数据模型	四种城镇化指标对全国粮食生产环境技术效率的影响方向不同，且依据粮食功能区的划分所产生的影响程度也存在差异

续表

文献作者	研究时段	变量选择	研究方法	研究结论
赵丽平等（2017）	1998—2016年	人口、经济、土地城镇化指标	误差修正模型	城镇化与粮食生产技术效率的短期负向效应要小于长期正向效应，并根据不同的粮食功能区产生差异
何悦和漆雁斌（2019）	2003—2014年	人口、土地、经济、环境压力城镇化指标	DEA-Tobit模型	人口城镇化对粮食生产技术效率的影响为倒“U”形曲线关系
武宵旭等（2019）	1997—2016年	常住城镇化指标、就业城镇化指标	面板固定效应模型、面板空间杜宾模型	常住城镇化与就业城镇化促进我国农业TFP的增长
程琳琳等（2019）	1997—2014年	人口、经济、土地、社会城镇化指标，农业全要素碳生产率	空间杜宾模型	人口与社会城镇化对农业碳生产率的提高有负向作用，综合城镇化指标不利于农业碳生产率的提高

目前关于城镇化与农业生产效率的定量分析文献较少，该领域在近些年才逐步受到学者的重视，因此搜索到的文献比较新。上述研究根据不同的数据、不同的方法所得出的城镇化对农业生产效率影响的结论也有所差异。通过对上述文献的整理归纳，可以发现一般会把城镇化指标划分为人口城镇化指标、土地城镇化指标、经济城镇化指标、社会城镇化指标和生态压力城镇化指标等多个维度，其中人口城镇化是我国新型城镇化的核心，因此在城镇化的文献研究中它被认为是最关键的指标，本研究选取人口城镇化率作为衡量城镇化发展状况的指标。此外，我国农业全要素生产率保持增长趋势，其中农业技术进步和资源配置效率的提高是促进我国农业全要素生产率增长的主要因素。另外，也有相关文献研究城镇化与城乡收入差距、粮食生产效率、生态效率的非线性关系，同样也得出“U”形曲线关系和倒“U”形曲线关系的不同结论。

4. 研究述评

大多学者在研究农业全要素生产率增长的动态演变问题中并没有详细考虑城镇化这一重要因素的影响。无论是从理论背景还是现实背景来看，可以看出城镇化对我国的农业生产是有重要影响的。在城镇化进程中我国的农业TFP存在着动态演变的趋势，但是城镇化影响农业TFP的路径和机制尚未得到明晰的研究。因此，探讨城镇化这一关键因素对农业TFP的影响方向和影响程度很有必要。

在对城镇化与农业 TFP 的已有研究中，大部分的实证研究也并未考虑空间因素，多采用静态面板模型、动态面板模型和时间序列分析模型，很少使用空间计量模型，因而对城镇化影响农业 TFP 的空间溢出效应的研究相对较少。本研究从空间视角出发，提出研究假设：人口城镇化对农业投入要素和农业产出具有“虹吸效应”和“涓滴效应”，城镇化与我国的农业 TFP 存在“U”形曲线关系，并且城镇化与农业 TFP 具有强烈的空间依赖性和空间聚集性。本章以中国 31 个省份（不包括中国台湾和港澳地区）作为主要的研究对象，考虑到不同区位的相互作用，采用空间杜宾模型分析城镇化对农业 TFP 的空间溢出效应。

（二）理论基础

1. 城镇化的经济效应理论

一直以来，城镇化的产生与发展进程都被认为是学界的研究热点之一，最初荷兰的经济学家贝克提出“二元结构”的系统性概念。后来，这个概念由 Hirschman（1958）从技术发展方面进行阐释，并且由 Myrdal G.（1957）从政策评估方面做出探索，从而使该理论的广度和深度获得一定的扩展。1995 年，美国经济学家刘易斯（1955）正式在著作《经济增长理论》一书中提出“二元经济”的理论框架。刘易斯（1954）在《劳动力充分供给条件下的经济发展》一文中提出如下观点：传统农业部门劳动力的充分供给形成二元经济结构的基本条件和内在特征。在劳动力流转的过程中，假定工人所获得的基本报酬不变，劳动力转移的边际成本为零，城市工业部门的生产效率要远高于农村农业部门的生产效率，工业部门所获得的全部收入和利润能够转化为再投资。该模型设定如下的基本假设：劳动力流动不存在阻碍、劳动力和人力资本均质化、要素资源完全流动配置。其中，“刘易斯拐点”更被认为是发展中国家发展经济过程中存在的普遍现象，即劳动力由充足状态转变为短缺状态的转折点。在工业化和城镇化的进程中，农村的剩余劳动力逐步向工业部门和服务业部门转移，劳动力资源逐渐短缺，最终达到劳动力市场的“瓶颈”状态。中国的城镇化进程也印证了这一理论，中国具备典型的城乡二元经济结构特征，并有学者提出随着“刘易斯拐点”的到来，廉价劳动力在中国经济发展中所起到的边际作用逐渐减弱，最终中国在发展过程中可能无法再享受“人口红利”。

随后，经济学家拉尼斯、费景汉和托达罗根据刘易斯的二元经济理论进行深入的扩展和阐释，分别提出拉尼斯—费景汉模型（Ranis G. et al.，1961）和托达罗模型（Harris et al.，1970）。拉尼斯—费景汉模型从动态变化的视角出发尝试求解农业与工业的二元均衡增长，该模型的核心观点在于强调农业增长对整体经济发展的重要性。托达罗模型从微观角度出发解释人口流动的动机和决策，主要原因在于公民对城乡收入差距形成个人的理性预期从而可能产生迁移的决策，该模型针对城乡收入差距扩大的问题提出应重视农业和农村的发展以解决社会矛盾。霍华德从社会实践的角度出发，提出全新的城乡一体化的田园型发展模式，而麦吉（1989）针对亚洲部分地区提出“Desa-kota”的城乡一体化发展模式。

2. 全要素生产率理论

经济增长的动力和全要素生产率的计算校正一直是学术界关注的热点。从通常的概念来讲，全要素生产率代表生产力，全要素生产率的提高是生产结构的优化与生产力的发展。全要素生产率的增长率被定义为生产所投入的全部生产要素（土地、劳动力、资本等基本生产要素）的投入量不发生变化时总产出仍然能够继续增加的部分。20 世纪 50 年代，美国经济学家、诺贝尔经济学奖获得者 Robert M. Solow（1957）是最早测算全要素生产率的学者之一，他在规模报酬不变和技术中性进步的前提假设下设定总量生产函数和经济增长方程，在剔除各种投入要素的贡献后计算得到残差。这个残差也称“索洛残差”，用来反映技术进步的贡献。肯德里克（1961）把土地要素划为资本要素，认为经济活动中的基本投入要素为劳动和资本；此外，他把资本又详细划分为无形资本和有形资本，除了有形资本能够显著提高企业的生产率以外，典型的无形资本，如教育、知识水平、科研（R&D）投入等要素的增加同样也为提高生产率带来积极影响。美国经济学家丹尼森（1981）进一步把可能影响全要素生产率的因素细化为以下几个类别：劳动力人数、性别以及年龄构成等、劳动力受教育程度、资本存量、规模经济、要素配置和知识贡献等。各国生产率增长之所以有差异主要是受到资源禀赋配置效率、规模经济效应和科技水平差异的影响。

目前，国外在农业 TFP 增长方面已经进行了广泛、深入的研究，主要从不同的视角来研究农业全要素生产率增长的影响因素和地区差异。早期，亚当·斯密等经济学家就提出“农业部门生产率增长速度要普遍低于制造业部门”这一观点。Rosegrant 和 Evenson（1992）对印度的农业 TFP 进行测算，发现农作物全要素生产率的增长对印度农业部门 TFP 增长的贡献超过 30%，并且以农业技术进步为主导因素。Martin 和 Mitra（1999）根据亚当·斯密这一观点，对相关国家的农业与工业 TFP 进行测算，但得出与亚当·斯密相反的结论，即制造业部门的全要素生产率要低于农业部门的全要素生产率，并将其归结为农业部门的技术扩散更具有效率。Gutierrez L. 和 Grtierrez M. M.（2002）通过研究发现国际和国内 R&D 投入和地理区位也是影响农业 TFP 的重要因素，在农业生产技术扩散的过程中温带地区国家比热带国家受益更多，而 R&D 的投入却能够在热带国家获得更高的回报。Paudel 和 Sambidi（2004）从农业 TFP 敛散性的角度出发，研究发现美国各州之间的农业 TFP 并不存在收敛趋势，但是在地区内部农业 TFP 呈现收敛的趋势，且州际间的农业 TFP 差异受到人力资本质量的影响。

3. 空间相互作用理论

空间一直是学者关注的重要研究维度。空间所包含的重大经济内涵主要表现为空间区位因素对人类社会经济活动所产生的重要影响。新经济地理学的发展与成熟逐步使主流经济学派更加注重对空间效应的分析。托布勒曾经提出著名的“地理学第一定律”（Tobler's First Law），指出任何事物之间都是相互关联的，只不过相近的事物关联更紧密（Harvey J. Miller，2004）。事物之间距离越近，关联度就越强，反之则越弱。这一定律广泛体现在人类社会生活和经济管理活动的各个层面。这一现象可以进一步由距离衰减规律予以解释：随着距离的增加，要素的流动成本和交通成本是不断增加的，而要素流动与人类经济活动的数量和质量是不断减少的。缪尔达尔研究地区之间的相互作用关系，他认为空间效应受到地理、经济和文化等因素的影响，发达地区经济的增长必然会对周围地区产生作用。落后地区受益于发达地区的带动作用称为“涓滴效应”，发达地区对落后地区的抑制作用称为“极化效应”。赫希曼（1984）对这两种效应进行分析和比较，他认为在漫长的经济发展历程中“涓滴效应”会最终让周边地区受益。

德国古典区位理论学派的代表人物冯·杜能（1986）在其著作《孤立国同农业和国民经济的关系》中从空间经济学的角度出发首次详细阐述农业区位理论。廖什在 1939 年出版的著作《区位经济学》中，首次在空间分析理论中应用主流经济学派的一般均衡理论。美国著名经济学家克鲁格曼参与著作

The Spatial Economy，并且参与构建空间经济理论，成功把空间因素纳入主流经济学的分析框架（Masahisa Fujita et al.，2001）。克鲁格曼在2008年因为国际贸易方面和经济地理方面的研究贡献获得诺贝尔经济学奖。与此同时，空间计量经济学获得蓬勃发展。空间计量经济学能够弥补传统的计量方法在空间效应研究上的缺陷，能够更加准确地检验、识别不同变量之间存在的空间效应的作用路径和作用强度等。

4. 理论总结

城镇化是我国社会经济发展的引擎，是影响我国农业TFP的重要因素。城镇化有助于释放我国的内需潜力，逐步稳健地推进城镇化建设进程，对于解决“三农”问题、实现“乡村振兴”具有重大的现实意义。对我国农业TFP来说，城镇化兼具正向的促进作用和负向的抑制作用，是一把“双刃剑”，需要进一步厘清其具体的影响机制。目前，我国关于城镇化对农业TFP的影响作用机制的研究，学界的观点并不完全一致，从不同的研究视角出发甚至可能得出相反的研究结论。如图7-2所示，本研究对以前的研究成果进行整合，拟从以下角度分析城镇化可能给农业TFP带来的正向影响和负向影响：

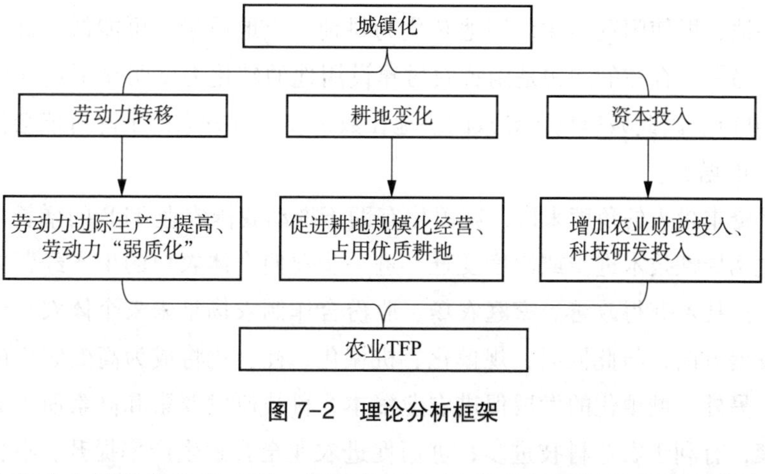

图7-2　理论分析框架

从劳动力转移的角度来讲，城镇化对农村劳动力资源的配置可能存在正、负两种方向的影响。一方面，城镇化引起的农村劳动力转移有助于减少农村劳动力“过密化”“内卷化”的现象（王跃梅等，2013），同时随着农村劳动力向非农产业转移会使农村劳动边际生产力显著改善，有助于劳动生产率的提高，进而从一定程度上提高农民的收入水平（李谷成等，2008），并对农业全要素生产率的增长起到推动作用。另一方面，城市较高的生活水平和较好的发展机会吸引农村青壮年劳动力的转移（Regmi et al.，2002），使越来越多的妇女、儿童和老人留守在农村，农村地区的人力资本质量逐渐变低，呈现出“弱质化”“老龄化”“女性化”和受教育水平较低的特点。由于缺少高素质的农业劳动力，农村地区的现有劳动力并不能推广先进的农业生产技术和规模化的生产经营模式（陈锡文等，2011），从而对农业全要素生产率产生负面影响。

从农业土地利用的角度来讲，也存在双向的作用。一方面，随着城镇化的开发，可以充分利用未开发的耕地资源，进一步开发和整合农村的荒地，使土地能够连块成片经营，推动农村土地规模化、集约化利用（杨丽梅等，2011），从而使土地要素在质量和数量两个方面都能够得到保障。从土地流转的角度来讲，城镇化发展促进大量人口由农村流向城镇，农民相对变少，而可利用的耕地相对变多，为实现我国的农户规模化经营提供便利的发展条件，城镇化能够在一定程度上提高农地市场的土地流转效率（王晓兵等，2011），进而提高农业 TFP。另一方面，城镇化的推进也会导致大量耕地被占用，这个问题在我国的东部地区、中部地区的城镇化建设中表现得尤为突出（Deng J. S. et al.，2011）。虽然有耕地增减挂钩政策的限制，但城市建设占用的多为优质耕地，即使闲置的建设用地转化为耕地，土地质量也可能低于被占用的耕地，另一个存在的问题是闲置农村建设用地的转化力度明显不足（张佰林等，2011）。因此城镇化所导致的耕地在数量和质量方面的下降可能会抑制农业 TFP 的增长。

从资本投入的角度来讲，城镇化有助于推动我国农业 TFP 的增长。城镇化通过诱导性技术进步或制度变迁，进一步促使个体农户的生产经营方式和农业生产技术获得改善。家庭农场、股份合作制农场是未来个体农户经营体制的发展方向，与此同时，规模化、机械化、社会化将成为高效农户的主要特征。另外，城镇化的发展促进农业资本、科技研发要素和高素质人力资本的集聚，有利于农业科技进步，进而促进农业全要素生产率提升。在城镇化迅猛发展的同时，城乡之间的沟通与联系更加密切，城市的制造业和服务业的快速发展可以有效提高财政收入和科研投入，有利于基础设施建设和农业技术推广普及，有利于更多财政资金投入到农业部门，从而可以明显提高农业 TFP（柳建平等，2009）。

三、我国城镇化与农业生产的发展现状

（一）我国城镇化的发展现状

城市是人力资本提升、技术革命和制度创新的源泉，是国民经济增长的核心驱动因素之一（Lucas，1988）。城镇化的发展符合人类社会和经济发展的客观规律，与经济增长以及社会进步关系密切（库兹涅茨，1989）。新中国成立以来，我国的城镇化发展速度明显加快，发展质量显著提高，同时城镇化发展为我国整体经济规模的增长和产业结构升级起到巨大的推动作用。人口城镇化是城镇化进程的核心特质，目前我国学界和政府工作中常用的城镇化率指标为我国城镇常住人口与我国总人口的比值。根据我国城镇化发展的规律特点，可以划分为三个阶段：1949—1978 年的探索发展阶段，城镇化率由 10.61%提高到 18%；1979—2011 年的快速发展阶段，城镇化率由 18%提高到 51.27%；2012 年至今的提速发展阶段。

随着《国家新型城镇化规划（2014—2020 年）》的公开发布，中国政府再一次重申城镇化建设的重要意义和必要性，这份规划为推进我国城镇化建设提供了正确的指导。新型城镇化的本质特征在于“新”，具体表现为在中国共产党领导下具备中国特色社会主义的城镇化发展道路。新型城镇化注重对传统农业生产部门、工业生产部门、高新技术产业部门、制造业部门以及服务业部门等多产业的协调发展，同时注重整体城镇化发展的空间布局和城市基础设施建设跟进（王娜，2014）。新型城镇化对于促进城乡融合、保护生态资源和环境、推动社会经济的可持续发展能发挥巨大的作用。

在我国的城镇化发展进程中，人口城镇化是城镇化发展的核心特征。人口城镇化指的是城市在大量吸收农村转移人口的同时，为转移人口提供就业、教育、医疗等社会公共服务，而转移人口能够为城市提供人力资本、消费、投资等。农村人口转为城镇人口具体表现在两个层面：一是农村人口转变为城市人口的数量变化；二是生活方式、消费模式和心理状态等方面的转变给人民群众生活质量所带来的提升（何平等，2013）。目前学界通常将城镇常住人口的比例作为城镇化的衡量指标，而农业人口与非农业人口的划分是以户籍作为标准的。由图 7-3 可以看出，近十几年来我国的城镇化率保持着稳定上升的趋势，从 2004 年的 42%到 2019 年的首次突破 60%，城镇化年均增长率稳定保持在 1%以上。但是，我国距离世界发达国家平均城镇化率（70%）的水平差距显著，尤其是在城镇化发展质量上应该全力追赶，注重保障原有城市居民与新型市民的生活水平，提供均等化且完善的社会服务，协调农业

部门与二、三产业部门的均衡发展。

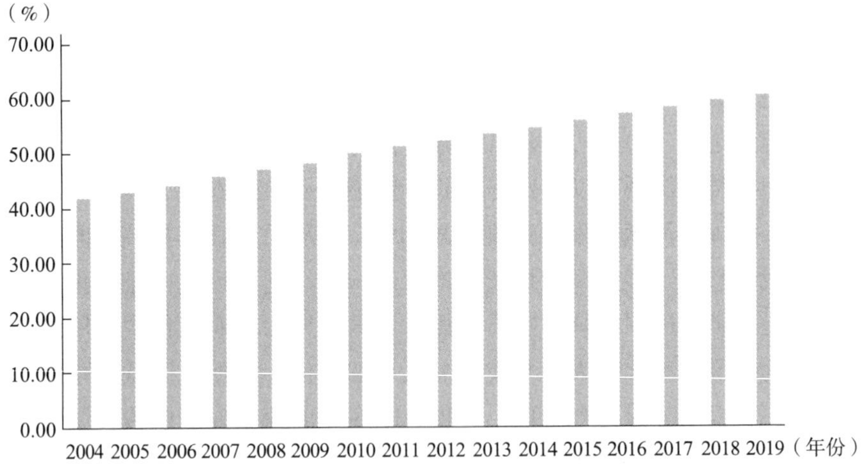

图 7-3 2004—2019 年我国的城镇化率

数据来源:《中国统计年鉴》(2005—2020)。

目前,在全国范围内我国的城镇化发展空间布局已经基本形成,初步建成以京津冀地区、长江三角洲地区、珠江三角洲地区等为主的城市发展体系(赵颖,2008)。与此同时,城镇化建设取得一系列成就,城市数量和建成区面积大幅增加,为吸纳农村人口提供充足的生活居住空间;城市人口规模显著扩大,户籍人口从 1949 年的 3949 万人增加到 2017 年的 48356 万人,越来越多的人口享受到了城镇化带给市民的各方面福利;城市经济实力显著增强,城市经济总量占 GDP 比重从 1988 年的 50%提高到 2017 年的 63%,城市经济在国民经济中发挥着越来越重要的作用;在县域层面,特色小镇蓬勃发展,截至 2018 年底,全国特色小镇数量已有数千个,对于带动县域经济发展起到关键作用。我国新型城镇化建设进程正在不断加速,一方面积极培育发展现代化都市圈,形成辐射作用有效推动周边地区经济发展;另一方面支持大量的特色小镇根据地方自然资源禀赋、人文经济状况有序发展地方特色产业,进一步加快推动小城镇建设。

然而我国人口城镇化发展过程中也存在某些问题:一是农村人口的市民化进程滞缓,导致我国的户籍城镇化率仍然远低于常住人口城镇化率。截至 2018 年,我国常住人口城镇化率与户籍人口城镇化率相差 16.21%。这 16.21%的差距说明,有接近 2 亿在城市生活的人尚未拥有城镇户口,缺少户口的认证导致这部分群体可能无法像正常市民一样充分享受到医疗、教育和其他社会服务等权利。二是生态环境污染成为制约城镇化良性发展的重要阻碍，土地污染、大气污染、水污染、土地污染，以及工业废水、废气、固体废物的排放等问题日益严重，并且可能存在着污染源扩散的趋势。如果不注重保护环境，城市的发展可能会对城市周边地区的生态环境产生巨大的威胁。

（二）我国农业生产的发展现状

由图 7-4 可知，2004—2017 年，我国的种植业总产值由 20810.05 亿元增长到 58059.73 亿元，增幅高达 179.00%，这 14 年间种植业总产值的年均增长率保持在 4.5%以上。除了 2007 年和 2017 年种植业总产值有所下降外，其他年份我国的农业产值整体保持着稳定增长趋势。我国的粮食总产量同样在较高产量水平的基础上逐年增加，从 2004 年的 4.69 亿吨增长到 2015 年的 6.21 亿吨，年均粮食总产量增长率保持在 2.3%以上，实现成效显著的粮食产量“十二连增”。虽然在 2016 年粮食总产量有所下降，但是在 2017 年我国的粮食总产量达到历史最高峰（6.61 亿吨）。并且自 2013 年起我国的粮食总产量稳定保持在 6 亿吨以上，稳定的粮食增产对我国实现粮食安全做出了巨大的贡献。这段时期我国种植业总产值和粮食总产量实现稳定持续增长的主要原因在于 2004 年以来国家出台的“中央一号”文件。政府通过“中央一号”文件连续多年推行一系列扶农惠农的农业支持政策，如取消农业税，增加农田农机补贴、农业保险补贴以及农产品最低价格收购等农业支持政策，极大地调动了农民的务农积极性，维持农产品市场的价格稳定，把农产品销售风险降到最低，使农民获得真正的收益，从而刺激农业产值和粮食总产量稳定增长。

图 7-4　2004—2017 年我国种植业总产值和粮食总产量的变化趋势

数据来源：历年《中国统计年鉴》。

土地是发展农业生产的必备条件，其中耕地资源总量大、人均耕地占有量低是我国耕地资源的基本特点（王浩等，2013）。如图 7-5 所示，2004—2017 年，我国的耕地资源总量常年保持在 1.2 亿公顷以上，并呈现出先降后升的特点。这说明国家所实施的“严守 18 亿亩耕地红线”的政策得到很好的贯彻和实施，使我国具备充分的耕地储备资源以确保粮食安全。同时我国是世界上最大的化肥生产国和化肥施用国，2004—2017 年化肥施用量从 4636.8 万吨增长到 5859.4 万吨，增幅达到 26%以上，在未来的几年里化肥施用量很可能突破 6000 万吨。大量学术研究表明，农业面源的主要污染来源之一就是化肥农药的过度使用，实际上我国的化肥有效利用率不足 50%，农药有效利用率仅为 1/3（叶恩发等，2004）。多年来化肥农药在缺少管制的情况下过量使用不但无益于农产品产量的提高，而且会对耕地质量造成严重的损害。

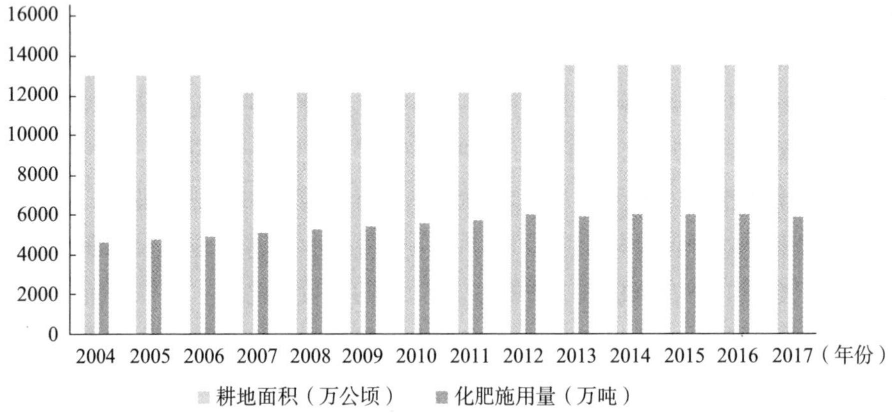

图 7-5　2004—2017 年我国耕地面积和化肥施用量的变化趋势

数据来源：历年《中国农村统计年鉴》。

现代农业生产体系的建立离不开高水平的农业机械化支持，农业机械化的推广与应用是调整农业生产模式的主要措施之一。由图 7-6 可知，我国农业机械使用量呈现出总体上升的趋势，农业机械总动力从 2004 年的 6.4 亿千瓦增长到 2017 年的 9.9 亿千瓦，年均增长率为 3.39%。在 2015 年，农业机械总动力达到顶峰的 11.17 亿千瓦。多年来，高水平的农业机械使用量说明我国的农业机械推广达到较好的效果。但在农业机械推广的过程中也存在一系列问题，如农业机械产品主要来源于国外、国内农业机械制造水平较低、农机购置成本高和农机收益见效慢等（郭震宇等，2015）。与此同时，我国的第一产业从业人数呈现出不断降低的变化趋势，农业劳动力数量以较低的速度逐年减少，从2004年的3.11亿人减少到2017年的2.61亿人。农业劳动力数量的逐年降低与农村劳动力向城镇转移密切相关，人口城镇化是劳动力数量减少的重要原因之一。目前，由农村向城镇转移的劳动力呈现出以下特征：转移劳动力的年龄水平整体低于农业劳动力的年龄水平，多数人在35岁以下；转移劳动力的受教育水平较高；转移劳动力的男性比例远高于女性比例；转移劳动力的家庭经济水平位于中上等（蔡昉等，2006）。转移劳动力的特征能在一定程度上反映目前我国农村的农业劳动力呈现出老龄化、知识水平较低、女性所占比重较大等特点，农业劳动力的人力资本质量下降不利于农业的规模化生产和农业生产效率的提高。

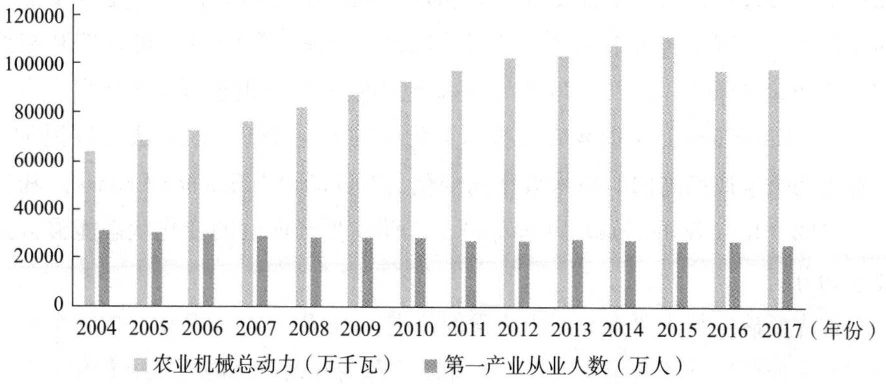

图7-6　2004—2017年我国农业机械动力和第一产业从业人数的变化趋势

数据来源：历年《中国农村统计年鉴》。

四、我国农业全要素生产率的测算与结果分析

（一）农业TFP测算理论与方法

目前学界关于测算我国农业TFP的方法主要有两种：以参数特征为基础的随机前沿分析方法和以非参数特征为基础的数据包络分析方法。Aigneret等（1977）首先提出随机前沿分析方法，Meeusen和Broeek、Battese和Coelli（1995）在其理论基础上不断加以修正和完善，使其获得更加广泛的应用。随机前沿分析方法的核心在于构造出一个具有具体生产前沿面的前沿生产函数，对生产函数的参数形式、方程构造和误差项设定具有严格的要求，把除要素贡献能够解释的部分以外的增长视为全要素生产率的贡献；数据包络分析方法是崭新的交叉学科的研究成果，涉及数学、运筹学等多门学科知识的联合应用。Charnes A. 和Cooper W. 等（1978）联合构造开发数据包络分析方法。

DEA实际上是以运筹学理论为基础创造出的方法，该方法以非参数估计核心特征，与SFA恰好相反，并不需要确定具体的投入产出的方程函数形式，只需要根据投入数据和产出数据，建立优化有效的非参数估计模型就可以估计出有效的生产前沿面，进而可以在时间维度上和空间维度上比较不同生产决策单元（Decision Making Unit，DMU）的效率差异和动态演进趋势。

由于随机前沿函数需要设定方程函数形式和技术非效率项的分布模式，在设定方程的过程中可能会存在偏差，进而使整体模型的估计结果产生偏误，导致计算的TFP结果的可信度降低。而DEA是以线性规划为核心计算生产决策单元的生产效率，实际上是进一步精确化处理实际观测数据，相对来说更加易于处理数据，并且不需要考虑价格因素的波动与影响，在一定程度上能够规避非技术因素所带来的估计结果的偏误。根据已有的关于农业TFP测算文献的经验（Coelli et al.，2005），本研究在假定CRS的前提下采用以产出为导向的DEA-Malmquist指数方法来测算我国的农业TFP，该方法可以把TFP分解为两个生产期之内的技术效率的变化（Technical Efficiency Change）和技术进步的变化（Technological Change），从而使生产前沿的变化状态能够得到观察和分析。

首先要确定投入要素和产出要素的范围，$x \in R+n$，$y \in R+n$，把整个生产周期的生产可能性集合定义为S_t，S_t可以解释为在时期t内投入x能够产出y的可能性集合，并且把S时期的生产活动定义为（xs，ys），并得到产出距离目标函数为

$$D(x,\ y)=[sup\{\theta:\ (x,\ \theta y)\in S\}]^{-1} \qquad (7-1)$$

假定存在k个决策单元（DMU），$k=1，2，3，\cdots，K$，时间$t=1，2，3，\cdots，T$，共计投入要素的种类为$n=1，2，3，\cdots，N$，可获得的产出为$m=1，2，3，\cdots，M$。由生产决策单元构造CRS的生产可能性集合（S_t）：

$$S_t=\{(X_t,\ Y_t)\} \qquad (7-2)$$

根据Chung和Fare（1995）的方法，在方向距离函数的基础上求得在t时期和$t+1$时期的Malmquist生产率指数，对生产率指数进行几何平均化的处理，就可以得到全要素生产率：

$$M_0^{t+1}=D_0^{t+1}\ (X^{t+1},\ Y^{t+1})\ /D_0^t\ (X^t,\ Y^t) \qquad (7-3)$$

进一步可以把全要素生产率进行分解，分别得到技术效率的变化情况（ΔTE）、技术进步的变化情况（ΔT）和规模效率的变化情况（ΔS）：

$$TFP=\Delta TE\cdot\Delta T\cdot\Delta S \qquad (7-4)$$

（二）数据来源与变量选取

1. 数据来源

考虑到2004年起政府连年颁布的“中央一号”文件对中国农业生产所起到的巨大推动作用，本研究选取2004—2016年全国31个省份（其中不包含中国香港、澳门和台湾地区）的数据，数据均来自官方的公开统计年鉴，包括《中国统计年鉴》《中国农村统计年鉴》和《中国农业年鉴》等。

2. 变量选取

本研究选取DEA-Malmquist指数核算中国农业全要素生产率，选取第一产业增加值作为产出变量，选取农业机械总动力、第一产业从业人数、农作物播种总面积、有效化肥施用量作为投入变量（见表7-2）。

农业产出：选取第一产业增加值作为产出变量，相较于农业产值而言，第一产业增加值能够在一定程度上规避“中间消耗”的影响，更加准确地表现农业产出增量的变化。此外，本研究以2004年作为基期对产出变量进行价格平减处理，以减少价格因素和通货膨胀对估计结果产生的干扰。

劳动力投入：以第一产业就业人数作为衡量劳动力投入的指标，该指标能在一定程度上反映不同时期内农业劳动力的实际利用情况。

土地投入：以农作物播种总面积作为衡量土地投入的指标，相比耕地面积，农作物播种总面积能够兼顾复种、补种、休耕等因素的影响，衡量方式更加科学。

机械投入：以农业机械总动力作为衡量机械投入的指标，包括农作物播种、保护、收获等生产环节和林牧渔产业所使用机械动力的加总。

化肥投入：以实际用于农业生产的氮肥、磷肥和复合肥等化肥的施用数量（折纯量）衡量化肥投入。

表7-2　农业全要素生产率产出投入指标介绍

指标	变量	变量说明
产出	农业产出	第一产业增加值（亿元）
投入	劳动力投入	第一产业从业人数（万人）
	土地投入	农作物播种总面积（万公顷）
	机械投入	农业机械总动力（万千瓦）
	化肥投入	有效化肥施用量（万吨）

（三）我国农业全要素生产率的演变分析

1. 我国农业全要素生产率的因素分解

图 7-7 从时间维度上展现了 2005—2016 年技术效率指数（TEC）、技术进步指数（TP）、纯技术效率指数（PEC）、规模效率指数（SEC）的动态演进趋势，通过图 7-7 可以更好地把握四种指数的整体变化情况。整体而言，以上四种效率指标在一定程度上都存在着不同幅度的波动状况，并没有出现单方向的趋势性的增加或减少。其中，规模效率指数（SEC）、技术效率指数（TEC）和纯技术效率指数（PEC）围绕 1.00 的水平上下波动，在某些情况下三种指数明显小于 1，说明这三种指数并未保持连续不断的正增长，甚至在某些情况下出现负增长，在一定程度上这三种指数存在着不同程度的恶化。同时这三种指数的波动呈现出相对来说较为一致的趋势，说明其变化规律具有一定的相似性，并且从 2013 年起更加趋向于平稳且更接近 1.00。

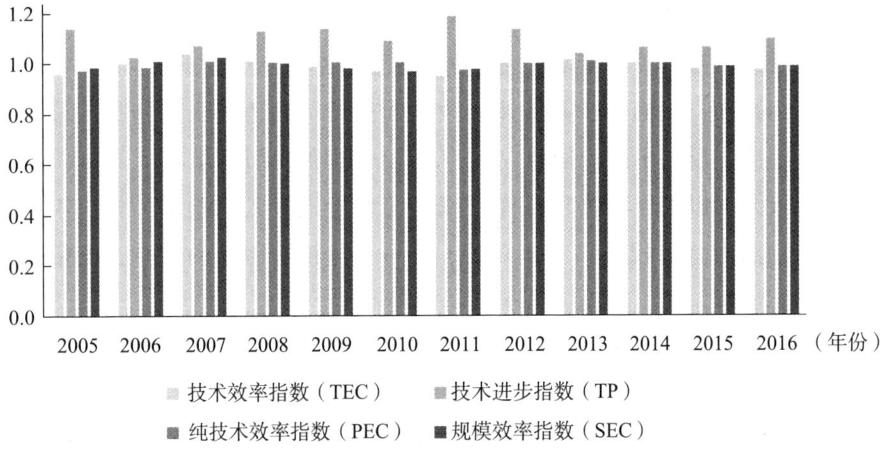

图 7-7　2005—2016 年全国农业全要素生产率的因素分解

然而技术进步指数（TP）整个期间始终保持在 1 以上，保持着持续积极稳定的增长趋势，说明我国农业 TFP 持续稳定的增长的主要动力之一是技术进步，技术进步的作用要大于技术效率的作用，其原理在于农业生产前沿面整体性的向外移动使生产效率空间的总容量扩大，而并不是生产函数向生产前沿边界的扩展（高帆，2015）。在某些年份技术效率指数小于 1，技术进步指数长期维持正增长的趋势，说明在一定时期内存在技术效率指数恶化的情况，而技术进步指数却呈现出增强的趋势。我国的农业技术进步有效推动农业 TFP 的增长，但是由于对农业技术并未充分有效利用，因此在农业生产过程中存在不同程度的技术效率损失。

2. 我国农业全要素生产率对农业产出增长的贡献分析

通过表 7-3 可以更加准确地了解我国农业生产中五种指数的增强效应或恶化程度，同时在一定程度上衡量我国农业 TFP 增长对农业产出增长的贡献程度。其中技术效率指数和规模效率指数在较多的年份小于 1，存在较为严重的效率恶化状况，而纯技术效率指数的恶化程度相对较弱。技术进步指数和农业 TFP 保持稳定的增强效应，长期保持着稳定的正增长，其中技术进步指数的年均增长率为 9.8%，农业 TFP 的年均增长率为 4.80%。由于 DEA-Malmquist 测算的是同一省份两期之间的农业全要素增长率，为了有相同的比较基准并且把握农业全要素生产率的长期演变趋势，可将 2004 年作为基期，通过折算DEA-Malmquist 指数的方法计算不同时期所对应的农业 TFP 累计增长率。因此可以设定 2004 年的农业 TFP 为 1，由表 7-3 可知，2016 年我国的农业 TFP 累计增长率达到 2.747，意味着从 2005—2016 年我国的农业 TFP 累计增长率提高 2.747 倍，有着较大幅度的提高。在研究周期内，农林牧渔业的年均产值增长率为 8.90%，可以计算得到农业 TFP 增长对农林牧渔产值增长的年均贡献率为 53.7%，占比超过一半以上，说明农业全要素增长是推动我国农业生产的核心动力，而并非以农业投入要素的贡献为主，这个研究结论也与相关的文献一致（Cao et al.，2013）。此外，我国农业 TFP 增长对农业产业的贡献并未呈现出一致性的稳定趋势，随着时间的推移农业 TFP 的贡献程度也不一样。比如在 2005 年、2009 年、2012 年、2014 年和 2016 年会出现贡献指数大于 100%的现象，有着明显的周期波动模式。

由于分析的生产周期是 2005—2016 年，因此不可避免要考虑到“中央一号”文件对我国农业生产所起到的推动作用。我国政府高度重视“三农”问题，采取农产品最低收购价格、农业生产补贴、农业保险补贴和免除农业税等农业支持政策调动农民进行农业生产的积极性，在很大程度上刺激了农业要素投入和农产品供给，这些措施都直接或间接地提高了我国的农业全要素生产率。另外，考虑到中国加入世界贸易组织（WTO），国内农产品不可避免地受到美国、加拿大和澳大利亚等农业出口大国的优势农产品的冲击，国内的农业生产企业为保障农产品的市场占有份额和维持农产品的竞争力，会自主学习和应用先进的农业生产技术并进行推广，实现诱导性技术进步，从而间接推动农业 TFP 的提高。同时，2004—2016 年也是我国城镇化的中高速发展时期，城镇化通过影响农业投入要素结构和农产品需求结构，实现诱导性技术进步或制度变迁促进农业经营体制和技术模式的日益现代化，先进农业生产技术的推广进一步促进我国农业生产的可持续增长。

表 7-3 我国农业全要素生产率的因素分解及贡献分析

年份	技术效率指数（TEC）	技术进步指数（TP）	纯技术效率指数（PEC）	规模效率指数（SEC）	农业 TFP 增长率（%）	农林牧渔产值增长率（%）	TFP 增长率/农林牧渔总产值增长率（%）	TFP 累计增长率（%）
2005	0. 962	1. 137	0. 975	0. 986	9. 30	8. 90	104. 90	1. 093
2006	0. 997	1. 027	0. 987	1. 010	2. 40	3. 40	69. 60	1. 119
2007	1. 039	1. 072	1. 013	1. 026	11. 40	19. 80	57. 60	1. 247
2008	1. 013	1. 129	1. 009	1. 004	14. 40	18. 60	77. 30	1. 426
2009	0. 986	1. 139	1. 002	0. 984	12. 30	4. 10	302. 40	1. 602
2010	0. 969	1. 092	1. 002	0. 967	5. 70	14. 80	38. 40	1. 693
2011	0. 952	1. 188	0. 974	0. 978	13. 10	17. 30	75. 80	1. 915
2012	1. 004	1. 138	1. 004	1. 000	14. 20	9. 80	145. 50	2. 187
2013	1. 016	1. 041	1. 012	1. 004	5. 80	8. 70	66. 70	2. 314
2014	1. 003	1. 063	1. 002	1. 001	6. 60	5. 40	122. 40	2. 466
2015	0. 979	1. 061	0. 99	0. 989	3. 90	5. 00	78. 10	2. 563
2016	0. 976	1. 097	0. 989	0. 987	7. 20	4. 40	162. 40	2. 747
平均值	0. 991	1. 098	0. 996	0. 995	4. 80	8. 90	53. 70	

3. 城镇化进程中我国农业全要素生产率的省际分析

表 7-4 对处于不同城镇化发展水平的各个省份的农业全要素生产率的平均值进行排名，以更好地理解和把握各省份在不同水平城镇化背景下农业全要素生产率的变化特征，以初步分析不同区域省份的城镇化发展状况是否与农业 TFP 具有耦合特性。

表 7-4 城镇化进程中我国农业 TFP 增长率及排名

	2005—2010 年			2011—2016 年			两期排名变化
	城镇化率（%）	农业 TFP 增长率（%）	排名	城镇化率（%）	农业 TFP 增长率（%）	排名	
东部地区	59. 19	1. 100		65. 35	1. 083		

续表

	2005—2010 年			2011—2016 年			两期排名变化
	城镇化率（%）	农业 TFP 增长率（%）	排名	城镇化率（%）	农业 TFP 增长率（%）	排名	
北京	84.72	1.052	30	86.34	1.112	6	24
天津	76.99	1.070	26	81.98	1.097	12	14
河北	41.09	1.112	9	49.08	1.070	21	-12
辽宁	59.90	1.110	10	66.32	1.062	26	-16
上海	88.83	1.116	7	88.88	1.009	31	-24
江苏	54.28	1.150	2	64.74	1.108	9	-7
浙江	57.81	1.101	14	64.53	1.102	10	4
福建	51.53	1.109	11	61.08	1.101	11	0
山东	47.25	1.134	3	54.70	1.069	22	-19
广东	63.30	1.080	21	67.93	1.089	14	7
广西	36.98	1.086	19	45.22	1.078	20	-1
海南	47.57	1.077	22	53.42	1.096	13	9
中部地区	46.39	1.097		53.62	1.085		
山西	44.72	1.128	4	53.09	1.088	15	-11
内蒙古	51.10	1.085	20	59.01	1.057	28	-8
吉林	53.09	1.087	18	54.57	1.048	29	-11
黑龙江	54.51	1.096	15	57.80	1.130	3	12
安徽	39.49	1.107	13	48.47	1.083	18	-5
江西	40.68	1.076	23	49.50	1.109	8	15
河南	34.95	1.117	6	44.56	1.059	27	-21
湖北	45.37	1.071	24	55.08	1.126	4	20
湖南	40.80	1.108	12	48.77	1.068	23	-11
西部地区	36.83	1.086		45.28	1.100		
重庆	49.14	1.052	28	58.91	1.111	7	21
四川	36.53	1.070	25	45.58	1.080	19	6
贵州	29.23	1.064	27	39.23	1.177	2	25
云南	32.22	1.052	29	41.11	1.084	17	12
西藏	21.73	1.045	31	25.16	1.066	24	7
陕西	41.39	1.124	5	51.74	1.114	5	0
甘肃	32.88	1.091	17	40.93	1.086	16	1

续表

	2005—2010 年			2011—2016 年			两期排名变化
	城镇化率（%）	农业 TFP 增长率（%）	排名	城镇化率（%）	农业 TFP 增长率（%）	排名	
青海	41.01	1.095	16	51.63	1.191	1	15
宁夏	44.71	1.151	1	52.94	1.063	25	-24
新疆	39.46	1.115	8	45.61	1.030	30	-22

注：城镇化率为相应时间段内各年份城镇化率的算数平均值；农业 TFP 增长率为相应时间段内各年份农业 TFP 增长率的算数平均值；两期排名变化中排名前进用正数表示，排名后退用负数表示。

参考已有研究对不同地区的划分经验（孙才志等，2018），同时充分考虑不同地区的经济发展状况、地理区位特征和自然资源条件的差异性，依照国家统计局的地理区位划分标准，把我国的 31 个省、自治区和直辖市（在不考虑中国香港、澳门、台湾地区的情况下）分为东、中、西三大地理区：东部地区主要包括北京、天津、河北、辽宁、上海、江苏、浙江、福建、山东、广东、广西、海南等省份；西部地区主要包括重庆、四川、贵州、云南、西藏、陕西、甘肃、青海、宁夏、新疆等省份；中部地区主要包括山西、内蒙古、吉林、黑龙江、安徽、江西、河南、湖北、湖南等省份。

借鉴资源环境效率与经济发展的静态评价方法（涂正革等，2011），本研究根据不同省份的农业 TFP 增长率按照从高到低的顺序进行排列，把 0～1/4 分位的地区定义为农业 TFP 与城镇化发展状况“高度协调区”，把 1/4～1/2 分位的地区定义为农业 TFP 与城镇化发展状况“较协调区”，把 1/2～3/4 分位的地区定义为农业 TFP 与城镇化发展状况“较不协调区”，把 3/4～1 分位的地区定义为农业 TFP 与城镇化发展状况“高度不协调区”。

高度协调区：青海、贵州和黑龙江。黑龙江是传统的产粮大省，机械化水平和主粮的规模化种植水平均位于全国前列，但城镇化水平增长较慢，两期之间仅增长 3.29 个百分点，可能与东北地区的人口密度较小和人口外流有关。而青海和贵州两省的城镇化增长速度较快，在两个周期内城镇化的增长率达到 10%以上，且两省的农业 TFP 排名位于前两位，并且两期的农业 TFP 增长飞快，说明两省在推进城镇化建设的同时较好地保证了农业生产的增长。

较协调区：湖北、陕西、北京、重庆、江西、江苏、浙江、福建和天津。这些省份的城镇化水平大部分位于全国前列，而且这些省份在两期的排名中有明显的提升。说明这些省份在推动城镇化建设的同时，在政策方面和资金方面对农业生产予以倾斜，更加注重对农业的投入和保护，响应国家的政策，注重第一、第二、第三产业融合发展，因此表现为较高的城镇化水平与较高的农业 TFP 增长率之间存在一定的耦合关系。

较不协调区：海南、广东、山西、甘肃、云南、安徽、四川、广西、河北、山东、湖南、西藏、宁夏、辽宁和河南。这些省份大部分位于中部地区，城镇化水平位于全国的中下游水平，经济发展水平并不是很快。两期排名中较不协调区的大部分省份的农业 TFP 排名有所下降，可能是因为经济社会发展水平较慢，对农业扶持的资金不能有效落实，进而阻碍了机械化农业生产和农业生产技术的推广应用。以上因素导致原有的农业生产优势得不到巩固和发挥，因此在一定程度上表现出城镇化发展与农业生产的相对不协调性。

高度不协调区：内蒙古、吉林、新疆和上海。上海作为中国最发达的城市之一，城镇化水平位于全国第一。上海由于土地资源较为紧张，且农业产值所占比例极低，因此并未把发展农业生产作为主要目标，导致后期的农业 TFP 增长率较低。而内蒙古、吉林和新疆的城镇化水平位于全国平均水平以下，自身资源禀赋条件较差，农业生产发展滞后，因而表现出城镇化与农业 TFP 增长的高度不协调。

此外，从全国层面来看，东部地区因为固有的城镇化水平较高，所以城镇化增长率较低，且农业 TFP 增长率也有一定的下降。中部地区的城镇化水平位于全国中等水平，农业 TFP 增长率的下降幅度小于东部地区。西部地区最初的城镇化水平也很低，但是近年来城镇化发展速度极快，两期之间城镇化增长率达到 9%，且农业 TFP 增长率有很大的提高，表现出城镇化的快速推进与农业 TFP 的提高有较好的耦合性。

五、基于空间视角下城镇化对我国农业 TFP 的实证分析

（一）理论解释与空间模型构建

1. 理论解释

从一般意义来说，在研究不同变量之间的相互作用时，传统的经济学通常会假设不同区域之间是相互独立的，不会发生相互作用，因此未考虑空间区位因素和空间溢出效应等（林广平等，2005）。而现实中不同经济体在空间上存在一定联系，主要是通过资源要素的流动配置、信息知识的交流和技术扩散等途径相互作用。随着学界对空间要素和空间效应研究的重视，近些年来经济地理学获得蓬勃发展。该学科把空间效应的影响纳入计量经济学的模

型框架中，正如 Anselin 所言，“几乎所有空间数据都具有空间依赖性”（Anselin L.，1988）。城镇化发展水平和农业全要素生产率同样属于这种类型的空间数据，二者都具有空间效应，并且城镇化对农业 TFP 的影响也同样存在着空间溢出效应。

从世界各国的城镇化发展历程来看，国家内部或区域内部的城镇化发展水平在一般规律上都呈现出空间上的非均衡发展状况，这一点能够在我国东部地区、中部地区、西部地区的城镇化发展中得到深刻的印证。我国幅员辽阔，不同地区的自然资源禀赋、经济发展状况和城镇化发展水平都存在着显著差异。这种差异同时包括不同地区之间的城镇化发展水平和发展质量的绝对差异以及发展速度和发展类型的相对差异（周慧，2017）。不同城镇化水平的地区在空间上易形成聚集特征，一个地区的城镇化发展状况很可能会对周边地区的城镇化发展产生一定的影响，形成空间依赖性的特征。相邻地区的人口、投资、技术扩散和其他生产要素的流动会使不同地区的城镇化发展相互作用、相互影响，因此在城镇化的研究中从空间视角下考察城镇化的空间分布状态和空间相关性非常必要。

农业全要素生产在空间上也具有依赖性和关联性，在两个相邻地区具备类似的地理特征时更容易观察到这种现象。地理区位上的邻近使自然条件、农业生产经营模式、经济特征、知识扩散和农业技术扩散等因素具有一定的关联性，这种关联性可以理解为地理上的关联、经济上的关联和制度上的关联。同样，这些因素都会影响农业全要素生产率的增长（杨刚等，2013）。从空间角度来看，相邻地区通过影响资源、信息和技术的流动促进农业 TFP 的空间聚集效应，进而使邻近地区的农业 TFP 水平对本地区的农业 TFP 产生影响。这种空间效应还可以从时间角度进行分析，空间相关性可能会随着时间的推移发生趋势性的变化，因此对不同地区的农业 TFP 产生分化或收敛的作用。

城镇化水平的不断提高会加速市场的资源配置效率，加速投入要素和产出在市场中的流动，从而在供给侧和需求侧分别对我国的农业 TFP 的增长产生重要影响。从供给侧方面讲，城镇化的发展会使城市吸收相关资源进行扩张从而影响农业劳动力、土地、资本和技术的资源配置，影响农业产出和农业 TFP 增长；从需求侧方面讲，城镇化的发展会使城市居民的食物需求数量和食物需求质量有显著提高，从而刺激农业生产的变革，改变农产品市场的格局进而影响农业 TFP 水平。通常来讲，这些影响不仅是本地区内部的影响，也会受到邻近地区的作用，具有空间依赖性，因此城镇化对农业全要素生产率的影响可能具有空间溢出效应。

鉴于我国城镇化对农业 TFP 的影响研究较为复杂，作用途径和作用方向可能会随时间和空间的改变而发生变化，因此城镇化的发展水平与农业 TFP 之间的关系可能并非局限于线性关系，即城镇化的发展水平与农业 TFP 增长之间并非单向的正向关系或负向关系。本研究假设城镇化水平与农业 TFP 增长可能存在"U"形曲线关系。在城镇化发展的第一阶段，即"拐点"之前，城镇化的发展水平较低且城镇化发展速度较快，城市的迅速扩张需要吸收农村地区大量的劳动、土地和资金等来进行城市建设，此时城市对农村资源的"虹吸效应"大于"涓滴效应"，因此在这个阶段城镇化对农业 TFP 增长的影响是负向的；在城镇化发展的第二阶段，即"拐点"之后，城镇化的发展水平较高，人们更多关注城镇化的发展质量，在我国即表现为注重城乡融合发展以及第一、第二、第三产业融合发展等，城市中大量的资金、技术、高素质的人力资本等会投入农业部门，此时城市对农村的"涓滴效应"大于"虹吸效应"，因此在这个阶段城镇化会提高农业生产的资源配置效率和农业 TFP。同理，这两种效应不仅存在于本省份之内，本省份城镇化的发展也会对周边省份的农业 TFP 增长产生影响，从而形成空间溢出效应。因此，本研究通过从时间和空间两个维度构造空间计量模型来分析城镇化对农业 TFP 增长的影响。

2. 空间模型构建

当数据存在空间相关性时，普通的 OLS 估计和面板数据估计方法由于无法解决空间相关性的问题而产生估计偏误，从而使估计结果不具备一致性和无偏性。目前，空间模型主要包括空间滞后模型（Spatial Lag Model，SLM）、空间误差模型（Spatial Error Model，SEM）和空间杜宾模型（Anselin，2003）。这三种模型在空间效应的设定和解释上存在着显著的不同（Elhorst J. P.，2014）。空间滞后模型主要关注被解释变量是否存在空间溢出效应，即被解释变量（Y）的空间滞后项（WY）。空间误差模型主要关注邻近地区的被解释变量的误差冲击是否会对本地区的观察值产生影响作用，即为误差项（ε）的空间滞后项（$W\varepsilon$）。空间杜宾模型主要关注解释变量（X）与被解释变量（Y）的外生性交互效应（WX），即 X 对 Y 是否具有空间溢出效应（姜磊等，2014）。由于空间杜宾模型对本章中的研究问题有更好的适用性，可以同时考虑到自变量（X）和因变量（Y）的空间相关性，并可以同时对因变量和误差项是否存在空间溢出效应进行分析，因此选取空间杜宾模型进行计量分析，空间杜宾模型的基本方程形式如下：

$$Y=\rho WY+X\beta+WX\theta+\varepsilon，\ \varepsilon\sim N(0，\delta^2) \quad (7-5)$$

其中，Y 为被解释变量；W 为提前设定的空间权重矩阵；ρ 为关于被解释变量的空间自回归系数；β 为解释变量的待估计参数；θ 为外生交互效应的系数；ε 为随机扰动项，设定 ε 服从均值为 0、方差为 δ^2 的正态分布。当 $\theta=0$ 时，即可转化为空间滞后模型；当 $\theta=-\rho\beta$ 时，即可转化为空间误差模型。根据空间视角下城镇化影响农业 TFP 的研究需要，可设定具体的回归模型如下：

$$\ln TFP_{it}=W\cdot\ln TFP_{it}+\beta_1\cdot Urban_{it}+\beta_2\cdot Urban_{it}^{2}+\beta_3\cdot\ln Res_{it}+\beta_4\cdot\ln Market_{it}+\beta_5\cdot\ln Labor_{it}+\beta_6\cdot Rdis_{it}+\beta_7\cdot Rirr_{it}+\beta_8\cdot Rgra_{it}+\beta_9\cdot Rpla_{it}+WX\theta+u_i+v_i+e_{it} \quad (7-6)$$

其中，TFP_{it} 为被解释变量，表示各省份的农业 TFP 累计增长率；*Urban* 为核心解释变量，表示各省份的人口城镇化指数；$Urban^2$ 为各省份的人口城镇化指数的平方；*Res* 为各省份的科研支出；*Market* 为各省份的市场化程度；*Labor* 为各省份的农业劳动力数量；*Rdis* 为成灾指数；*Rirr* 为有效灌溉农田指数；*Rgra Rpla* 为种植业产值指数；W 为空间权重矩阵，采用的空间权重矩阵为我国 31 个省份的 0~1 矩阵；u_i 为个体效应，v_i 为时间效应，e_{it} 为随机扰动项。其中对部分变量取对数能够有效减少共线性问题和异方差问题，并在经济学意义上进行关于弹性和增长率的解释。

（二）变量描述与空间相关性检验

1. 变量描述

本章数据所属的区间为 2004—2016 年，均由《中国统计年鉴》《中国科技统计年鉴》《中国农村统计年鉴》以及各省市的统计年鉴整理计算得出（见表 7-5）。

表 7-5 主要变量的说明及预期的影响方向

变量名称	符号	预期方向	变量名称	符号	预期方向
农业 TFP 累计增长率	$\ln TFP_{it}$		劳动力投入	$\ln Labor_{it}$	正向
城镇化指数	$Urban_{it}$	负向	农田成灾比例	$Rdis_{it}$	负向
城镇化指数平方	$Urban_{it}^{2}$	正向	农田灌溉比例	$Rirr_{it}$	正向
科研经费内部支出	$\ln Res_{it}$	正向	粮食播种比例	$Rgra_{it}$	正向
市场化程度	$\ln Market_{it}$	正向	种植业产值比例	$Rpla_{it}$	正向

被解释变量：

TFP_{it}：各省份农业 TFP 累计增长率，可以设定 2004 年的农业 TFP 为 1，以 2004 年为基期可以得出不同时期所对应的农业 TFP 累计增长率（由 DEA-Malmquist 指数进行计算可以获得）。

核心解释变量：

Urban：以常住人口比例为指标来衡量的人口城镇化率，*Urban*=人口城镇化率×100。

$Urban^2$：表示人口城镇化指数的平方，用以判断城镇化对农业 TFP 累计增长率的影响是否存在"U"形曲线关系。

控制变量：

Res：表示各省份的科研（R&D）经费内部支出数据，可以作为农业科研投入的替代变量，衡量农业技术进步对农业 TFP 的影响。

Market：表示各省份的市场化程度，用以衡量各省份的市场化改革的总体情况，市场在配置农业投入要素和农产品过程中起到决定性作用，是影响农业全要素生产率的重要因素之一，该数据来自王小鲁参与编写的《中国分省份市场化指数报告（2018）》。

Labor：表示各省份的农业劳动力数量，用以控制劳动力投入对农业 TFP 产生的影响。

Rdis：表示农田成灾面积的比例指数，用以控制各省份的自然禀赋水平。

Rirr：表示农田灌溉比例，是农田灌溉面积与农作物播种总面积的比值，可以用来表示各省份的土地质量和农业基础设施投资水平。

Rgra：表示粮食播种比例，是粮食播种面积与农作物播种总面积的比值，可以表示农业生产中粮食与其他农作物的相对关系。

Rpla：表示种植业产值比例，用来表示种植业产值与农林牧渔总产值的比值，可以用来表示不同农业产业类型中种植业与其他产业的相对关系。

2. 空间相关性检验

在使用空间计量模型之前，必须要检验所研究的变量是否存在空间相关性，以判断变量的空间依赖性。只有存在空间依赖性，才可以针对变量构造空间计量模型。目前主流的空间相关性检验方法是莫兰指数检验方法（Anselin，1988）。莫兰指数检验的优点在于检验结果较为稳定。在本研究中 $n=31$，即为中国的 31 个省份。莫兰指数的检验统计量的范围为（-1，1），当莫兰指数大于0时，表示不同区域间的变量存在空间正相关；当莫兰指数小于0时，表示不同区域间的变量存在空间负相关；当莫兰指数等于0时，表示不同区域间的变量不存在空间相关性（陈强，2010）。因此本研究采用莫兰指数对被解释变量——全国31个省份的农业TFP累计增长率（$\ln TFP_{it}$）和核心解释变量城镇化指数（$Urban_{it}$）分别进行空间相关性检验。

由表7-6可知，2005—2016年，被解释变量（我国农业TFP累计增长率）的全局Moran's I均大于0，P值在1%水平上仍然是显著的，这一检验说明我国农业TFP累计增长率具有高度的空间正相关性，而且随着时间的推移这一变量的正向空间自相关性不断增强，空间溢出效应逐渐变强。由表7-7可知，核心解释变量城镇化指数也都在1%的显著性水平上通过检验，P值均小于0.01，且莫兰指数均大于0，莫兰指数的数值基本维持在同一水平，说明我国城镇化的空间溢出效应为正并且保持相对稳定的状态。通过以上空间莫兰指数的检验结果，判断本研究可以通过采用省份0~1空间权重矩阵建立空间杜宾模型来分析我国城镇化对农业TFP的影响。

表7-6　2005—2016年中国农业TFP累计增长率的莫兰指数

年份	Moran's I	Z统计量	P值
2005	0.255	2.644	0.008
2006	0.255	2.644	0.008
2007	0.534	4.850	0.000
2008	0.544	4.997	0.000
2009	0.477	4.363	0.000
2010	0.549	4.930	0.000
2011	0.554	5.043	0.000
2012	0.572	5.138	0.000
2013	0.598	5.314	0.000
2014	0.555	4.945	0.000
2015	0.588	5.237	0.000
2016	0.564	5.032	0.000

表7-7　2004—2016年中国城镇化指数的莫兰指数

年份	Moran's I	Z统计量	P值
2004	0.393	3.565	0.000
2005	0.376	3.554	0.000

续表

年份	Moran's *I*	*Z* 统计量	*P* 值
2006	0.376	3.554	0.000
2007	0.387	3.641	0.000
2008	0.396	3.717	0.000
2009	0.408	3.824	0.000
2010	0.403	3.760	0.000
2011	0.394	3.686	0.000
2012	0.387	3.624	0.000
2013	0.391	3.656	0.000
2014	0.391	3.657	0.000
2015	0.406	3.779	0.000
2016	0.414	3.858	0.000

（三）实证结果分析

本研究使用极大似然估计（MLE）方法对空间杜宾模型进行估计，通过 Hausman 检验结果（31.18，$P=0.0002$），可以发现 Hausman 检验值大于 0 且在 1%的显著性水平上通过检验，因此可拒绝随机效应模型的原假设，选择固定效应下的空间杜宾模型进行估计。其中固定效应模型包括无固定效应、时间固定效应、空间固定效应，以及时间和空间双向固定效应四种类型（杨刚等，2013）。时间和空间固定效应模型主要是为了减小经济状况、地区差异、资源禀赋、经济周期和重大社会事件等时间和空间因素的影响。为了减少内生性问题的干扰，以保证估计结果的准确性，从拟合优度的角度来考虑，最终选择双向固定效应下的空间杜宾模型进行估计，估计结果见表 7-8。

表 7-8 固定效应下的空间杜宾模型回归结果

解释变量	系数	*P* 值	解释变量	系数	*P* 值
Urban	-0.00303	0.419	*W* · *Urban*	-0.02796***	0.000
$Urban^2$	0.00008**	0.031	*W* · $Urban^2$	0.00018***	0.017
ln*Res*	0.03331	0.174	*W* · ln*Res*	0.25654***	0.000
ln*Market*	-0.00352	0.851	*W* · ln*Market*	0.11353***	0.003
ln*Labor*	0.01324	0.820	*W* · ln*Labor*	0.46814***	0.000
Rdis	-0.00006	0.811	*W* · *Rdis*	-0.00034	0.532

续表

解释变量	系数	P 值	解释变量	系数	P 值
Rirr	0.00111	0.199	*W · Rirr*	0.00109	0.542
Rgra	0.01241***	0.000	*W · Rgra*	0.00220	0.458
Rpla	0.00055	0.321	*W · Rpla*	0.00189	0.108
rho	0.39286***	0.000	—	—	—
sigma2_e	0.00393***	0.000	—	—	—
Log-likelihood	517.86		—	—	—

注：**、***分别表示在5%、1%的水平上显著。

从表7-8空间杜宾模型的估计结果来看，空间自回归系数在1%的显著性水平上通过检验并且系数值大于0，说明不同变量之间存在着空间相关性。由此可以得知，我国各省份之间的农业TFP累计增长率存在着显著的空间依赖性，区域之间的相互作用对农业全要素生产率增长具有重要影响。其中核心解释变量的空间滞后项 $W \cdot Urban$ 和 $W \cdot Urban^2$ 都在1%的显著性水平上通过检验，并且城镇化的一次项系数符号为负，二次项系数为正，说明从空间角度来看城镇化对农业TFP增长显著存在“U”形关系，城镇化对农业TFP增长的影响方向和影响程度都会发生变化。此外，空间滞后项 $W \cdot \ln Res$、$W \cdot \ln Market$ 和 $W \cdot \ln Labor$ 也都通过显著性检验，说明R&D支出、市场化程度和农业劳动力数量也存在着明显的空间溢出效应，并通过空间作用影响到农业TFP的增长。

在分析空间杜宾模型的统计结果时，因为要考虑到空间滞后项的系数，直接关注回归系数并不能全面，真实反映解释变量对被解释变量的空间溢出效应。从空间视角出发，这种影响通常被分解为直接效应、间接效应和总效应。直接效应反映本地区自变量对因变量的影响，间接效应反映自变量对邻近地区因变量的影响，总效应为全部地区自变量的变化对单一地区的因变量的影响，总效应为直接效应和间接效应之和（Lesage J. P. et al.，2009）。

从表7-9中的直接效应来看，也就是从区域内部解释变量对被解释变量影响的角度来分析，各解释变量的符号方向与预期结果相一致。核心解释变量城镇化指数 *Urban* 并未在10%的显著性水平上通过检验，城镇化指数的二次项 $Urban^2$ 在1%的显著性水平上通过检验。尽管二次项的系数很小，但其能够通过检验仍然说明在区域内部城镇化对农业TFP增长的影响呈现“U”形曲线关系。在本省份的范围内，在城镇化发展的第一阶段，即“拐点”以前，城镇化的“涓滴效应”小于“虹吸效应”，城市由于扩张需求要从农村吸收大量土地、资本、劳动力等要素从而在一定程度上阻碍农业 TFP 的增长；在城镇化发展的第二阶段，也就是在“拐点”以后，政府更加注重城镇化发展质量、城乡融合发展状况以及对农业产业的保护，会把对农民和农业利益的保护放在首要位置，把城镇化发展所带来的红利等更多地投入到农业生产中，促进农业 TFP 的增长。同时 R&D 支出 ln*Res* 在 5%的显著性水平上通过检验，科研支出的增加在一定程度上能够促进农业技术的进步，在农业技术应用获得推广下会有效提高农作物的产量。根据回归系数，R&D 支出每增加 1%，会带动农业 TFP 的增长效率提高 0.07%。市场化程度 ln*Market* 在直接效应上未通过显著性检验。粮食播种比例 *Rgra* 在 1%的显著性水平上通过检验，对农业 TFP 的增长具有正向作用，对这一影响的解释可以从农业生产规模效率的角度来进行分析，粮食播种面积越大，成片连片的土地会相应增多，有利于实现农田的规模化、机械化管理，提高农业生产效率。

表 7-9　空间杜宾模型的效应分解

变量	直接效应	P 值	间接效应	*P* 值	总效应	*P* 值
Urban	-0.0060	0.121	-0.0445***	0.000	-0.0505***	0.000
$Urban^2$	0.0001***	0.009	0.0003***	0.005	0.0004***	0.001
ln*Res*	0.066**	0.014	0.4259***	0.000	0.4919***	0.000
ln*Market*	0.0079	0.680	0.1690***	0.004	0.1769***	0.010
ln*Labor*	0.0643	0.212	0.7414***	0.000	0.8057***	0.000
Rdis	-0.0001	0.746	-0.0006	0.474	-0.0007	0.469
Rirr	0.0012	0.196	0.0023	0.433	0.0035	0.313
Rgra	0.0132***	0.000	0.0114***	0.006	0.0246***	0.000
Rpla	0.0008	0.133	0.0031*	0.086	0.0039**	0.047

注：*、**、***分别表示在 10%、5%、1%的水平上显著。

从间接效应来看，核心解释变量城镇化指数 *Urban* 和城镇化指数的二次项 $Urban^2$ 的系数分别为负号和正号，并且都在 1%的显著性水平上通过检验，说明城镇化对农业 TFP 增长具有较强的空间溢出效应，同时呈现出“U”形曲线关系，城镇化对农业 TFP 的空间溢出效应的影响明显大于直接效应。这表明城镇化发展对周围地区的农业 TFP 增长具有更加显著的影响。在城镇化发展早期，城镇化的快速推进会对周围地区的各种生产要素产生强大的“虹吸效应”。例如，城镇化发展带动农业资本向投资回报率更高的产业流动，在理性人追求更高工作收益的假设前提下，城镇化会带动农业人口向周边较为发达的城市和地区转移。城镇化的“虹吸效应”使周围地区的农业生产要素相对匮乏，从而阻碍农业 TFP 的增长。而在城镇化发展的中后期，即“拐点”之后，城镇化发展的溢出效应更加显著，即“涓滴效应”大于“虹吸效应”。我国政府更加重视城镇化的发展质量和城市对农业部门的反哺作用，本地城镇化的发展会对周围地区的农业部门产生较强的空间溢出效应，提高周边地区的农业生产力水平，分别从供给侧和需求侧带动周边地区农业 TFP 的增长。R&D 支出的空间溢出效应显著为正，R&D 支出的增加在一定程度上会促进农业技术的提高，农民作为理性的经济人会采取更有效的农业生产技术来提高粮食产量，正向的反馈会推动农业技术的高度扩散，从而形成 R&D 和农业技术的空间溢出效应来加快周边地区的农业 TFP 增长。根据回归系数，R&D 支出每增加 1%，所产生的空间溢出效应会带动周边地区农业 TFP 效率相应提高 0. 43%。市场化程度 ln*Market* 在 1%的显著性水平上通过检验，同样具有较强的正向空间溢出效应。我国进行改革开放的目的之一就在于推动市场经济体制建设，市场化程度的提高有助于农业投入要素的流动配置和促进农产品的销售，最大限度提高农业要素的资源配置效率从而促进农业 TFP 增长。R&D 支出和市场化程度的空间溢出效应要远大于直接效应，并在更高的显著性水平上通过检验。同时农业劳动力数量 ln*Labor* 和农作物播种比例 *Rgra* 通过检验，表现出对农业 TFP 的正向空间效用。

从整体的角度来考察空间相互作用的影响，核心解释变量城镇化指数 *Urban* 和城镇化指数的二次项 $Urban^2$分别在 1%的显著性水平上通过检验，并且仍然较稳定地呈现出城镇化对农业 TFP 增长的“U”形曲线关系，说明全国的城镇化水平与地区的农业 TFP 增长也呈现出先抑制后促进的影响机制。此外，R&D 支出、市场化程度、农业劳动力数量、农作物播种比例和种植业产值比例在总体效应上通过检验，表现出从全国层面出发以上自变量会对农业 TFP 产生促进效用。

（四）稳健性检验

为保证估计结果的稳健性，考虑到不同的空间权重矩阵可能会影响空间计量结果的稳健性，除了采用省份 0~1 空间权重矩阵进行估计外，本研究进一步采用以两个省份的 GDP 经济距离倒数构建的经济距离空间权重矩阵进行空间杜宾模型的回归，结果见表 7-10，空间自回归系数（ρ）在 1%的显著性水平上通过检验，说明变量具有显著的空间依赖性。核心解释变量城镇化指数 *Urban* 和城镇化指数的二次项 $Urban^2$ 的系数符号方向在省份 0~1 矩阵和经济距离空间权重矩阵两种情况下相同，表现出城镇化影响农业 TFP 增长的"U"形曲线关系。这两个变量在直接效应和总效应两种情形中通过检验，但在间接效应的情况下，*Urban* 只能在接近 10%显著性水平的情况下通过检验，$Urban^2$ 并未通过显著性检验，因此在直接效应和总效应的角度下能在一定程度上认可城镇化对农业 TFP 增长的"U"形曲线关系。

表 7-10 经济距离空间权重矩阵情况下空间杜宾模型的回归结果

变量	直接效应	*P* 值	间接效应	*P* 值	总效应	*P* 值
Urban	-0.0110**	0.043	-0.0163	0.101	-0.0274***	0.000
$Urban^2$	0.0002***	0.002	0.0001	0.445	0.0002***	0.003
ln*Res*	-0.0301	0.252	0.1771***	0.009	0.1471**	0.028
ln*Market*	0.0471**	0.021	-0.0937*	0.097	-0.0466	0.426
ln*Labor*	0.0931	0.111	0.0027	0.983	0.0958	0.410
Rdis	-0.0002	0.425	0.0004	0.568	0.0002	0.814
Rirr	0.0022**	0.029	0.0008	0.771	0.0030	0.245
Rgra	0.0154***	0.000	0.0017	0.688	0.0170***	0.000
Rpla	0.0010	0.114	-0.0045***	0.007	-0.0035**	0.029
rho	-0.4854***	0.000				

注：*、**、***分别表示在 10%、5%、1%的水平上显著。

由本研究前面的理论分析可知，城镇化对农业 TFP 增长的影响并非直接作用关系，城镇化通过影响农业投入要素和农产品的流动配置影响农业生产过程，城镇化对农业并不直接产生影响，因此城镇化对农业 TFP 的影响可能存在时间上的滞后性。为了把城镇化的滞后作用因素纳入模型，选用城镇化指数的一阶滞后项（*Urban_lag*）和城镇化指数二次项的一阶滞后项（$Urban^2\_lag$）作为核心解释变量再次进行稳健性检验，结果见表 7-11。

表 7-11 核心解释变量滞后情况下空间杜宾模型的回归结果

变量	直接效应	P 值	间接效应	P 值	总效应	P 值
Urban_lag	-0.0066*	0.095	-0.0394***	0.000	-0.0460***	0.000
$Urban^2$_*lag*	0.0001**	0.017	0.0003***	0.007	0.0004***	0.002
ln*Res*	0.0686**	0.019	0.3766***	0.001	0.4452***	0.001
ln*Market*	0.0141	0.454	0.1967***	0.001	0.2108***	0.002
ln*Labor*	0.0563	0.291	0.7924***	0.000	0.8487***	0.000
Rdis	-0.0002	0.561	-0.0005	0.527	-0.0007	0.474
Rirr	1.0545	0.288	1.5613	0.612	2.6157	0.477
Rgra	0.0124***	0.000	0.0082**	0.075	0.0206***	0.000
Rpla	0.0006	0.249	0.0026	0.154	0.0033	0.104
rho	0.4063***	0.000				

注：*、**、***分别表示在 10%、5%、1%的水平上显著。

由表 7-11 可知，空间自回归系数（ρ）在 1%的显著性水平上通过检验，说明变量之间存在较强的空间相关性。新的核心解释变量城镇化指数的一阶滞后项（*Urban_lag*）和城镇化指数二次项的一阶滞后项（$Urban^2$_*lag*）在直接效应、间接效应和总效应中都通过检验，在核心解释变量滞后的情况下表现出城镇化对农业 TFP 影响的“U”形曲线关系，具有强烈的空间溢出效应，表明此检验结果具有较强的稳健性。此外，R&D 支出和市场化程度等变量也与原模型的估计结果表现出较高的一致性，在间接效应与总效应的检验中两个变量都在 1%的显著性水平上通过检验，表现出科研支出和市场化程度的提高具有较强的空间溢出效应从而能促进农业 TFP 的增长。

以上的模型回归结果都是以静态面板模型作为基础的，但是静态面板模型仍然存在一些问题：如无法反映因变量的长期交互效应，忽视对农业 TFP 增长产生重要影响的制度性因素和文化因素等，但是这些影响因素在现实中却无法回避。因此可以使用农业 TFP 累计增长率（ln*TFP*）的一阶滞后项（ln*TFP_lag*）来表现这些因素的影响，建立动态空间面板模型在一定程度上能够克服静态空间面板模型的内生性问题，从而进行稳健性检验，结果见表 7-12。

表 7-12　动态空间面板模型的回归结果

变量	系数	P 值	变量	系数	P 值	
lnTFP_lag	0.4750***	0.000	W · Urban	-0.0201**	0.020	
W · Rdis	-0.0006	0.211	W · Urban^2	0.0002**	0.026	
W · Rirr	0.0010	0.518	W · lnRes	0.0694	0.188	
W · Rgra	-0.0084***	0.002	W · lnMarket	0.0578*	0.074	
W · Rpla	0.0008	0.422	W · lnLabor	0.3755***	0.000	
rho	0.3615***	0.000	—	—	—	
变量	直接效应	P 值	间接效应	P 值	总效应	P 值
Urban	0.0048	0.255	-0.0263**	0.027	-0.0214*	0.090
Urban^2	0.0001	0.183	0.0004**	0.016	0.0004**	0.015
lnRes	-0.0097	0.684	0.0901	0.262	0.0804	0.399
lnMarket	-0.0099	0.532	0.0767	0.124	0.0668	0.250
lnLabor	0.0122	0.793	0.5365***	0.000	0.5487***	0.000
Rdis	-0.0002	0.304	-0.0009	0.188	-0.0012	0.141
Rirr	0.0015	0.044	0.0023	0.350	0.0038	0.195
Rgra	0.0061***	0.000	-0.0091**	0.026	-0.0030	0.520
Rpla	-0.0005	0.250	0.0008	0.567	0.0003	0.866

注：*、**、***分别表示在 10%、5%、1%的水平上显著。

由表 7-12 可知，通过对比动态面板和静态面板空间计量模型的回归结果可以发现，除了在直接效应的情形下，在间接效应和总效应的情形下 *Urban* 和 *Urban*^{2}的系数符号以及系数的显著性水平都基本一致，说明从空间视角分析城镇化对农业 TFP 的影响是合适的。总体来说，通过分析核心解释变量在空间动态面板模型的估计结果，可以认为该研究结论能够通过稳健性检验，即城镇化对农业 TFP 的影响表现出“U”形曲线关系。但是 *Urban* 的系数值相对变小，可能是因为静态面板数据高估 *Urban* 所带来的影响，而忽略文化制度等因素对农业 TFP 的冲击，动态面板模型可以较好地解决这个问题。

（五）分地区分析

在不同区域中城镇化对农业 TFP 的影响也可能存在一定的差异，本研究充分考虑我国城镇化水平和农业生产状况的区域性差异，通过建立空间杜宾模型对我国 31 个省份（除我国台湾、香港、澳门地区外）进一步按照东部地区、中部地区、西部地区进行异质性分析。

表 7-13　分地区情形下空间杜宾模型的回归结果

	直接效应	P 值	间接效应	P 值	总效应	P 值
东部地区						
Urban	-0.0113*	0.098	-0.0119	0.358	-0.0231	0.208
$Urban^2$	0.0002***	0.005	0.0000	0.794	0.0002	0.230
ln*Res*	0.0848***	0.009	0.0491	0.563	0.1339	0.180
ln*Market*	-0.1584**	0.043	0.2699	0.152	0.1115	0.634
ln*Labor*	-0.0307	0.557	0.5430***	0.000	0.5122***	0.000
Rdis	-0.0003	0.198	0.0000	0.999	-0.0003	0.576
Rirr	-0.0002	0.889	-0.0051***	0.009	-0.0052**	0.033
Rgra	0.0144***	0.000	0.0018	0.520	0.0162***	0.000
Rpla	-0.0014**	0.031	0.0017	0.193	0.0003	0.853
中部地区						
Urban	-0.0006	0.979	-0.1184*	0.062	-0.1190	0.146
$Urban^2$	0.0000	0.846	0.0010*	0.083	0.0011	0.161
ln*Res*	0.0974	0.110	0.0917	0.523	0.1891	0.328
ln*Market*	-0.1475	0.397	-0.2405	0.421	-0.3880	0.296
ln*Labor*	-0.1550	0.426	0.5617	0.189	0.4067	0.449
Rdis	-0.0001	0.915	-0.0016	0.119	-0.0016	0.194
Rirr	0.0005	0.883	-0.0030	0.642	-0.0025	0.790
Rgra	0.0060	0.101	-0.0207**	0.041	-0.0147	0.239
Rpla	0.0026*	0.059	0.0047	0.108	0.0073*	0.052
西部地区						
Urban	-0.0102	0.223	-0.0561**	0.031	-0.0663**	0.022
$Urban^2$	0.0002*	0.055	0.0011***	0.004	0.0014***	0.002
ln*Res*	-0.1759***	0.001	0.0774	0.631	-0.0984	0.570
ln*Market*	-0.0040	0.875	-0.2600**	0.082	-0.2641*	0.086
ln*Labor*	0.3912***	0.004	1.9924***	0.000	2.3836***	0.000
Rdis	0.0001	0.816	-0.0005	0.795	-0.0003	0.876
Rirr	-0.0004	0.815	-0.0073	0.295	-0.0077	0.307
Rgra	-0.0075*	0.061	0.0151	0.327	0.0077	0.636
Rpla	0.0027*	0.058	-0.0008	0.802	0.0019	0.670

注：*、**、***分别表示在 10%、5%、1%的水平上显著。

从表 7-13 的分地区回归结果可以看出，在我国东部地区、中部地区和西部地区，城镇化对农业 TFP 的直接效应、空间溢出效应和总效应都存在着显著的差异性。

从东部地区来看，城镇化对本地区的直接空间效应较为显著，空间溢出效应和总效应并不显著，可能与东部地区主要城市的产业结构配置具有一定关系。例如，北京、上海和天津等一线城市主要以二三产业为主，并不具备发展大规模农业生产的资源条件，因而城镇化的高水平发展对农业生产的溢出效应较为明显，这并不利于农业 TFP 的增长。同样可以看到东部地区的市场化程度系数为负并且通过显著性检验，说明随着市场化程度提高，当地政府的发展规划主要以发展制造业和服务业为主，这样的发展进一步挤压农业部门的要素资源，城市发展并未对农业生产起到较好的反哺作用。

从中部地区来看，核心解释变量城镇化指标和城镇化指数二次项均在10%的显著性水平上通过检验，具有一定的空间溢出效应，并且城镇化与中部地区的农业 TFP 呈现出“U”形曲线关系，但在直接效应和总效应上并未通过检验。这可能与中部地区的产业政策、资源禀赋有关，说明中部地区各省份的农业生产的溢出效应并不是特别高，并且城镇化的空间溢出效应有限。

从西部地区来看，核心解释变量城镇化指数及二次项在间接效应和总效应上通过检验，表现出较强的空间溢出效应，同时呈现出“U”形曲线关系。西部地区资源禀赋条件相对较差，同时由于历史因素、地理因素等并未赶上中部地区和东部地区的发展步伐。但随着我国“西部大开发”战略的实施，西部地区的城镇化建设正处于快速发展阶段，同样，城镇化对农业生产的空间溢出效应也在逐步提高。而科研投入和市场化程度的空间溢出效应为负，可能与西部地区的发展水平、经济运行模式等制度性因素相关。由于西部地区并未建立良性循环的科研投入—产出体系和完善的市场经济制度，以及西部地区各省份之间的政策差异和市场壁垒等，导致区域之间的协同合作较少，从而可能进一步减少正向的空间溢出效应，因此可能产生负向的影响。

六、研究结论、政策建议与未来研究展望

（一）研究结论

本研究基于 2004—2016 年全国 31 个省、自治区和直辖市的省级面板数据，利用 DEA-Malmquist 指数方法计算我国农业 TFP 增长率，并从时间和空间的角度分析我国农业 TFP 的变动情况，采用莫兰指数检验我国城镇化水平

和农业 TFP 的空间相关性，运用空间杜宾模型从空间溢出效应的角度分析城镇化对我国农业 TFP 的影响，得出如下结论：

城镇化通过影响劳动力转移、农业要素投入、耕地变化、农业技术等途径来影响我国的农业 TFP。迄今为止，我国的城镇化发展水平和发展质量都获得巨大的进步，城镇化对推动经济增长和人民生活水平提高起到巨大的作用，但目前仍然存在生态污染、资源要素配置不合理、产业布局不完善的问题。在农业生产方面，我国的农业产值和粮食产量连年增长，农业机械总动力、化肥的施用呈现逐年上升的趋势，而耕地面积数量呈现出波动变化的趋势，劳动力数量呈现连年下降的趋势，说明我国的农业生产朝向规模化、机械化、较少劳动力投入的方向发展。

2004—2016 年我国的农业 TFP 年均增长率为 4.8%，农业 TFP 增长对农业产值增长的贡献达到 53.7%，为一半以上，说明农业 TFP 增长是推动农业产业扩张的主要动力。其中农业技术进步是推动我国农业 TFP 增长的主要因素之一，规模效率指数和技术效率在一定时期内对农业 TFP 增长起到抑制作用。不同省份的农业 TFP 增长速度与城镇化的发展水平呈现出不同的协调程度，其中黑龙江、贵州等省份属于农业 TFP 与城镇化发展的“高度协调区”，湖北、陕西和浙江等省份属于“较协调区”，海南、西藏等省份属于“较不协调区”，内蒙古、新疆等地属于“高度不协调区”。

现阶段，我国的城镇化发展水平和农业 TFP 增长具有强烈的空间聚集性，并且空间相关效应为正。从全国范围来看，城镇化影响农业 TFP 的“U”形曲线关系分别在直接效应、间接效应（空间溢出效应）和总效应的层面通过检验，说明城镇化对农业 TFP 的影响方向和影响程度是随着城镇化的发展阶段呈现出动态变化趋势的。R&D 支出和市场化程度的提高也是推动农业 TFP 增长的重要因素。采用经济空间权重矩阵、核心解释变量滞后、动态空间面板模型等定量方法进行稳健性检验并且顺利通过，说明城镇化对农业 TFP 的“U”形曲线作用关系的研究结论具有稳健性。从东部、中部、西部的地区层面来看，由于经济发展水平、资源要素禀赋和人文地理因素等方面的影响，在不同的区域，城镇化对农业 TFP 的空间溢出效应表现出较大的差异性。

（二）政策建议

根据以上的实证分析结果，本研究针对城镇化与农业全要素生产率增长方面给出如下政策建议：

（1）始终坚持我国政府制定的“新型城镇化”发展道路，促进城镇化与农业生产的协调发展。根据本研究的结论，从空间视角来看城镇化对农业全要素生产率的影响呈现“U”形曲线作用关系，从长期来看城镇化的长足发展有助于推动农业 TFP 的增长。因此应该尽量降低城镇化农业生产带来的负面作用，最大化地发挥城镇化给农业生产带来的积极影响。要尽量减小城市对农村和农业部门的“虹吸效应”，充分发挥城市对农村和农业部门的“涓滴效应”和“反哺作用”，把城市的先进科学技术、资本投入和高效的管理经营经验因地制宜地应用到农业生产中，最大限度保障农业基础设施建设和农业生产要素供给，加快我国农业生产部门的现代化体系建设，提高农业产出水平和农业全要素生产率。

（2）打破不同行政区域间的“固有壁垒”，充分释放城镇化发展的空间扩散效用。行政边界的存在会在一定程度上阻碍不同区域之间人才、知识、资本、信息和技术的交流，会降低市场配置资源的效率，不能使城镇化的空间溢出效应达到最大化利用。一方面，这种“行政壁垒”阻碍空间溢出效应的扩散，增加不同区域的共同成本和交易成本，不利于人员、信息的往来和要素产品的交易，增加空间溢出的机会成本；另一方面，不同区域的文化习惯、制度条例和经济水平等因素会形成区域间的消费差异，从而造成消费模式（消费能力、消费欲望、消费偏好）的差异性，成为要素市场和产品市场分割的主要原因。因此不同的地区之间要打破行政意义上的划分，减少地方 GDP“锦标赛”现象的发生，形成不同区域间协调共同发展的主导思路，最大限度降低区域“行政壁垒”的隐性阻碍作用，更加充分地利用城镇化对农业投入要素的空间溢出效应。

（3）加大农业科研投入并注重培育农村人力资本，推动农业全要素生产率的有效增长。农业技术进步是推动我国农业 TFP 增长的主要动力之一，与西方发达国家相比，我国农业科技的应用水平和规模化、机械化的生产水平相对较低，原因在于农业科技的研发投入水平相对较低，且没有把农业科研成果合理地应用到农业生产中。因此应该进一步增加农业科研方面的经费，更加注重农业应用性方面的研究，使农业科研成果能够更快、更好地应用到农业生产过程中以提高农业产出和农民收入。另外，随着城镇化进程中农业劳动力人口的不断减少，更应该注重通过提高劳动力的人力资本质量来弥补劳动力数量上的缺失，尤其对较为落后的中西部地区而言，更要大规模实施农民职业教育、在岗培训以及农村基础教育等，以期有效增加新型职业农民和新型农业经营主体的数量，有效提高农业劳动力的人力资本水平，促进农业全要素生产率的增长。

（4）在推进城镇化建设中建立耕地数量及质量动态监管机制和评估机制。土地是农业生产的基本要素和根本保证，对于保障农民的生活稳定和国家粮食安全具有重要意义。在我国快速推进城镇化的过程中，通常会遇到耕地流失、耕地转化为建设用地等问题，耕地总量并不能得到保障。另外，城镇化发展会导致工业废气、废水和固体废物排放量的增加，同时我国化肥农药的使用量持续增加，两者叠加会对我国的生态环境产生巨大威胁，导致耕地质量严重受损，不利于我国耕地资源的长期可持续性发展。因此在严格坚守18亿亩耕地保护红线的基础上，严禁私自改变耕地用途。严格落实耕地占补平衡机制，缓解耕地供需矛盾，不仅要保持耕地数量的平衡，更要保持耕地质量的平衡，严禁利用低质量的耕地来补充高质量耕地的指标。对于违反耕地管理相关法律的不法分子要进行严厉的法律惩戒，以起到警示作用。此外，应该加大对荒地资源的开发、利用和整合，使荒地“变废为宝”，在一定程度上弥补原有耕地资源的流失。

（三）未来研究展望

因为研究能力和数据可得性的限制问题，本研究仍然在以下方面存在不足，需要在今后的研究中深入探索：

（1）本研究在实证分析中仅使用了省份0~1空间权重矩阵与经济距离空间权重矩阵，并未充分考虑地理距离因素、社会距离因素以及文化距离因素等方面的影响，而这些层面的因素同样会对本研究的结果造成一定的影响，因此需要结合更多种类的空间权重矩阵进行加权分析以期获得更加准确的研究结论。

（2）本研究目前只是从空间视角初步得出人口城镇化对农业TFP的影响是“U”形曲线作用关系，但对于具体的影响机制和作用途径未能展开定量分析，例如，城镇化是如何通过影响劳动力流动、耕地资源配置和其他农业生产要素的流动来影响农业TFP的，以及“U”形曲线的作用程度和精确的“拐点”位置都是今后需要细化研究的方向。

（3）本研究是从宏观视角和空间视角来展开研究的，未能在微观层面上进行深入分析。需要进一步从农户个体的角度出发，充分利用农户调研数据来研究城镇化如何对农户的生产决策产生影响。这也是今后需要进一步深入开展的工作。

参考文献

［1］蔡昉，白南生．中国转轨时期劳动力流动［M］．北京：社会科学文献出版社，2006.

［2］陈强．高级计量经济学及 Stata 应用［M］．北京：高等教育出版社，2010.

［3］陈锡文，陈昱阳，张建军．中国农村人口老龄化对农业产出影响的量化研究［J］．中国人口科学，2011（2）：39-46，111.

［4］程琳琳，张俊飚，何可．空间视角下城镇化对农业碳生产率的直接作用与间接溢出效应研究［J］．中国农业资源与区划，2019，40（11）：48-56.

［5］崔应留，刘爱梅．我国城镇化发展的现状特征、问题及发展趋势［J］．传承，2016（11）：113-115.

［6］崔宇明，李玫，赵亚辉．城镇化进程、农业结构调整与农业产业发展优先序——基于山东省面板数据的实证分析［J］．华东经济管理，2013，27（6）：13-20.

［7］代斌，王萍萍，崔宇明．基于 SUR 模型的城镇化与农业产业结构关系研究——来源于山东省面板数据实证检验［J］．科技与经济，2013，26（3）：36-40.

［8］杜能．孤立国同农业和国民经济的关系［M］．北京：商务印书馆，1986.

［9］高帆．我国区域农业全要素生产率的演变趋势与影响因素——基于省际面板数据的实证分析［J］．数量经济技术经济研究，2015（5）：3-19.

［10］龚斌磊．投入要素与生产率对中国农业增长的贡献研究［J］．农业技术经济，2018（6）：4-18.

［11］郭萍，余康，黄玉．中国农业全要素生产率地区差异的变动与分解——基于 Fare-Primont 生产率指数的研究［J］．经济地理，2013，33（2）：141-145.

［12］郭震宇．关于现代农业建设和农业机械化的发展分析［J］．福建农业，2015（7）：91.

［13］何平，倪苹．中国城镇化质量研究［J］．统计研究，2013，30（6）：11-18.

[14] 何悦，漆雁斌．城镇化发展对粮食生产技术效率的影响研究——基于我国13个粮食主产区的面板数据 [J]. 中国农业资源与区划，2019，40 (3)：101-110.

[15] 何忠伟．农村城镇化与农业结构调整协调发展的实证研究——以湖南省为例 [J]. 农业经济问题，2004 (11)：72-76.

[16] 姜磊，柏玲．空间面板模型的进展：一篇文献综述 [J]. 广西财经学院学报，2014，27 (6)：1-8.

[17] 林广平，龙志和，吴梅．我国地区经济收敛的空间计量实证分析：1978—2002年 [J]. 经济学，2005，4 (B10)：67-82.

[18] 李谷成，陈宁陆，闵锐．环境规制条件下中国农业全要素生产率增长与分解 [J]. 中国人口·资源与环境，2011，21 (11)：153-160.

[19] 李谷成，冯中朝，占绍文．家庭禀赋对农户家庭经营技术效率的影响冲击——基于湖北省农户的随机前沿生产函数实证 [J]. 统计研究，2008 (1)：35-42.

[20] 柳建平，张永丽．劳动力流动对贫困地区农村经济的影响——基于甘肃10个贫困村调查资料的分析 [J]. 中国农村观察，2009 (3)：63-74，96.

[21] 刘进辉，王殿安．我国新型城镇化的科学内涵及其发展道路 [J]. 农业经济，2014 (1)：66-68.

[22] 陆大道，陈明星．关于"国家新型城镇化规划（2014—2020）"编制大背景的几点认识 [J]. 地理学报，2015，70 (2)：179-185.

[23] 陆根尧，符翔云，朱省娥．基于典型相关分析的产业集群与城市化互动发展研究：以浙江省为例 [J]. 中国软科学，2011 (12)：101-109.

[24] 罗能生，李佳佳，罗富政．中国城镇化进程与区域生态效率关系的实证研究 [J]. 中国人口·资源与环境，2013，23 (11)：53-60.

[25] 马孝先．中国城镇化的关键影响因素及其效应分析 [J]. 中国人口·资源与环境，2014 (12)：119-126.

[26] 孙才志，马奇飞，赵良仕．中国东、中、西三大地区水资源绿色效率时空演变特征与收敛性分析 [J]. 地理科学进展，2018，37 (7)：901-911.

[27] 涂正革，刘磊珂．考虑能源、环境因素的中国工业效率评价——基于SBM模型的省级数据分析 [J]. 经济评论，2011 (2)：56-65.

[28] 涂正革，肖耿．中国的工业生产力革命——用随机前沿生产模型对

中国大中型工业企业全要素生产率增长的分解及分析［J］. 经济研究，2005（3）：4-15.

［29］王浩，杨贵羽，杨朝晖. 水土资源约束下保障粮食安全的战略思考［J］. 中国科学院院刊，2013，28（3）：321，329-336.

［30］王娜. 重庆市城镇化健康发展水平研究［D］. 重庆：西南大学，2014.

［31］王晓兵，侯麟科，张砚杰. 中国农村土地流转市场发育及其对农业生产的影响［J］. 农业技术经济，2011（10）：42-47.

［32］王跃梅，姚先国，周明海. 农村劳动力外流、区域差异与粮食生产［J］. 管理世界，2013（11）：67-76.

［33］吴方卫. 中国农业的增长源泉分析［J］. 中国软科学，2000（1）：48-52.

［34］武宵旭，葛鹏飞，徐璋勇. 城镇化与农业全要素生产率提升：异质性与空间效应［J］. 中国人口·资源与环境，2019，29（5）：149-156.

［35］项光辉，毛其淋. 农村城镇化如何影响农业产业结构［J］. 广东财经大学学报，2016，31（2）：77-87.

［36］辛翔飞，秦富. 我国农业经济增长因素分析及地区差异比较［J］. 新疆农垦经济，2005（12）：9-13.

［37］库兹涅茨. 现代经济增长［M］. 北京：北京经济学院出版社，1989.

［38］熊健益，肖洪安，漆雁斌. 论农村产业结构调整与农业产业化［J］. 农村经济，2003（1）：31-33.

［39］颜鹏飞，王兵. 技术效率、技术进步与生产率增长：基于DEA的实证分析［J］. 经济研究，2004（12）：55-65.

［40］杨刚，杨孟禹. 中国农业全要素生产率的空间关联效应——基于静态与动态空间面板模型的实证研究［J］. 经济地理，2013，33（11）：122-129.

［41］杨丽梅，顾炯，尹宏祯. 城市化、耕地保护与粮食安全——来自成都市土地整理数据的调查研究［J］. 农村经济，2011（5）：27-31.

［42］杨森平，唐芬芬，吴栩. 我国城乡收入差距与城镇化率的倒U关系研究［J］. 管理评论，2015，27（11）：3-10.

［43］叶恩发，黄金煌. 加强福建省农业面源污染防治工作的对策与建议［J］. 中国农学通报，2004（11）：45-47.

[44] 郁鸿胜. 中国新型城镇化的内涵、演绎和作用 [J]. 上海企业, 2013 (8): 13-15.

[45] 余康, 郭萍, 章立. 我国农业劳动生产率地区差异动态演进的决定因素——基于随机前沿模型的分解研究 [J]. 经济科学, 2011 (2): 42-53.

[46] 张佰林, 等. 快速城镇化进程中不同类型农户弃耕特点及原因——基于重庆市十区县540户农户调查 [J]. 资源科学, 2011 (11): 2047-2054.

[47] 张鸿雁. 中国新型城镇化理论与实践创新 [J]. 社会学研究, 2013, 28 (3): 1-14, 241.

[48] 张乐, 曹静. 中国农业全要素生产率增长: 配置效率变化的引入——基于随机前沿生产函数法的实证分析 [J]. 中国农村经济, 2013 (3): 4-15.

[49] 赵丽平, 侯德林, 王雅鹏, 等. 城镇化对粮食生产环境技术效率影响研究 [J]. 中国人口·资源与环境, 2016, 26 (3): 153-162.

[50] 赵丽平, 侯德林, 王雅鹏, 等. 城镇化与粮食生产技术效率的互动关系研究 [J]. 中国人口·资源与环境, 2017, 27 (8): 106-114.

[51] 赵颖. 农村劳动力流动与城乡收入差距扩大问题刍议 [J]. 郧阳师范高等专科学校学报, 2008 (2): 99-103.

[52] 周慧. 中部地区城镇化对经济效率的空间溢出效应研究 [D]. 北京: 中央财经大学, 2017.

[53] 周其仁. 城乡中国 (上) [M]. 北京: 中信出版社, 2013.

[54] 朱喜, 史清华, 盖庆恩. 要素配置扭曲与农业全要素生产率 [J]. 经济研究, 2011, 46 (5): 86-98.

[55] ANSELIN L.. Spatial Econometrics: Methods and Models [M]. Spatial Econometrics: Methods and Models, 1988.

[56] ANSELIN L., GRIFFITH D.. Do Spatial Effects Really Matter in Regression Analysis? [J]. Papers of the Regional Science Association, 1988 (65): 11-34.

[57] AIGNER D., LOVELL C. A. K., SCHMIDT P.. Formulation and Estimation of Stochastic Frontier Production Function Models [J]. Journal of Econometrics, 1977, 6 (1): 21-37.

[58] BATTESE G. E., COELLI T. J.. A Model for Technical Inefficiency Effects in a Stochastic Frontier Production Function for Panel Data [J]. Empirical Economics, 1995, 20 (2): 325-332.

[59] BLACK D., HENDERSON V.. A Theory of Urban Growth [J]. Journal of Political Economy, 1999, 107 (2): 252-284.

[60] CAO K. H., BIRCHENALL J. A.. Agricultural Productivity, Structural Change, and Economic Growth in Post-reform China [J]. Journal of Development Economics, 2013 (104): 165-180.

[61] CHANDA. A., DALFAARD C. J.. Dual Economies and International Total Factor Productivity Differences: Channelling the Impact from Institutions, Trade, and Geography [J]. Economica, 2008, 75 (300): 629-661.

[62] CHARNES A., COOPER W. W., RHODES E.. Measuring the Efficiency of Decision Making Units [J]. European Journal of Operational Research, 1978 (2): 429-444.

[63] COELLI T. J., PRASADA RAO D. S.. Total Factor Productivity Growth in Agriculture: A Malmquist Index Analysis of 93 Countries, 1980-2000 [J]. Agricultural Economics, 2005 (32): 115-134.

[64] COMIN D., HOBIJN B.. Technology Diffusion and Postwar Growth [J]. Nber Macroeconomics Annual, 2011, 25 (1): 209-246.

[65] ELHORST J. P.. Spatial Panel Data Models [M] //Spatial Econometrics. Springer Berlin Heidelberg, 2014: 37-93.

[66] FUJITA M., KRUGMAN P., VENABLES A. J.. The Spatial Economy: Cities, Regions, and International Trade [J]. MIT Press Books, 2001, 1 (1): 283-285.

[67] HARRIS JOHN R., TODARO MICHAEL P.. Migration, Unemployment & Development: A Two-Sector Analysis [J]. American Economic Review, 1970, 60 (1): 126-142.

[68] HAYAMI YUJIRO, RUTTAN V. W.. Agricultural Development: An International Perspective [J]. American Journal of Agricultural Economics, 1985, 33 (2): 123-141.

[69] HIRSCHMAN A. O.. The Strategy of Economic Development [M] // The strategy of economic development/. Yale University Press, 1958: 1331-1424.

[70] JOHN W., KENDRIC K.. Productivity Trends in the United States [J]. Nber Books, 1961, 126 (1): 148.

[71] STEPHENS J. K., DENISON E. F.. Accounting for Slower Economic

Growth: The United States in the 1970s [J]. Southern Economic Journal, 1981, 47 (4): 1191.

[72] KRUGMAN, PAUL. Increasing Returns and Economic Geography [J]. Journal of Political Economy, 1991, 99 (3): 483-499.

[73] LESAGE J. P., PACE R. K.. Introduction to Spatial Econometrics [M] //Introduction to Spatial Econometrics/. CRC Press, 2009: 513-514.

[74] LEUNS W. A.. Economic Development with Unlimited Supply of Labor [J]. The Manchester School, 1954, 22 (2): 139-191.

[75] LEWIS, ARTHUR W.. The Theory of Economic Growth [M] //The Theory of Economic Growth /. George Allen & Unwin, 1955.

[76] LIN J. Y.. Rural Reforms and Agricultural Growth in China [J]. The American Economic Review, 1992, 82 (1): 34-51.

[77] LUCAS R. E.. On the Mechanics of Economic Development [J]. Journal of Monetary Economics, 1988, 22 (1): 3-42.

[78] MARTIN W., MITRA D.. Productivity Growth and Convergence in Agriculture and Manufacturing [J]. Social Science Electronic Publtshing, 1999, 49 (2): 403-422.

[79] MASAHISA FUJITA, PAUL KRUGMAN, ANTHONY J.. Venables. The Spatial Economy: Cities, Regions, and International Trade [J]. Mit Press Books, 2001, 1 (1): 283-285.

[80] MYRDAL G.. Economic Theory and Underdeveloped Regions [C] // APS April Meeting. APS April Meeting Abstracts, 1957: 417-424.

[81] RANIS G., FEI J. C.. A Theory of Economic Development [J]. American Economic Review, 1961, 51 (4): 533-565.

[82] REGMI G., Tisdell C.. Remitting Behaviour of Nepalese Rural-to-urban Migrants: Implications for Theory and Policy [J]. Journal of Development Studies, 2002, 38 (3): 76-94.

[83] ROBERT MERTON SOLOW. Technical Change and the Aggregate Production Function [J]. Review of Economics & Statistics, 1957, 39 (3).

[84] ROSEGRANT M. W., EVEVSON R. E.. Agricultural Productivity and Sources of Growth in South Asia [J]. American Journal of Agricultural Economics, 1992, 74 (3): 757-761.

[85] WES HARRISON R. , PRAMOD R. , SAMBID I. . A Conjoint Analysis of the U. S. Broiler Complex Location Decision [J]. Journal of Agricultural & Applied Economics, 2004, 36 (3): 639-655.

[86] XIN X. , QIN F. . Decomposition of Agricultural Labor Productivity Growth and its Regional Disparity in China [J]. China Agricultural Economic Review, 2011, 3 (1): 92-100.

[87] YANGHO CHUNG, ROLF FARE. . Productivity and Undesirable Outputs: A Directional Distance Function Approach [J]. Microeconomics, 1995, 51 (3): 229-240.

[88] YEUNG W. C. . The Strategy of Economic Development [J]. Regional Studies, 1984, 12 (4): 658-660.

[89] DENG J. S. , QIU L. F. , WANG K. , et al. . An Integrated Analysis of Urbanization-triggered Cropland Loss Trajectory and Implications for Sustainable Land Management [J]. Cities, 2011, 28 (2): 127-137.

第八章

城镇化对畜产品消费的影响

随着我国城镇化的推进，居民可支配收入不断增加，居民食品消费观念有了显著变化，尤其是畜产品消费方面。改革开放以来，猪肉、牛肉、羊肉、禽肉消费量翻了几番。本研究总结改革开放以来，我国城乡居民畜产品消费变化及影响因素，判断当前畜产品消费形势。基于定性角度，深入研讨城镇化影响畜产品消费的路径。通过中国农业产业模型，设定城镇化率模拟方案，即城镇化率按照正常速度推进、保持不变两种情景，分析畜产品消费量及消费结构变化情况。结果显示，城镇化率的推进能促进畜产品消费增长。BASE 情境下，各类畜产品消费量远低于 SIM 的方案。最后系统展望畜产品消费远景，并根据模型结果提出促进我国居民消费的建议。

一、引言

2018 年央视春节联欢晚会上，一首《赞赞新时代》道出了改革开放以来中国日新月异的变化。随着城镇化的推进，人民收入水平增长明显，居民消费结构随之改变。其中，全国居民可支配收入增长了近 3 倍。城镇居民人均可支配收入由 1978 年的 343 元增长到 2017 年的 36396. 19 元，农村居民人均纯收入也由 1978 年的 133. 6 元增长到 2017 年的 13432. 43 元。居民消费水平也显著提升，2017 年城镇居民恩格尔系数为 28. 6%，比 1978 年的 57. 5%下降了 28. 9 个百分点；农村居民恩格尔系数为 31. 2%，比 1978 年的 67. 7%下降了 36. 5 个百分点，城镇居民已经由改革开放初期的讲温饱阶段进入富裕阶段，农村居民从绝对贫困转入小康水平。中国的城镇化率已经由 1978 年的 19. 99%增长到 2018 年的 59. 58%，增加了 39. 59 个百分点，高于世界城市人口的平均比重（根据 UNDESA 数据，2018 年全球城镇化平均水平为 55%，亚洲为 54%）。预计 2050 年，中国城镇化率将达到 76%~79%（乔文怡和李玏，2018）。伴随着经济发展，国内消费也有了较大提升，其中，相比改革开放初期，畜产品消费量翻了几番。

畜产品消费量的增长较为客观，但仍旧存在很多不容忽视的问题。例如，农村居民畜产品消费量增加的幅度远远小于城镇居民，城乡居民间存在较大差别；畜产品病害、药残及人为添加违禁物品等问题层出不穷，引起了消费者的恐慌；畜产品供需失衡引发的畜产品价格剧烈波动常有发生，不仅使养殖户面临较大的市场风险，也使消费者面临较大的消费困扰。

为应对现在畜产品消费出现的问题，我国政府对畜产品市场的要求也逐渐升级。先后出台了一系列政策法规：2014 年颁布《畜禽规模养殖污染防治条例》，对畜牧业污染防治提出了更高要求；2015 年，为稳定畜牧业供给，农业部办公厅下发关于印发《2015 年畜禽养殖标准化示范创建活动工作方案》等通知，致力于优化体制机制；2017 年，为加强屠宰监管，农业部印发《2017 年生猪屠宰监管“扫雷行动”实施方案》，为弥补生产者损失，农业部更为关注动物防疫等补助经费管理以及假药查处情况。2018 年，政策导向更为明确，《2018 年国家动物疫病强制免疫计划》的颁布标志着强制免疫的开始。所以，我国政府对畜产品生产和消费的管理是一个不断加强的过程，市场监管及各项政策导向上日趋严格。

通过研究城镇化推进对我国居民畜产品消费的影响，可以充分展现我国走进新时代以来，居民畜产品消费、食用安全、农户养殖的轨迹。从侧面反映出畜牧业生产能力的提高、养殖户的发展过程，以及我国畜牧业所取得的发展成就。党的十九大后，中国新型城镇化呈现新的态势，未来城镇化的发展必然会对我国居民畜产品消费造成新的影响。因此，在剖析目前我国居民畜产品消费现状的基础上，研究城镇化对于居民畜产品消费趋势以及城乡消费差异的影响，从而提出配套新型城镇化战略的畜牧业产业政策具有较强的理论和实践意义；深入研讨城镇化对畜产品消费的影响路径，系统展望畜产品消费发展远景，具有重要的理论价值。

二、文献综述

（一）关于城镇化

Urbanization 一词最早由西班牙人 Serda A. 在其著作《城镇化基本理论》中提出，被用来大致描述农村向城市演变的过程。20 世纪 70 年代“城镇化”

一词才逐渐在我国流传起来。当前，一些国内学者研究表明，城镇化有利于收入增长和城乡收入差距缩小，对消费有直接正向作用，缩小收入差距能力较强（石大千，2016）。国内许多学者曾对城镇化率进行预测，有的学者运用曲线拟合、经济模型和城乡人口比增长率三种方法预测得到中国2030年城镇化率将达到68.38%（高春亮，2013）；有的学者通过修正的趋势外推预测法、经济因素相关分析预测法、新陈代谢GM（1，1）模型预测法和BP神经网络模型预测法，预测我国城镇化率2030年将达到80%（兰海强，2014）；还有学者通过城镇化系统动力学模型，预测到2035年中国将进入城镇化发展的平缓阶段，城镇化率将达到71%~73%（乔文怡，2018）。《中国农业展望报告（2017—2026）》显示，到2026年，我国常住人口城镇化率将达到65.0%，户籍人口城镇化率将达到51.7%。

（二）城镇化推进与畜产品消费关系研究

城镇化的快速发展会刺激城镇居民对畜产品的需求量的增加（钟甫宁，2012；刘磊，2014；叶锋，2018）。一些学者的研究表明：城镇化水平每增加1个百分点，将使人均肉类消费增加5.5千克（刘秀梅和秦富，2005）；还有的学者基于热量消费视角，用实证结果表明城镇化水平提高会增加食品消费结构中动物产品的消费量（钟甫宁等，2012）；有的学者认为，肉类消费需求随着居民收入的增长而增加（李宁，2013；许菲等，2018；朱文博和陈永福，2018），人口年龄结构的变化也会使中国居民肉类消费需求增长，水产品消费在不同年龄段居民消费规律呈倒“U”形曲线，而肉类3阶段消费规律、禽类2阶段消费规律呈阶段性直线消费（白军飞，2014；马云倩和王秀丽，2017；辛良杰和李鹏辉，2018）。

实际上，城镇化率是畜产品需求的直接决定因素之一（王祖力和王济民，2011）。城镇化显著影响着居民畜产品消费结构。国内关于城镇化对畜产品消费现状的研究中，多数把城镇化看作影响畜产品消费的一个间接因素，如城镇化的推进所带来的居民收入上涨（蒋乃华，2002；刘磊，2014；李志强等，2013），或是城镇化推进带来的不同收入阶层的消费差异（王祖力和王济民，2011；欧阳金琼和王雅鹏，2014）等因素对畜产品消费的影响；有学者从城乡二元结构角度出发，关注居民消费价格弹性对畜产品消费量的影响（杨永兵，2011）。从收入差距和粮食安全的角度出发，系统分析城镇居民畜产品消费量、消费结构、消费模式和质量的变化（夏晓平，2011）。除此之外，城镇化进程、人口流动、亲友聚餐等因素会推动我国居民畜产品的户外消费（尚旭东，2012）。经济增长与畜产品消费联系甚密，城镇化对经济增长也有着显著的正向影响，所以，城镇化也在一定程度上影响着畜产品消费（普蕾，2015）。

（三）关于畜产品消费的研究

国内学者对畜产品消费的研究主要集中在以下几个方面：一是从居民食品消费结构升级的角度，研究某一特定区域畜产品消费的结构特征、制约因素以及发展趋势；二是从城乡间发展差距的角度，分析城乡居民畜产品消费量的差异及消费结构的变动（辛翔飞、张怡和王济民，2015）；三是从消费者偏好和行为角度对城乡居民户内、户外畜产品消费量，以及消费结构进行分析（夏晓平、李秉龙和隋艳颖，2010）；四是从畜产品生产角度，基于畜牧业产业调整情况来分析我国畜产品的消费，并估测畜牧业生产结构的变动趋势（杨域，2012）；五是基于畜产品质量安全角度，关注影响我国畜产品质量安全的因素，提出保障畜产品质量安全的方法措施（白建丽，2017；安玉莲等，2017）；六是基于地域角度，分析地区差异对某种畜产品的消费情况（刘丽红，2012；张举鉴，2015；李艳红，2016；王俊等，2017）。随着相关研究的逐渐探索，在考虑价格因素的基础上，将经济、社会、人口、城镇化率等因素纳入畜产品消费的研究文章日渐增多。例如，有的学者运用需求系统模型估计价格和收入弹性，重点研究市场价格、家庭收入以及城镇化率对居民畜产品需求的影响（徐琛卓，2015）；有的学者通过二次型近似理想需求系统模型（QUAIDS）实证分析家庭食物消费的影响因素，发现模型中各类食物支出弹性均显著为正，随着收入的增加，农民工的畜产品支出弹性指数呈减小趋势，粮食和蔬菜则呈增加趋势（韩昕儒和陈永福，2016）。

国内关于畜产品消费的分析多以数据为支撑，采用计量方法，分析畜产品消费。结果多认为中国居民畜产品消费增长缓慢的原因在于价格约束、质量安全、消费习惯、不合理的生产结构以及预警系统（徐琛卓，2015；高奇，2016）。

三、现状分析

改革开放以来，我国畜产品消费已经发生了翻天覆地的变化，其需求增长潜力不可小觑。畜产品已然成为居民膳食的重要组成部分，其消费量与消费结构的变化不仅影响着畜牧业生产、食物安全，还影响着生态可持续以及宏观经济稳定等方面。本研究分析 1982—2017 年我国城乡居民主要畜产品消费及其结构演化特征和差异，对我国城乡居民畜产品消费发展的趋势做出判断，以期为畜牧行业及其相关主体提供参考。

（一）居民收入变化情况分析

改革开放以来，我国经济取得了巨大的发展，居民的生活质量越来越好，居民的人均收入也大幅提高。本研究将统一地分析城镇居民家庭人均可支配收入、农村居民家庭人均纯收入变化的特点，进而反映中国居民收入水平的变化。

由图 8-1 可知，我国居民人均收入已经由 1982 年的 326 元增加到 2018 年的 29293 元。城镇居民人均收入由 1982 年的 535 元增加至 2018 年的 39251 元，农村居民人均收入由 1982 年的 270 元增加至 2018 年的 14617 元，增长明显。1982—2018 年，我国城乡居民收入差距不断扩大，这也是导致我国畜产品城乡消费差距的一个重要原因。

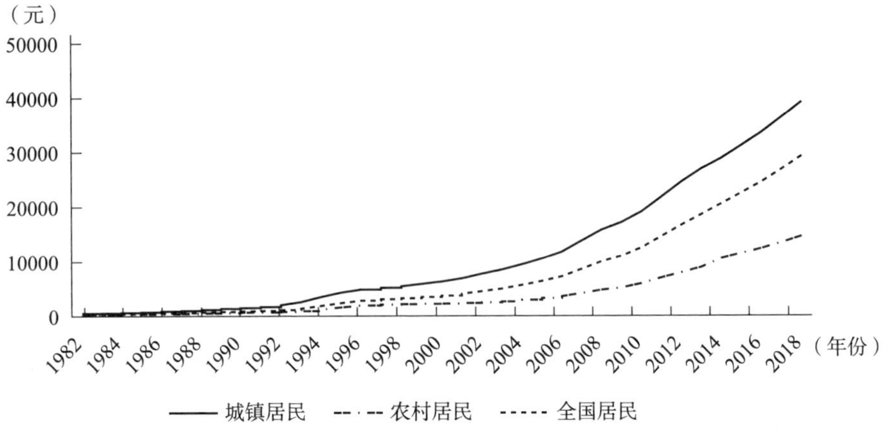

图 8-1　1982—2018 年居民人均收入变化情况

（二）城乡居民畜产品消费量变动及差异

1. 全国居民畜产品消费量显著增长

从消费量情况来看，1982—2017 年我国居民人均畜产品消费量增加了 180 个百分点，人均畜产品消费量年均增长率达 5.04%。1982—2017 年，人均畜产品消费处于平稳增长状态，1988 年、1995 年、2004 年、2008 年、2010 年全国人均畜产品消费量有所下降，分别下降了 0.93 千克、0.74 千克、

1.55 千克、1.07 千克、0.13 千克。1996 年增长了 2.46 千克，2005 年增长了 3.81 千克，2009 年增长了 2.79 千克。

从种类上看，几种畜产品中，猪肉消费量一直居于最高，由 1982 年的 10.2 千克增加到了 2017 年的 20.15 千克，翻了一番；禽类和奶类消费量虽然比不上猪肉，但二者消费量分别由 1.12 千克、1.05 千克增加到了 8.96 千克、12.51 千克；蛋类由 1982 年的 2.35 千克增加到 10.09 千克；牛羊肉的增长最为平缓，由 0.93 千克增加到 3.29 千克。

从增长速度来看，奶类消费量增长最快，1982 年人均奶类消费量仅为 1.05 千克，但 2017 年已经增加到 12.51 千克，增长了近 8.32 倍，年均增速高达 8.84%。

禽类消费量增长速度也不容忽视，增长也达到 8.02 倍，年均增速 8.69%。蛋类增速相比奶类和禽类要慢很多，增长了 4.29 倍，年均增速为 6%，牛羊肉的消费量增长是最为平缓的，但也从 1982 年的 0.93 千克增加到了 2017 年的 3.29 千克，增长了 3.52 倍，年均增速达 5.17%（见图 8-2）。

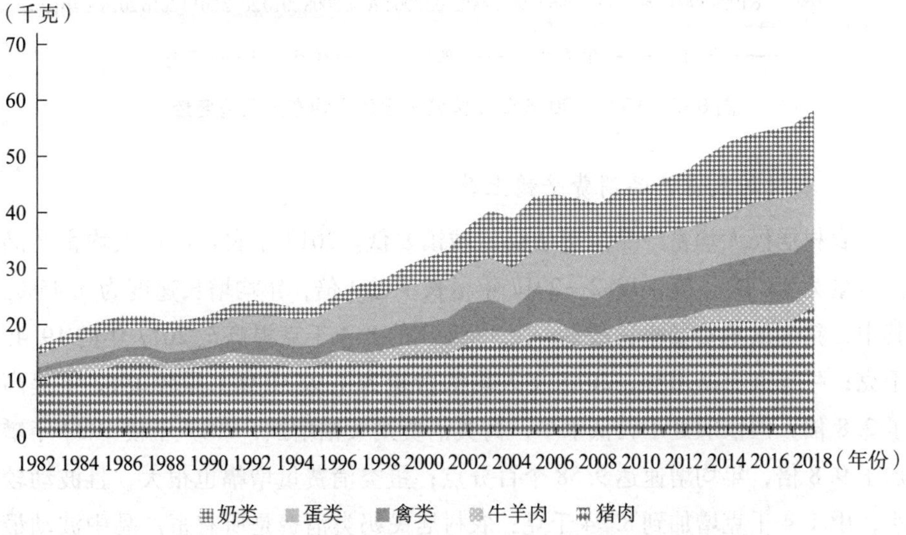

图 8-2　1982—2018 年我国城乡居民人均畜产品消费量

2. 城镇居民畜产品消费变化较大

城镇居民人均畜产品消费量增长平稳。1982 年，城镇居民人均畜产品消费量为 31.4 千克，1982—2017 年增加了 97%，年均增速为 2.7%。2017 年，猪肉消费为 20.63 千克，较 1982 年提高了 22.04%，年均增长 0.8 个百分点；

牛羊肉消费量一直以来都比较少，2017 年为 4.22 千克，年均增长 3.46 个百分点；禽类消费量增长速度较快，2017 年为 9.47 千克，较 1982 年增加了 4.2 倍，年均增长率达 5.94%；蛋类消费增长速度较为平缓，由 1982 年的 5.9 千克增加至 2017 年的 10.91 千克，年均增速达到 5.94%；奶类是波动最大的产品，最高点（2003 年）达到了 18.62 千克，最低点（1989 年）仅为 4.2 千克，城镇居民奶类人均消费量增长了 5.33 个百分点（见图 8-3）。

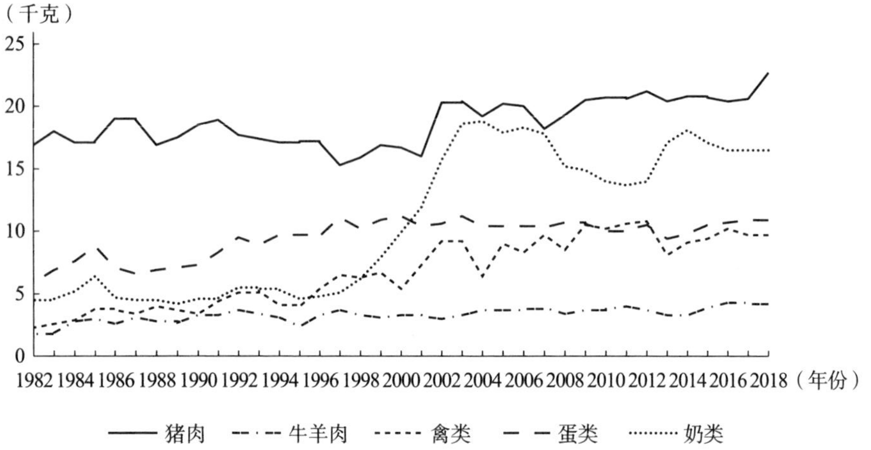

图 8-3 1982—2018 年我国城镇居民人均畜产品消费量

3. 农村居民畜产品消费平稳上升

农村居民人均畜产品消费增幅比城镇要低。2017 年农村居民人均畜产品消费量为 45.18 千克，1982—2017 年增长了近 4 倍，年均增长速度为 5.45%。其中，猪肉的消费量增长最多，由 1982 年的 8.4 千克提高至 2017 年的 19.49 千克；牛羊肉有所增加，2017 年人均消费量为 1.98 千克，虽较 1982 年提高了 2.8 倍，但依旧处于较低水平；禽类消费则大幅增加，2017 年较 1982 年增加了 9.8 倍，年均增速达 9.58 个百分点；蛋类消费量增幅也很大，且波动较小，由 1.4 千克增加到 8.94 千克；农村居民奶类消费是所有畜产品中波动最大的，其人均消费量由 1982 年的 0.7 千克增加到 2017 年的 6.9 千克，年均增速达 9.58%（见图 8-4）。

（三）城乡居民畜产品消费结构变动及差异

1. 全国居民畜产品消费结构变动情况

我国城乡居民人均畜产品消费结构明显改善，呈现出猪肉消费比重持续

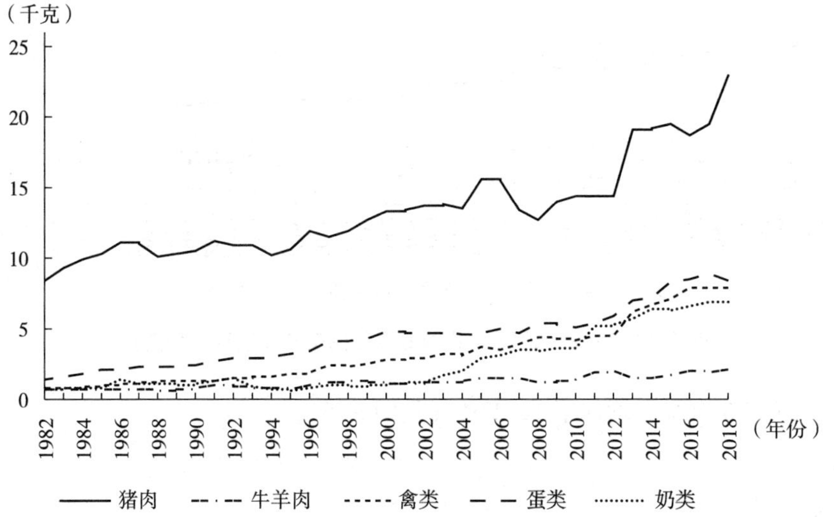

图 8-4 1982—2018 年我国农村居民人均畜产品消费量

降低，牛羊肉比重保持稳定，禽类比重增加，蛋类比重逐年增加，奶类增长最快的趋势。1982 年猪肉消费占畜产品消费比重为 63.33%，牛羊肉和禽类分别占比 5.79%和 6.49%；2017 年，猪肉消费占畜产品消费比重降至 36.64%，牛羊肉占比增加到 5.98%，禽类占比则快速增加到 16.3%。蛋类占比变化较小，从城乡居民畜产品消费数据来看，其占比由 14.60% 小幅增加到了 18.35%；奶类在畜产品整体消费量中下降得最为剧烈，但其在畜产品中所占比重却是增加的，在农村地区，其所占比例由 1982 年的 9.34% 增加到 22.74%。可以明显看出，猪肉是畜产品消费的主体，但其在畜产品中所占比重在急速下降，2017 年猪肉消费量相较 1982 年下降了 26.69 个百分点；牛羊肉消费量呈现出平缓增加的趋势，但目前所占比重变化不大；禽类消费的比重稳步增长。1982—2017 年，禽类消费占比提升了近 10 个百分点（见图 8-5）。

2. 城镇和农村居民的畜产品消费结构皆明显改善

在畜产品消费中，城镇居民畜产品消费结构显著改善，主要表现为：猪肉消费占比下降明显，由 1982 年的 53.82%降低至 2017 年的 33.28%；牛羊肉消费占比有所下降，1982—2017 年下降了 1 个百分点；禽类消费占比大幅增加，2017 年达到 15.71%，增加了将近 9 个百分点；蛋类消费占比 1982—2017 年下降了 1 个百分点，且存在较大波动，占比最高的年份是 1995 年，达到了 25.59%；奶类所占比重一直处于增加状态，由 1982 年的 14.33%增加至

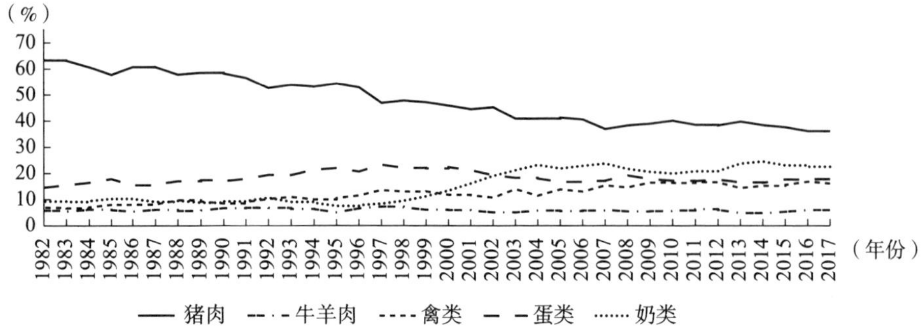

图 8-5　1982—2017 年我国城乡居民畜产品消费结构变化

2017 年的 26.60%，增加了 12.27%（见图 8-6）。

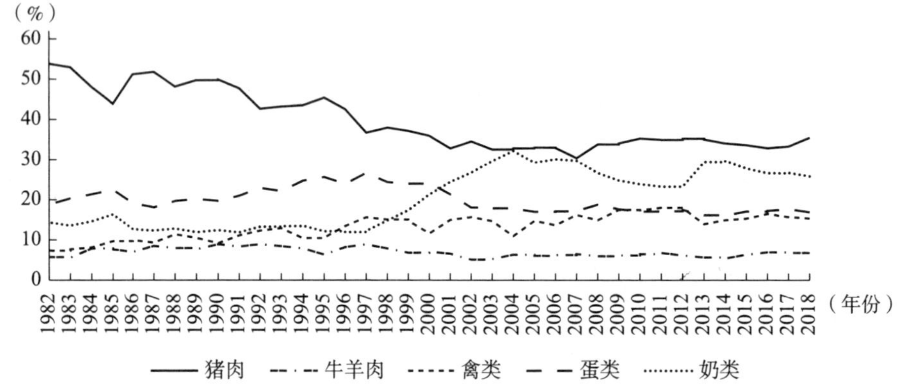

图 8-6　1982—2018 年我国城镇居民畜产品消费结构

农村居民畜产品消费结构有所改善，主要表现为：猪肉消费占比呈直线下降态势，但其仍占据主导地位，1982—2017 年，猪肉消费占比降低了 26.86%，但仍占畜产品消费的 43.14%；牛羊肉消费占比较为平稳，下降了 1 个百分点，2017 年达 4.39%；禽类消费占比有小幅增加，1982—2017 年增加 10.76%，比城镇多增加 1 个百分点；蛋类消费所占比重平稳增加，由 1982 年的 11.67%增加至 2017 年的 19.78%，增长了 8.11 个百分点；奶类占比由 1982 年的 5.83%增加到 2017 年的 15.27%，比蛋类多增加 1 个百分点（见图 8-7）。

（四）城乡居民各类畜产品消费结构演化分析

1. 猪肉消费占比下降明显，城乡间消费差距缩小

1982 年以来，我国城乡居民猪肉消费量整体呈下降趋势。相对来说，城镇下降趋势比农村更为明显。1982 年，城镇居民和农村居民对猪肉的消费量

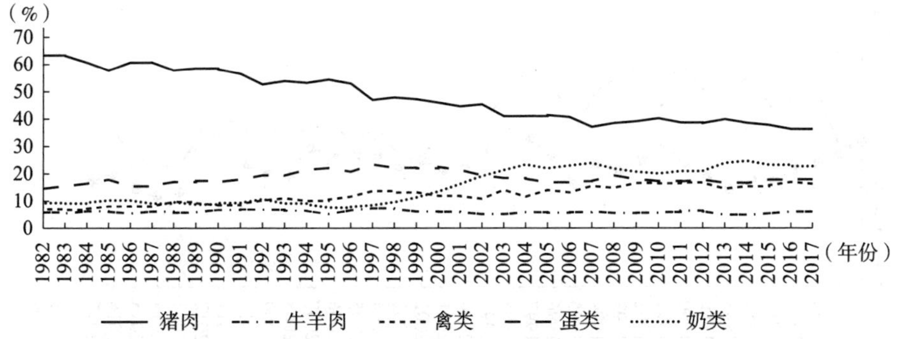

图 8-7　1982—2017 年我国农村居民畜产品消费结构

占比分别达到了 53.82%和 70%（见图 8-8）。随着改革开放的不断推进，居民收入大幅提高，城镇化率显著增长，我国畜产品消费呈现出多样化的特点，奶类、禽类消费占比逐渐提高，猪肉消费占比呈直线下降趋势。2001 年，城乡居民的猪肉消费占比差距达到 23.19%的顶峰。

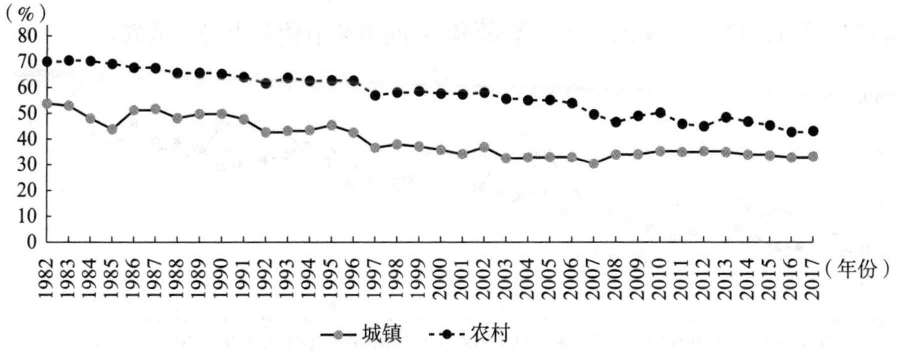

图 8-8　1982—2017 年我国城乡居民猪肉消费占畜产品消费比重

2. 牛羊肉消费占比虽存在差异，但前后变动不大

从城镇居民人均牛羊肉消费占整个畜产品的消费整体来看，其占比波动较为平缓。1982—2017 年，我国牛羊肉的消费占比变化不大。1982 年城镇居民人均牛羊肉消费量占整个畜产品消费量的 5.73%，到 2017 年这一比例仅为 6.8%。农村居民人均牛羊肉消费量占比变化明显，由 1982 年的 5.83%下降至 2017 年的 4.39%（见图 8-9）。

3. 城乡禽类消费占比增速较快，城乡间差距逐步缩小

随着经济的发展和规模化程度的提高，我国禽类市场供应量显著增长，其价格逐渐趋于合理，城乡居民禽类消费随之提升。1982 年，城镇和农村居民禽

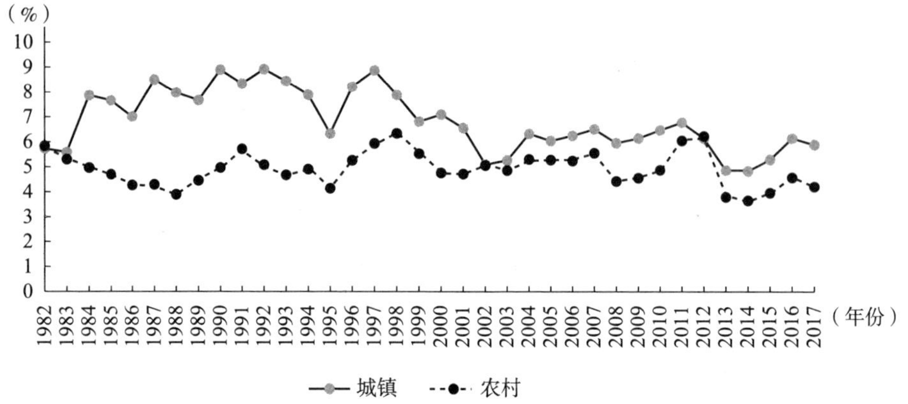

图 8-9　1982—2017 年我国城乡居民牛羊肉消费占畜产品消费比重

类消费量占比分别为 7.32%和 6.67%，但二者的增长趋势却不尽相同。近年来，由于禽流感等疫病的暴发，城镇居民禽类消费占比波动较大。相对城镇而言，农村居民禽类消费量占比波动平稳。由图 8-10 可知，1982—2017 年，城乡居民畜产品消费占比逐渐趋于融合，这说明城乡间禽类消费差距趋于消失。

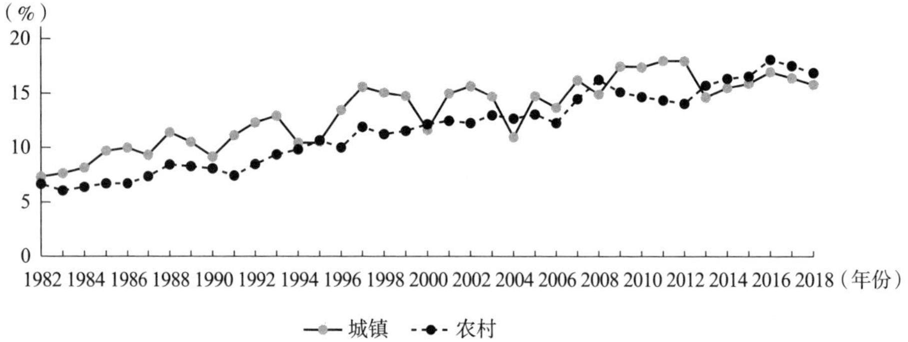

图 8-10　1982—2018 年我国城乡居民禽类消费量占畜产品消费比重

4. 城乡蛋类消费量占比变化节点明显，城乡差距逐渐缩小

蛋类消费量占畜产品消费比重波动平缓，整体来看依旧是上升的。1982—2002 年波动较大，2003 年至今城乡居民蛋类消费量占比差距较小。城镇居民蛋类消费量占比最高年份为 1997 年，达到 26.62%；最低年份为 1982 年，占比为 18.79%。农村居民蛋类消费量占比最低为 1982 年的 11.67%，最高为 1997 年的 20.3%（见图 8-11）。

5. 奶类消费量占比在所有畜产品中变化最大

奶类消费量是所有畜产品中占比波动最大的产品，其城乡间消费差异也

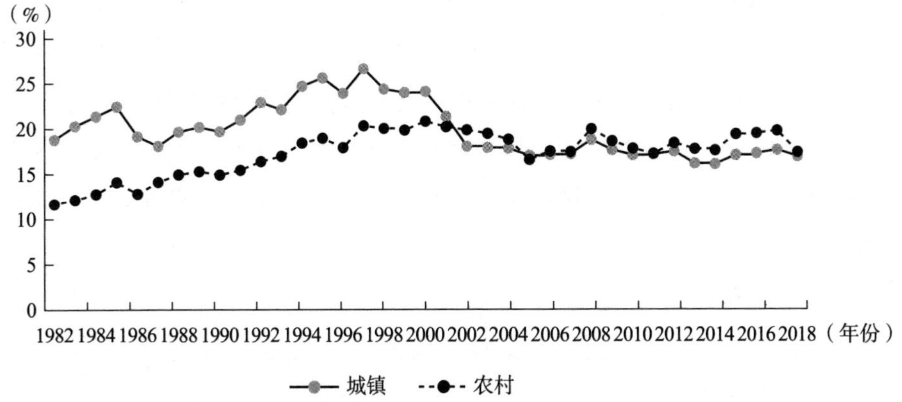

图 8-11　1982—2018 年我国城乡居民蛋类消费量占畜产品消费比例

是最大的。1982—1997 年，奶类消费量城乡间差距要小于 1997—2017 年。2004 年，城乡间奶类消费量占比差距达到峰值，为 24. 15%。1986 年城乡间奶类消费量占比差距最小，仅为 4. 13%（见图 8-12）。

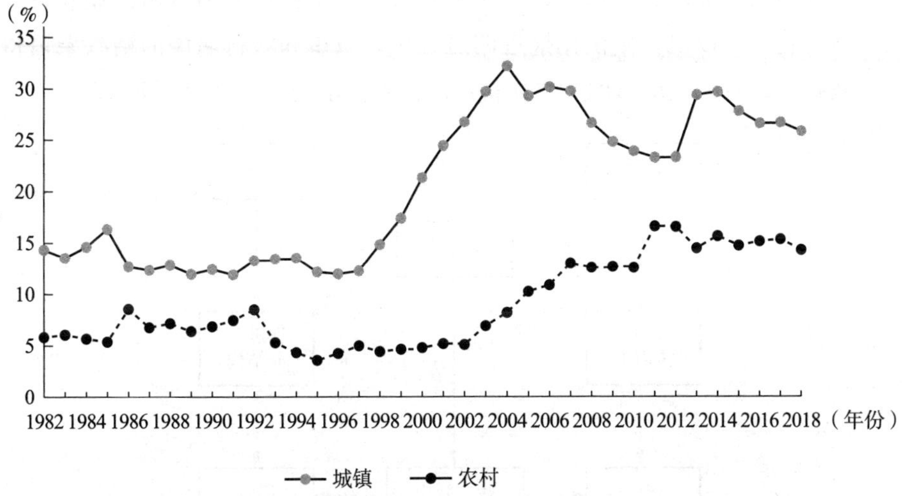

图 8-12　1982—2018 年城乡居民奶类消费量占畜产品消费比例

四、城镇化对畜产品消费的影响机制

城镇化的快速推进对我国经济、社会都有着不小的影响。城镇化正在改变我国长期存在的城乡二元经济结构，也改变着城乡就业和需求结构，更是从根本上提高了城乡居民收入水平以及消费能力。其中，人均纯收入的提高为城乡居民畜产品消费结构带来了新的特征和变化。

从整体上看，1982—2017 年，中国城镇化率几乎呈直线增加趋势，已经由 1982 年的 21. 13%增加到 2017 年的 58. 52%，其增幅为 37. 39%，年均增长率为 4. 16%。如此快速的城镇化增长率，对我国畜产品消费的促进作用巨大。城镇的集聚效应、扩散效应会对城乡居民的畜产品消费观念产生影响。相对于农村而言，城镇完善的基础设施、日益发展的物流服务业对催生新的畜产品消费需求的作用较为明显。

（一）收入效应

收入效应是指在货币收入不变的情况下，某种商品价格变化对其需求量的影响。1982—2018 年，我国城镇居民可支配收入水平由 526 元增加到 36396 元，年均增长 18. 47%。农村居民可支配收入由 1982 年的 270 元增加到 2018 年的 14617 元，年均增长 16. 91%，36 年间居民收入跳跃式增长。对城镇部门而言，城镇化可以拉动经济内生增长，实现居民增收，进而刺激城镇居民对畜产品消费的需求；对农村而言，城镇化有助于促进农村地区产业结构调整，加快规模经营，促进农民增收，进而实现由自给型畜产品消费向商品化畜产品消费转化。所以说，城镇化推进的过程中，城镇和农村居民的增收渠道得以有效扩展，收入效应有助于总体畜产品消费需求的增加（见图 8-13）。

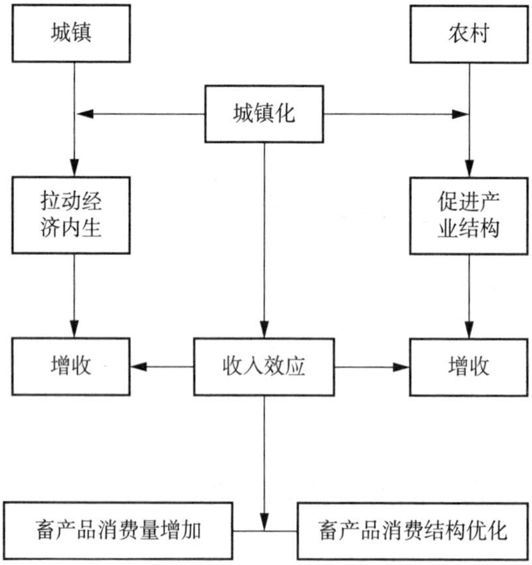

图 8-13　城镇化的收入效应

（二）市场效应

市场效应是指销售的人越多，就会形成越大的市场，从而吸引更多消费者，进而促进销量上升。从农村角度来讲，我国农村长期以来的基础设施不完善抑制了对不易存储的畜产品的消费需求。例如，鲜奶、鲜肉等主要畜产品常温条件下储存易腐败变质，对储存条件极度依赖，需要放在低温环境中才能延长保存期。但是，随着城镇化的推进，农村地区公共服务配套设施不断完善，尤其是与畜产品息息相关的冷冻冷藏技术和保鲜市场的迅速发展，大大提高了畜产品的质量水平以及畜产品的可获得性，刺激了农村地区的畜产品消费需求。城镇化的推进还有利于城镇吸纳、聚集周边地区的劳动力、技术、资本等资源，培养有辐射作用的区域中心集贸市场，进而促进城乡市场对接，加快畜产品在城乡间的流通速度，促进畜产品消费发展（见图 8-14）。

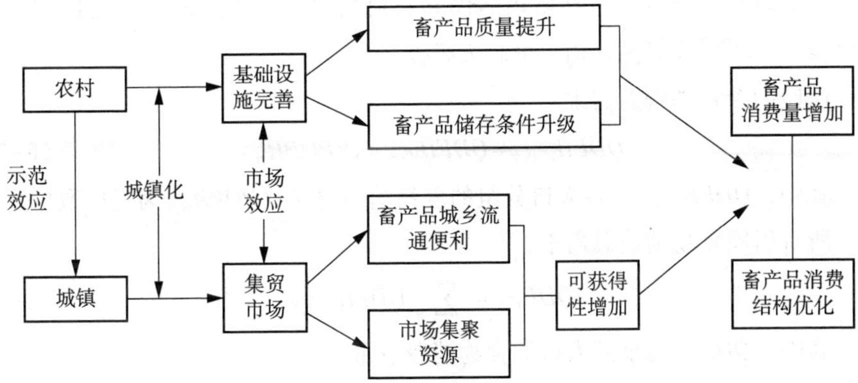

图 8-14　城镇化的市场效应和示范效应

（三）示范效应

示范效应，指的是消费者的消费行为受周围人们消费水准的影响的效应。农村人口的市民化过程会刺激畜产品消费量的增长，也会加速畜产品消费模式转变。据统计，2017 年底我国农民工约为 28652 万人，农民工市民化之后，其原有传统的农村大家庭模式开始向城镇核心家庭模式转化，这一转变过程致使家庭数量大规模增长，并提升畜产品的消费需求。已经进了城的农民工由于长期待在城镇，其对畜产品的消费观念以及消费行为不可避免地会受到城镇居民的影响，这也在一定程度上刺激了城镇的畜产品消费需求。

五、模型及模拟方案

（一）模型方程形式

1. 需求方程

（1）食物需求。

食物需求方程由三组方程构成，首先分别计算城镇居民和农村居民的人均食物需求量（价格和收入的函数），其次分别计算城镇居民和农村居民的食物需求量，最后加总城乡居民食物需求量计算得到食物需求总量。

居民人均食物消费需求：

$$\ln QDFHpc_{C,H,T}=\alpha_{C,H}^{FH}+\sum_{CP}e_{C,CP,H}^{DFPH}\ln PD_{CP,T}+e_{C,H}^{DFIH}\ln INCPC_{H,T} \quad (8-1)$$

其中，$QDFHpc_{C,H,T}$为人均消费量；$PD_{CP,T}$为消费者价格；$INCPC_{H,T}$为人均收入；H 为人口分组（包括城镇居民和农村居民）；$e_{C,CP,H}^{DFPH}w$ 为居民食物需求价格弹性；$e_{C,H}^{DFPH}$为居民食物需求收入弹性。

居民的食物消费总需求：

$$QDFH_{C,H,T}=QDFHpc_{C,H,T}\times POPH_{H,T} \quad (8-2)$$

其中，$QDFH_{C,H,T}$为各人口分组的食物消费总量；$POPH_{H,T}$为人口数量。

所有居民食物消费总需求：

$$QDF_{C,T}=\sum_{H}QDFH_{C,H,T} \quad (8-3)$$

其中，$QDF_{C,T}$为全部人口的食物消费总量。

（2）损耗。

损耗量：

$$QDW_{C,T}=IOXW_{C,T}\times QX_{C,T} \quad (8-4)$$

损耗量（QDW）由产量（QX）和损耗比例（$IOXW$）共同决定。

2. 供给方程

（1）猪和牛的供需方程。

猪肉和牛肉产量：

$$QX_{CMEAT,T}=\sum_{CLIVE}(IOLVMT_{CLIVE,CMEAT,T}\times QDP_{CLIVE,T}) \quad (8-5)$$

猪肉和牛肉产量（QX）取决于出栏量（QDP）和胴体重（$IOLVMT$）。

猪和牛的酮体重产量：

$$IOLVMT_{CLIVE,CMEAT,T}=AIOLVMT_{CLIVE,CMEAT}+\sum_{CP}e_{CMEAT,CP}^{SP}\ln PX_{CP,T} \quad (8-6)$$

胴体重为生产者价格（PX）的函数。

活猪和活牛基期存栏：

$$EST_{CPCB,T}=EST.L_{CPCB,T} \tag{8-7}$$

活猪和活牛未来存栏：

$$\ln EST_{CPCB,T}=\ln EST.L_{CPCB,T-1}+estela\times \ln\left(\frac{\sum_{CPCM}\left(\left(\frac{PX_{CPCM,T}}{PX.L_{CPCM,T-1}}\right)\times fecost.L_{CPCM,T-1}\right)}{fecost_{CPCM,T}}\right) \tag{8-8}$$

本期存栏量是期初存栏量、活动物生产者价格变化与饲料成本之间的函数。

淘汰母猪/母牛：

$$QDP_{CPCB,T}=EST.L_{CPCB,T-1}\times IOBRDSLT_{CPCB,T} \tag{8-9}$$

母猪/母牛屠宰量（QDP）取决于期初存栏量和母猪/母牛淘汰率（$IOBRDSLT$）。

母猪/母牛新增存栏：

$$QX_{CPCB,T}=EST_{CPCB,T}+QDP_{CPCB,T}-EST.L_{CPCB,T-1} \tag{8-10}$$

商品猪/商品牛新增头数：

$$QX_{CPCO,T}=\sum_{CPCB}(EST.L_{CPCB,T-1}\times IOBRDOTH_{CPCB,T}) \tag{8-11}$$

商品猪/商品牛死亡头数：

$$QDW_{CPCO,T}=QDP_{CPCO,T}\times IODEATH_{CPCO,T} \tag{8-12}$$

商品猪/商品牛可屠宰数量：

$$QDP_{CPCO,T}=(EST.L_{CPCO,T-1}+QX_{CPCO,T}-QDW)\times IOPCOSLT_{CPCO,T} \tag{8-13}$$

商品猪、商品牛的期末存栏：

$$EST_{CPCO,T}=EST.L_{CPCO,T-1}+QX_{CPCO,T}-QDW_{CPCO,T}-QDP_{CPCO,T} \tag{8-14}$$

畜产品存栏量变化：

$$STV_{C,T}=EST_{C,T}-EST.L_{C,T-1} \tag{8-15}$$

（2）除猪和牛外的其他畜产品产量：

$$\ln QX_{C,T}=\alpha_C^{SM}+\sum_{CP}e_{C,CP}^{SP}\ln PX_{C,T}+inpela_C\ln FECOST_{C,T} \tag{8-16}$$

除猪肉、牛肉外畜产品产量由畜产品生产者价格（PX）和饲料成本（$FECOST$）共同决定。其中，$e_{C,CP}^{SP}$为供给价格弹性，$inpela_C$ 为投入品弹性。

（二）模拟方案

运用中国农业产业局部均衡模型，研究不同城镇化增长方案下，2018—

2035 年各类畜产品需求的变动。根据联合国、中国社会科学院人口和城镇化率预测（见表 8-1），以及当前国内关于中国城镇化率预测的研究（见表8-2、表 8-3），本研究设计了两种模拟方案，包括城镇化率不变增长方案（SIM）、城镇化率变化增长方案（BASE）（见表 8-4）。参考当前已有研究，本研究将城镇化率不变方案设为基准方案，根据前人研究，以 2035 年城镇化率大约达到 72.04%为变化方案，分析城镇化的推进对畜产品消费量和消费结构的影响，关注未来畜产品消费量以及消费结构的变化，以此探究城镇化的推进对畜产品消费产生的影响。

表 8-1　2035 年城镇化率预测情况

单位：%

作者	期初	SIM1（低）	SIM2（中）	SIM3（高）
	2018 年	2035 年	2035 年	2035 年
顾朝林、管卫华	59.58	70		
联合国	59.58	71		
乔文怡、李玏	59.58	71~73		
中国社会科学院	59.58	72.07	73.03	74
联合国	59.58	71.11	71.11	71.11

数据来源：国家统计局及相关论文。

表 8-2　BASE 城镇化率下城乡人口增长率

单位：%

类别	2019 年	2020 年	2021 年	2022 年	2023 年	2024 年	2025 年	2026 年	2027 年
农村人口	-1.90	-1.45	-1.56	-1.66	-1.77	-1.89	-2.00	-2.11	-2.20
城镇人口	1.26	1.74	1.65	1.57	1.49	1.40	1.31	1.23	1.17
类别	2028 年	2029 年	2030 年	2031 年	2032 年	2033 年	2034 年	2035 年	—
农村人口	-2.30	-2.40	-2.50	-2.59	-2.68	-2.76	-2.85	-2.94	—
城镇人口	1.11	1.05	0.99	0.94	0.89	0.86	0.83	0.79	—

数据来源：根据国家统计局数据计算。

表 8-3　SIM 城镇化率下城乡人口增长率

单位：%

类别	2019 年	2020 年	2021 年	2022 年	2023 年	2024 年	2025 年	2026 年	2027 年
农村人口	-0.02	0.47	0.41	0.34	0.27	0.19	0.12	0.05	0.01
城镇人口	-0.02	0.47	0.41	0.34	0.27	0.19	0.12	0.05	0.01
类别	2028 年	2029 年	2030 年	2031 年	2032 年	2033 年	2034 年	2035 年	—
农村人口	-0.04	-0.08	-0.13	-0.16	-0.20	-0.22	-0.24	-0.26	—
城镇人口	-0.04	-0.08	-0.13	-0.16	-0.20	-0.22	-0.24	-0.26	—

数据来源：根据国家统计局数据计算。

表 8-4　本研究模拟方案设计

类别	期初	BASE	SIM
	2018 年	2035 年	2035 年
城镇人口（亿人）	8.31	9.82	10.24
农村人口（亿人）	5.64	4.21	3.79
总人口（亿人）	13.95	14.03	14.03
城镇化率（%）	59.58	59.58	72.04

数据来源：根据联合国数据计算。

通过 2018 年以及 2035 年的城镇化率，算出平均增长率。再根据平均增长率算出 2018—2035 年城镇化率，从而依据固定不变的总人口得到城镇及农村人口。将城镇及农村人口增长率纳入模型中，分析未来不同城镇化率对畜产品消费量及消费结构的影响（见表 8-5、表 8-6）。

表 8-5　2035 年不同城镇化率增长方案下中国动物性食品消费总量

类别	猪肉	牛肉	羊肉	鸡肉	蛋类	奶类	畜产品
BASE（万吨）	4595.89	967.15	720.68	2012.84	2174.52	4055.15	14526.23
SIM（万吨）	4509.50	901.63	660.05	1953.87	2160.76	3978.91	14164.72
SIM 比基期变化（%）	-1.88	-6.77	-8.41	-2.93	-0.63	-1.88	-22.51

数据来源：模拟结果。

表 8-6　2035 年各类畜产品需求　　单位：万吨

类别	BASE	SIM
猪肉	4595.89	4509.50
牛肉	967.15	901.63
羊肉	720.68	660.05
禽类	2012.84	1953.87
蛋类	2174.52	2160.76
奶类	4055.15	3978.91
合计	14526.23	14164.72

数据来源：模型结果。

六、结论及建议

（一）结果分析

1. 全国居民人均畜产品消费量

不同消费增长方案会影响居民畜产品消费总量以及人均消费量，但这些方案对消费总量的影响要大于人均，所以本节主要分析基准方案下中国城乡居民的人均畜产品消费量。我国多年来粮食消费量总体趋于稳定，谷物类消费量略有下降，畜产品消费量增长较快，农村居民畜产品消费量与城镇居民的畜产品消费量差距缩小。根据模型预测结果可知，2018—2035 年，在畜产品消费量中，猪肉消费量占比较高，其次是奶类，再次是蛋类和禽类，牛羊肉消费量占比相对来说较小。

首先，从全国居民的人均畜产品消费量来看，2018—2035 年，人均畜产品消费维持在 78~112 千克。蛋类、奶类和禽类增长速度较快，蛋类从 2018 年的 12.99 千克增长至 2035 年的 24.01 千克，年均增长 3.69%；人均奶类消费量由 2018 年的 19.93 千克增长至 2035 年的 29.13 千克，年均增长率为 2.26%；禽类消费量由 2018 年的 9.01 千克增长至 2035 年的 14.47 千克，年均增长率为 2.83%（见图 8-15）。

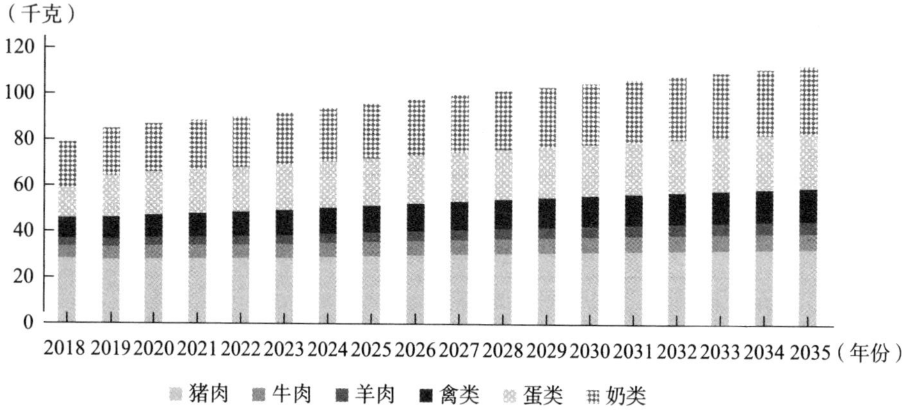

图 8-15 我国城乡居民人均畜产品消费量

数据来源：模型结果。

其次，从城镇与农村视角来看，在农村居民的人均畜产品消费量中，2018—2035 年，猪肉消费量小幅增长，牛羊肉消费量增长幅度极小，禽类人均消费量需求年均增长率达到 3.02%。蛋类的农村居民人均消费量由 2017 年的 11.28 千克增加到 2035 年的 14.91 千克，累计增加 32.2%。奶类的农村居民人均消费量变化是最大的，由 2017 年的 16.8 千克增加到 2035 年的 25.79 千克，年均增长 2.53%。

城镇居民的人均动物性食品消费量也呈增加趋势，2018—2035 年维持在 86~107 千克。未来城镇居民的人均畜产品消费量依旧有一定程度的增长，但其增长速度比农村增长慢一些。城镇居民的猪肉消费增长会放缓，从 2018 年的 31.2 千克增长至 2035 年的 34.3 千克，年均增长率为 0.58%。牛羊肉消费量增长依旧平稳，禽类消费量从 2018 年的 10.23 千克增长至 2035 年的 15.38 千克，其消费年均增长率为 2.43%，有小幅上涨。蛋类消费量变化较小，增长不明显。奶类消费量年均增长率为 1.91%（见图 8-16）。

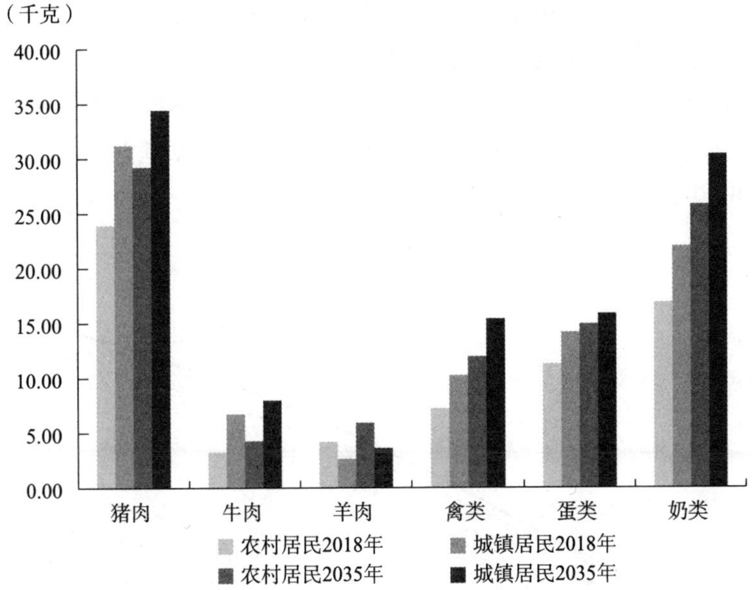

图 8-16　我国城乡居民人均畜产品消费量变化

数据来源：模型结果。

2. 未来畜产品消费需求总量及各产品占比

基准方案下，2018—2035 年，猪肉依旧是畜产品消费量中占比最大的产品，其占畜产品消费量比重由 35.88%下降到 29.38%。目前来看，猪肉占比超过畜产品总消费量的 1/3，但长远来看，猪肉消费量占比会有下降趋势。牛羊肉的直接食用消费量占比较小，从 2018 年的 1189 万吨增加到 2035 年的 1549 万吨，年均增长率为 1.57%，其占畜产品消费量比例由 2018 年的 10.94%下降到 2035 年的 10.77%，下降了 0.17%。奶类消费量仅次于猪肉，需求总量从 2766 万吨增至 4031 万吨，年均增长 1.07%，占畜产品消费量比重由 2018 年的 25.31%增加到 2035 年的 28.17%。蛋类的直接食用消费量仅次于奶类，其消费量由 2018 年的 1803 万吨增加到 2035 年的 2160 万吨，年均增长 1.07%，其占畜产品消费量比重由 2018 年的 16.49%下降到 2035 年的

15.09%。在肉类中，未来禽类消费量也不可小觑，消费量由2018年的1250万吨增加到2035年的2002万吨，年均增长率达2.81%，其占畜产品消费量比重由2018年的11.44%增加到2035年的13.99%。

3. 不同模拟方案对畜产品消费量的影响

根据模拟方案结果可以看出（见图8-17），在城镇化率保持不变的方案（SIM1）、城镇化率增长方案（BASE）下，畜产品直接食用消费量有所变化。2035年城镇化率保持不变的方案（SIM1）低于城镇化率正常增长的基准方案（BASE）下畜产品的食用需求量；其中，在城镇化率不变方案（SIM1）下，畜产品累计消费量差异在2035年达到361.51万吨，比基准方案下畜产品累计需求量低22.51%。

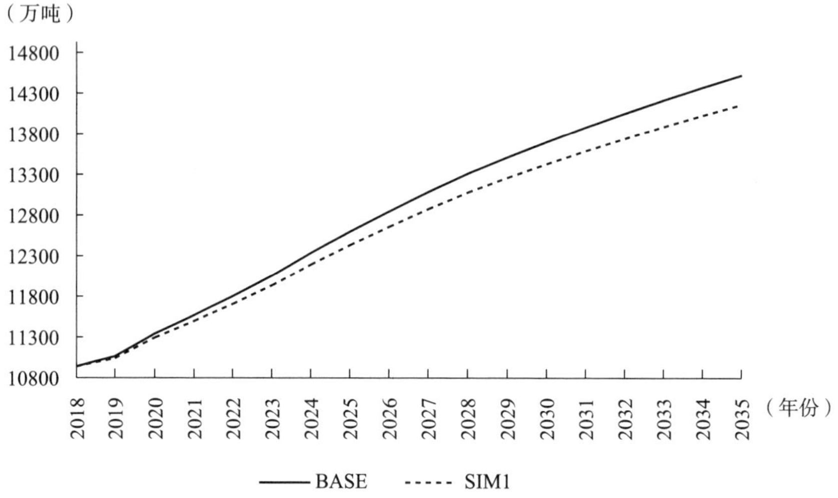

图8-17 2018—2035年不同城镇化率方案下畜产品总需求量

与畜产品直接食用需求类似，在不同城镇化率增长方案的预测下，对未来猪肉直接食用消费总需求量不同。根据模拟方案结果可以看出，在城镇化率保持不变情况（SIM1）下，猪肉的直接食用消费量低于基准方案下猪肉消费量，2035年直接食用猪肉的累计需求量比基准方案低86.39万吨，降低1.92%。相比于城镇化率增长情景（BASE），城镇化率不变情景（SIM1）下各类畜产品消费量都要低：禽类累计量比基准方案下需求量低3.02%，蛋类在两种方案下差异最小，2035年累计量比基准方案下低0.64%。

同时，在不同的城镇化率预测方案下，对猪肉、牛肉、羊肉、禽类、蛋类、奶类等畜产品的直接食用消费量存在不同程度的差异。就绝对值而言，猪肉的食用需求量在不同方案下差异最大。2035 年，奶类食用消费量比基准方案低 76.24 万吨。

（二）结论

农村作为和谐社会的重要组成部分，自新中国成立以来发生了翻天覆地的变化。本研究对 1982—2018 年以来的畜产品消费量变化轨迹进行描述，关注居民饮食变化情况，分析改革开放以来我国居民生活水平变化情况。农业是重要的基础性产业，本研究从侧面反映出我国生产能力的提高。本研究对 2018—2035 年畜产品消费进行预测，利用所建立的模型，除预测基准人口方案外，还模拟预测了 SIM 方案下未来畜产品消费结构的变化。根据模型模拟的结果可以得出以下结论：

城乡居民畜产品消费结构不断发生变化，畜产品的消费继续增长。通过 SIM 和 BASE 模拟发现，到 2035 年，我国畜产品结构有所升级，基本达到发达国家水平。未来畜产品需求总量仍将保持增长，但不同方案下畜产品消费需求总量差异明显。由模型结果可知，随着收入的增加，我国畜产品总体消费量呈正比变化。随着城镇人口比例增加，农村人口比例减小，我国畜产品消费量总体增长趋势明显。2028 年前后，城镇人口的畜产品消费增长速度明显趋于饱和，农村的畜产品消费量增长速度整体快于城镇，但是也呈放缓趋势，这证明随着城镇化的不断推进，我国畜产品消费量虽然增加，但其速度会放缓。

（三）政策建议

在前文中分析了我国畜产品消费量的历史轨迹、现状以及未来变化情况，并分析城镇化对于我国城乡居民畜产品消费的影响路径，利用中国农业产业局部均衡模型，模拟并分析了收入和城镇化率对城乡居民人均畜产品消费量和消费结构的影响，结果表明，城镇化率的推进对城乡居民人均畜产品消费增长有稳定的正向刺激作用。随着城镇化的不断推进，城市和农村之间畜产品消费差距也会逐渐缩小。面对城乡居民消费水平、消费结构和消费模式不断升级的趋势，以及现存的城乡畜产品消费的二元差距，政府需要充分考虑未来畜产品变化趋势，适时推出与城镇化相匹配的畜产品产业政策，为畜牧业健康发展护航。

首先，消费所形成的新的需求对生产的调整和升级起着导向作用，生产决定消费的对象、方式、质量及水平，所以改善畜产品生产、消费中的各种问题至关重要。畜牧业中饲料粮是重要一环，加快提高饲料转化效率有助于促进畜牧业发展。从国家层面制定系列发展规划，如推进节粮型畜牧业的发展；大力推进饲料工业的科技创新，加快新型复合饲料的研制和开发；全面完善动物疫病防控体系建设，提高应对重大突发疫情的快速反应能力等举措有助于加快畜牧业养殖结构的调整。禽类的年均增速在所有畜产品中是最快的，其消费前景也最为乐观，所以，增加禽类的养殖，扩大城乡居民畜产品供给规模，进一步拓宽居民畜产品消费来源是一条可行之策。规模化、集约化的生产方式是当前畜牧业现代化发展的方向。以规模化、标准化养殖场为关键点，推进畜牧业科技成果应用与转化，加快现代化高效优质的集约化现代养殖体系建设，可促进畜牧业可持续发展。

其次，应调整畜牧业生产结构，优化畜产品生产布局，建立标准化生产体系，因地制宜，依据各地区的资源禀赋条件和产业基础，尊重市场供求关系，以比较优势和产业集聚为原则，进行畜牧业生产的总体布局；加快畜牧业标准化生产体系建设是增强畜牧业综合生产能力、保障畜产品市场有效供给、提升畜产品质量安全水平、增强畜产品国际竞争力的有效举措。关注市场流通领域，加快农村畜产品市场建设，激活农村畜产品消费市场。畜产品市场流通体系是沟通畜产品生产与消费的桥梁与纽带，是畜牧业发展现代化的重要支撑，直接关系到生产者或养殖户能否顺利对接市场，以及能否满足消费者的购买需求。因此，需要提高农村集贸市场的现代化水平，以中小城镇为中心，打造起县—乡—村三级冷链物流配送和畜产品销售网，围绕养殖、屠宰、加工、运输和销售产业链环节完善相应的基础设备设施建设。

当然，加强对农村物流乱收费等管理，加大质量安全监管力度，能有效改善农村畜产品消费市场现状。畜产品深加工、创新消费方式也是改善畜牧业发展的重要一环。消费需求管理方面可以加大居民收入的支持力度、加强畜产品质量安全管理。

最后，要引导合理的消费观念，培育绿色消费意识。我国传统的膳食结构和文化导致了居民畜产品类消费中存在着一系列的问题。畜产品消费过于集中，我国传统节日多，而吃喝是庆祝传统节日的重要方式，因此畜产品集中消费现象较为明显。随着收入水平的提高，热情好客的传统习俗变成“面子文化”“攀比心理”，居民肉类消费特别是在外就餐畜产品消费中存在着较为严重的浪费现象。因此，应积极引导居民健康消费意识的转变，形成健康、合理、绿色和可持续的畜产品消费观念。培育绿色消费意识，加大对优质农产品品牌的宣传，提高消费者对绿色食品、无公害食品和有机食品的认可度，使消费者形成与城镇化进程相适应的科学合理的畜产品消费观念。

参考文献

[1] 乔文怡，李玏，管卫华，等 . 2016—2050 年中国城镇化水平预测 [J]. 经济地理，2018，38（2）：51-58.

[2] 石大千 . 城镇化影响消费需求的动态路径 [J]. 城市问题，2016（5）：69-73，97.

[3] 高春亮，魏后凯 . 中国城镇化趋势预测研究 [J]. 当代经济科学，2013，35（4）：85-90，127.

[4] 兰海强，孟彦菊，张炯 . 2030 年城镇化率的预测：基于四种方法的比较 [J]. 统计与决策，2014（16）：66-70.

[5] 钟甫宁 . 劳动力城乡流动改变农村人口结构 [J]. 中国社会科学学报，2012（B03）：1-16.

[6] 刘磊 . 城镇化视角下的中国肉类消费研究 [D]. 北京：中国农业科学院，2014.

[7] 叶锋，谢娟，马敬桂 . 城镇化发展对城镇居民肉类消费影响分析 [J]. 长江大学学报（自然科学版），2018，15（14）：73-77.

[8] 刘秀梅，秦富 . 我国城乡居民动物性食物消费研究 [J]. 农业技术经济，2005（3）：25-30.

[9] 李宁，张瑞荣 . 内蒙古地区城镇居民肉类消费需求研究 [J]. 财经理论研究，2013（4）：59-65.

[10] 许菲，白军飞，张彩萍 . 中国城市居民肉类消费及其对水资源的影响——基于一致的 Two-step QUAIDS 模型研究 [J]. 农业技术经济，2018（8）：4-16.

[11] 朱文博，陈永福 . 世界和中国肉类消费及展望 [J]. 农业展望，2018，14（3）：98-109.

[12] 白军飞，闵师，仇焕广，等 . 人口老龄化对我国肉类消费的影响 [J]. 中国软科学，2014（11）：17-26.

[13] 马云倩，王秀丽，孙君茂，等 . 基于 LASSO 方法的我国城乡居民食物消费结构影响因素研究 [J]. 广东农业科学，2017，44（10）：141-147.

[14] 辛良杰，李鹏辉，范玉枝 . 中国食物消费随人口结构变化分析

[J]. 农业工程学报, 2018, 34 (14): 296-302.

[15] 王祖力, 王济民. 我国畜产品消费变动特征与未来需求预测 [J]. 农业展望, 2011, 7 (8): 55-59.

[16] 蒋乃华, 辛贤, 尹坚. 我国城乡居民畜产品消费的影响因素分析 [J]. 中国农村经济, 2002 (12): 48-54.

[17] 李志强, 王济民. 我国畜产品消费及消费市场前景分析 [J]. 中国畜牧兽医文摘, 2003 (1): 5-6.

[18] 欧阳金琼, 王雅鹏. 城镇化对缩小城乡收入差距的影响 [J]. 城市问题, 2014 (6): 94-100.

[19] 辛翔飞, 张怡, 王济民. 我国畜产品消费: 现状、影响因素及趋势判断 [J]. 农业经济问题, 2015, 36 (10): 77-85, 112.

[20] 唐步龙, 张前前. 畜产品消费的制约因素、发展趋势及对策研究 [J]. 淮阴师范学院学报 (哲学社会科学版), 2017, 39 (1): 72-75.

[21] 杨永兵. 基于误差修正模型的城乡居民消费弹性比较 [J]. 统计与决策, 2011 (7): 100-101.

[22] 尚旭东, 李秉龙. 我国城乡居民畜产品消费特征与问题分析——基于消费结构与收入差距视角 [J]. 生态经济, 2012 (6): 45-52.

[23] 夏晓平, 隋艳颖, 李秉龙. 我国城镇居民畜产品消费问题分析——基于收入差距与粮食安全视角 [J]. 晋阳学刊, 2011 (2): 41-45.

[24] 普蕾. 中国城镇化对经济增长的影响研究 [D]. 昆明: 云南大学, 2015.

[25] 杨域. 山东省居民畜产品消费问题研究 [D]. 泰安: 山东农业大学, 2012.

[26] 白建丽. 当前畜产品质量安全存在问题及对策建议 [J]. 山东畜牧兽医, 2017, 38 (2): 42-43.

[27] 安玉莲, 孙世民, 夏兆敏. 国外畜产品质量控制的措施与启示 [J]. 中国农业资源与区划, 2017, 38 (3): 231-236.

[28] 刘丽红. 河北省城乡居民收入和畜产品消费关系研究 [D]. 保定: 河北农业大学, 2012.

[29] 张举荐. 河北省猪肉消费需求以及影响因素研究 [D]. 保定: 河北农业大学, 2015.

[30] 李艳红. 大同市城乡居民畜产品消费问题研究 [J]. 黑龙江畜牧兽

医，2016（12）：17-20，275-276.

［31］王俊，庄天慧，陈雪．新疆居民畜产品消费分析［J］．四川农业大学学报，2017，35（2）：280-288.

［32］徐琛卓．基于组合模型的我国畜产品消费量预测［D］．北京：中国农业科学院，2015.

［33］韩昕儒，陈永福．基于收入分层 QUAIDS 模型对农民工家庭内食物消费影响因素的实证分析［J］．农村经济，2016（3）：61-66.

［34］王玉环．中国畜产品质量安全供给研究［D］．杨凌：西北农林科技大学，2006.

［35］高春亮，魏后凯．中国城镇化趋势预测研究［J］．当代经济科学，2013，35（4）：85-90，127.

第九章

城镇分化与食物消费：中国户籍制度的影响分析

目的：探究中国户籍制度导致的城镇分化对城镇地区居民食物消费的影响。方法：基于2007—2009年中国6个省（区）的国家统计局城镇住户调查数据，通过运用倾向得分匹配法（PSM）纠正潜在的选择偏差。应用Rosenbaum界限检验评估倾向得分匹配结果对未观测到的变量敏感性。结果表明：与拥有城镇户口的本地家庭相比，拥有农村户口的农民工家庭畜产品和蔬菜水果的消费分别减少8.8%和4.8%；户口类别不影响城镇地区粮食和食用油的消费。户口类别对食物消费的影响因收入水平而异，低收入和中等收入家庭更容易受到户口歧视的影响。更强的预防性储蓄动机和没有得到社会保障补偿的福利支出增加导致了拥有农村户口的农民工家庭食物消费的减少。独创性：本研究通过探讨户籍制度对食物消费结构的影响，从而推进研究前沿，准确反映了家庭福利。

一、引言

城镇分化是经济结构调整的结果，并对社会福利产生影响（Musterd，Ostendorf，1998）。自1978年经济改革以来，中国城镇化率由1978年的17.9%上升到2017年的58.5%（国家统计局，2018）。农民工数量由1990年的2500万人增加到2017年的2.87亿人，年均增长率为9.1%（国家统计局，2018）。农民工可以暂时居住在城镇地区，但由于中国户籍制度的限制，他们无法获得全部的城镇服务，因而与当地城镇居民产生分化（Cai et al.，2016）。

20世纪50年代，中国政府引入了户籍制度，该制度最初是根据居住地点来确定农村和城镇家庭，以达到控制内部迁移的目的。20世纪80年代，随着中国经济的快速增长，农村居民开始进城务工，成为“农民工”。虽然中国一直致力于消除地区间劳动力流动的障碍，但目前的户籍制度对进城务工农民在城镇地区定居方面起到了阻碍作用。[①] 因此，居住在城镇地区的家庭按户口性质分为两类：拥有城镇户口的本地家庭和拥有农村户口的农民工家庭。与拥有城镇户口的本地家庭相比，拥有农村户口的农民工家庭在教育、医疗保障、就业机会和公共服务方面遭遇不平等对待（Chen et al.，2013；Fang and Sakellariou，2016；Gersovitz，2016；Meng，2012；Whalley and Zhang，2007；Zhu，2004）。例如，政府机关和国有企业通常会以短期合同的形式雇用农民工。他们面临着就业和工资歧视，尤其是在高工资的国有企业（Song，2016）。拥有农村户口的农民工家庭不享有住房补贴、国家养老金、医疗保险和子女进入公立学校学习等福利[②]。

关于户口制度的现有研究主要关注户口对就业、工资、健康状况、幸福感和主观幸福感等方面的影响（Afridi et al.，2015；Jiang et al.，2012；Lee，2012；Liu，2005；Meng and Zhang，2001；Song，2016）。Afridi 等（2015）的研究表明，突出户口身份会显著降低农民工家庭子女的学习成绩，并可能加剧城镇地区的收入不平等。Jiang 等（2012）研究发现城镇居民的主观幸福感与户口不平等呈负相关。本研究主要关注户口制度对食物消费的影响，与收入和工资相比，食物消费能更准确地衡量家庭福利，因为其反映了家庭的基本需求以及对预期终生收入的支出计划（Cutler and Katz，1992；Deaton and Zaidi，2002）。拥有农村户口的农民工家庭的食物消费和福利获得在很大程度上受到了其获得城镇服务较少的限制。

本研究重点是对比拥有城市户口的本地家庭和拥有农村户口的农民工家庭之间的消费行为，而不是城镇家庭和农村家庭之间的消费行为，也不是农民工和农村家庭之间的消费行为。城镇生活可能会消除农民工与当地城镇居民在食物获取途径、饮食习惯和生活方式上的差异（Huang and Bouis，2001）。由于食物消费受到居民饮食习惯和生活方式的影响，因此，通过对比两组具有相似城镇生活方式的居民，能够确定对拥有农村户口的农民工家庭

---

① 户口是在出生时继承的，只有通过有限的方式才能使农村户口转变为城市户口，即进入高等教育机构学习、接受赞助（如艺术家或雇主）、土地征用和投资房地产等。

② 公立学校应该为中国所有的孩子提供免费教育。然而，免费教育只保证那些户口与学校所在地相匹配的孩子（Sa，2004）。拥有农村户口的儿童需要支付高昂的区外学费才能进入城镇公立学校，或者支付更多的学费才能进入学费资助的营利性农民工学校（Ma et al.，2008；Lai et al.，2014）。

的户籍歧视对食物消费的影响，而不受到地理位置效应的影响。

与以往关于户口制度和消费支出方面的研究不同，本研究基于食物消费数量直接比较了拥有城镇户口的本地家庭和拥有农村户口的农民工家庭的食物消费结构。Chen 等（2015）证明，与本地城镇居民相比，户籍限制减少了农民工的总消费支出。Fang、Sakellariou（2016）和 Chen（2018）探究了户籍制度对农民工家庭消费支出减少效应的根本原因。以上研究的关注点主要集中在总消费水平的变化，而未考虑消费数量结构的变化。本研究直接比较了拥有城镇户口的本地家庭和拥有农村户口的农民工家庭在不同种类食物上的消费数量，此方法不仅排除了价格效应，而且揭示了户籍制度导致的两类人群家庭基本福利的差异。

倾向得分匹配法（PSM）（Dehejia and Wahba，2002；Heckman et al.，1997）主要用于修正户口性质的选择偏差。本研究所用数据来源于 2007—2009 年国家统计局城镇居民住户调查，包括 6 个省（区）的 19648 个城镇本地和农民工家庭。本研究应用 Rosenbaum 界限检验来评估倾向得分匹配法对未观测变量的敏感性，以作为稳健性检验。户口制度影响食物消费的渠道通过了实证检验。

研究结果表明，与拥有城镇户口的本地家庭相比，拥有农村户口的农民工家庭畜产品和蔬菜水果的消费分别减少 8.8%和 4.8%，户口类别不影响粮食和食用油的消费。户口对食物消费的影响因收入水平而异：对中低收入群体影响显著，对高收入群体影响不显著。拥有农村户口的农民工家庭较强的预防性储蓄动机和较高的福利支出（尤其是在基础教育方面），致使他们的食物消费较低。

二、数据

本研究所用数据来源于国家统计局 2007—2009 年城镇居民住户调查①。样本为 6 个省（区）中 80 个城镇的 19648 个家庭，其中河北和广东是东部经济区，吉林和河南是中部经济区，四川和新疆是西部经济区，以上省（区）代表了中国不同的经济区域。抽样调查的城市占六省（区）城市总数的 87.9%，涵盖了从大城市（如广州和深圳）、中等城市（如成都和郑州）到小

① 由于官方统计数据有限，从国家统计局获取的数据时间相对较短，并进行了静态分析。户口制度最近逐渐放宽。例如，一些小城市放宽了户口获取标准，为投资者、购房者和有正式工作的人提供本地城镇户口。然而，这些改革从根本上还不足以完全取消户口限制，尤其是在大多数农民工居住和工作的大城市。改变户口性质仍然困难，因此大多数农民工家庭仍然保持他们的农村户口（Song，2014）。

城市的全部范围。

国家统计局城镇居民住户调查数据质量较高，该数据已在中国城镇居民的食物消费研究中广泛应用（Gould and Villarreal，2006；Zheng and Henneberry，2011；Han and Chen，2016）。调查样本包括居住在市区至少6个月的拥有城市户口的本地家庭和拥有农村户口的农民工家庭。与大多数只记录短时间的消费调查不同，国家统计局的调查数据是根据家庭在12个月的消费调查汇编而成的（Zheng and Henneberry，2010）。因此，本研究所用数据能够反映居住在城镇的家庭全年的实际消费模式。

干预组由865个拥有农村户口的农民工家庭组成，使用拥有城镇户口的本地家庭分类指标识别①。其余拥有城镇户口的本地家庭作为对照组。对照组的样本量相对较大，这确保有足够多的样本使对照组与干预组相匹配。本研究根据城镇住户收支年鉴的食物分类标准，将食物分为四类：粮食、畜产品、食用油、蔬果。进一步将畜产品分为红肉（即猪肉、牛肉和羊肉）、家禽、蛋类和奶类②。

不同类别食物消费的描述性统计情况见表9-1，拥有农村户口的农民工家庭人均食物消费量为286.87千克，显著低于拥有城镇户口的本地家庭的317.55千克。禽畜产品及蔬果的人均消费量分别为65.15千克及145.09千克，均显著低于拥有城镇户口的本地家庭的消费水平。二者在粮油消费量上无显著差异。

表9-1　主要变量的描述性统计分析

变量	全部样本		农民工		城镇居民		均值差距
	均值	标准偏差	均值	标准偏差	均值	标准偏差	均值
人均家庭内消费量（千克/年）							
食物	316.20	113.25	286.87	113.58	317.55	113.05	-30.68*
粮食	67.83	36.87	67.09	40.85	67.87	36.68	-0.78
畜产品	75.26	36.28	65.15	33.97	75.72	36.32	-10.58*
红肉	25.37	14.89	22.18	14.51	25.52	14.89	-3.34*
家禽	10.18	8.67	9.22	7.71	10.23	8.71	-1.01*

① 国家统计局的调查记录了四种类型的户口，即本地及非本地城镇户口、本地及非本地农村户口。在本研究中，本地和非本地的城镇户口统计为拥有城镇户口的家庭，而本地和非本地的农村户口家庭统计为拥有农村户口的家庭。

② 奶类包括新鲜奶、奶粉和酸奶，即奶类=新鲜奶+奶粉+酸奶。

续表

变量	全部样本		农民工		城镇居民		均值差距
	均值	标准偏差	均值	标准偏差	均值	标准偏差	均值
蛋类	9.82	6.09	9.30	6.33	9.85	6.08	-0.55*
奶类	20.09	17.71	15.80	14.57	20.29	17.82	-4.49*
食用油	9.60	6.02	9.55	6.12	9.61	6.02	-0.06
蔬果	163.51	62.33	145.09	60.28	164.36	62.29	-19.28*
家庭特征							
实际可支配收入（万元）	1.43	1.03	1.16	0.80	1.45	1.03	-0.28*
家庭规模	3.09	0.83	3.30	0.98	3.01	0.82	0.22*
孩子比例（%）	0.57	0.68	0.74	0.76	0.58	0.67	0.18*
是否拥有房产（是=1，否=0）	0.40	0.49	0.21	0.41	0.40	0.49	-0.19*
户主特征							
年龄（岁）	43.80	8.08	39.97	8.35	43.97	8.02	-4.01*
在所在城镇居住年数（年）	31.05	15.93	16.74	13.42	31.71	15.73	-14.96*
受教育程度（年）	12.20	2.87	10.02	2.48	12.30	2.85	-2.28*
地区虚拟变量							
河北（是=1，否=0）	0.16	0.36	39.97	0.39	0.15	0.36	0.04*
吉林（是=1，否=0）	0.07	0.25	16.74	0.17	0.07	0.25	-0.04*
河南（是=1，否=0）	0.19	0.39	10.02	0.37	0.19	0.39	-0.02*
广东（是=1，否=0）	0.19	0.39	0.38	0.49	0.30	0.46	0.08*
四川（是=1，否=0）	0.30	0.46	0.14	0.34	0.20	0.40	-0.06*
新疆（是=1，否=0）	0.20	0.40	0.09	0.29	0.09	0.29	0.00
城市人口密度（千人/平方千米）	1.56	1.25	1.60	1.26	1.55	1.25	0.05
样本容量	19648		865		18783		

注：* 代表5%显著性水平。

在家庭特征方面，拥有农村户口的农民工家庭人均实际可支配收入较低，家庭规模较大，老年人和儿童比例较高①，拥有住房的可能性更低。拥有农村户口的农民工家庭人均实际可支配收入为 11600 元，明显低于拥有城镇户口的本地家庭的 14500 元。其家庭平均人数为 3.30 人，明显大于拥有城镇户口的本地家庭的 3.01 人，说明家庭成员较多。这一结果部分反映了中国在 2015 年之前实施的独生子女政策的影响，即拥有城镇户口的本地家庭普遍受到独生子女政策的限制；而对于拥有农村户口的农民工家庭来说，如果第一个孩子是女孩，则允许生第二个孩子。与拥有城镇户口的本地家庭相比，拥有农村户口的农民工家庭有更多的老人和儿童需要照顾和抚养，其中成员年龄在 65 岁以上或 14 岁以下的家庭占 74%。大约有 21%的拥有农村户口的农民工家庭拥有房产，这远远低于拥有城镇户口的本地家庭的 40%。拥有农村户口的农民工家庭的户主可能更年轻，在城镇居住的时间更短，受教育程度也比拥有城镇户口的本地家庭低。

三、实证方法

户口在出生时就已经决定，因此对个人来说几乎是外生的。然而，由户口性质产生的城镇分异对食物消费的影响与户口性质相关的教育、收入和其他人口特征的影响相异②。为了纠正选择偏差，本研究运用倾向得分匹配法（Dehejia and Wahba，2002；Heckman et al.，1997）将拥有城镇户口的本地家庭与具有相似特征的拥有农村户口的农民工家庭相匹配。

倾向得分由 Rosenbaum 和 Rubin（1983）定义，是给定观测协变量向量的一个特定干预的条件赋值概率。倾向得分被用来表征干预组和对照组之间的相似性。通过控制倾向分数，对照组家庭可以提供一个相对于干预组的可行性反事实分析。PSM 不是根据多个协变量来描述相似性，而是仅根据倾向得分来比较家庭。该方法已广泛应用于冲击评估研究（Abate et al.，2016；Abebaw and Haile，2013；Lechner，2002；Liu and Lynch，2011）。在本研究中，拥有农村户口的农民工家庭为干预组，拥有城镇户口的本地家庭为对照组。因此，干预效应是为居住在城市地区的农民工家庭分配农村户口。本研究构建 Probit 模型［式（9-1）］来估计倾向得分：

---

① 老人指 65 岁以上居民，儿童指 14 岁以下居民。

② 本研究确定了户籍制度导致的城镇分异对食物消费的影响。拥有农村户口的农民工家庭受到劳动力市场、社会保险及城市居住等方面的歧视。

$$p(X_i) = prob(H_i = 1 \mid X_i) = \int_{-\infty}^{\beta' X_i} \varphi(z)dz = \varphi(\beta' X_i) \tag{9-1}$$

其中，$p(X_i)$ 为城镇居民 i 拥有农村户口的概率；H_i 表示户口性质，$H_i=1$ 表示该样本为农村户口，$H_i=0$ 表示该样本为城镇户口；X_i 为影响户口性质的相关因素，主要包括住户、户主和居住区域的所有特征变量；β 为待估计参数向量。

由于 PSM 对有限样本的匹配算法比较敏感，本研究迭代地应用最近邻匹配法（Nearest Neighbor Matching）、核匹配法（Kernel Matching）和半径匹配法（Radius Matching）三种常用算法来匹配拥有城镇户口的本地家庭和拥有农村户口的农民工家庭（Caliendo and Kopeinig，2008）。最近邻算法将干预组与对照组家庭按照最接近的倾向得分进行匹配。核匹配法使用所有对照组单元的加权平均值构建反事实分析，将最高的权重放在那些倾向得分最接近干预组的单元上。半径算法为在一定的卡尺范围内搜索对照组家庭进行匹配。

处理后的平均处理效应（ATT）是根据已匹配的样本进行估计的。Rosenbaum 和 Rubin（1983）认为通过倾向得分匹配，可以得到干预组和对照组的均值差异是对平均处理效果的无偏估计。使用对数形式来获得食物消费的百分比变化，得出 ATT 为

$$\begin{aligned} ATT &= E[\ln Y_i^T - \ln Y_i^C \mid H_i = 1, P(X_i)] \\ &= E[\ln Y_i^T \mid H_i = 1, P(X_i)] - E[\ln Y_i^C \mid H_i = 1, P(X_i)] \end{aligned} \tag{9-2}$$

其中，Y_i^T和 Y_i^C分别代表干预组和对照组的食物消费量。

为了保证匹配估计量正确识别干预效应，必须满足匹配平衡和条件独立两个条件。在这两个条件约束下，处理分配是可忽略的；因此，基于倾向得分匹配可以产生无偏估计（Rosenbaum and Rubin，1983）。匹配平衡要求具有相同倾向得分的拥有城镇户口的本地家庭和拥有农村户口的农民工家庭具有相似或差异不大的特征（Becker and Ichino，2002；Wendimu et al.，2016）。通过 t 检验（Rosenbaum and Rubin，1985）和调整的 R^2（Sianesi，2004）可以检验匹配平衡情况。如果两组的均值或协变量的分布不存在显著差异，则不能拒绝匹配平衡的条件。

在控制了可观察的协变量后，条件独立指拥有农村户口的农民工家庭分配与潜在结果无关。其要求所有与干预和结果相关的变量都是可观测的（Li，2013；Rosenbaum and Rubin，1983；Wendimu et al.，2016）。如果有未观测到

的特征同时影响干预组分配和结果变量，则 PSM 估计是有偏误的。由于条件独立不能被直接检验，因此采用 Rosenbaum 界限法评估倾向得分匹配法对未观测到变量的敏感性。

四、结果

倾向得分是使用 Probit 模型估计得到的[①]（见表 9-2）。人均可支配收入较低、家庭规模较大、老人和子女比例较小且无房产家庭的户主更可能是农村户口。随着年龄的增长，45 岁以下的户主更有可能获得城镇户口，而年龄超过 45 岁的户主获得城镇户口的可能性较小。拥有农村户口的户主在城市居住的时间较短，受教育程度也低于拥有城镇户口的本地户主。

表 9-2　Probit 估计结果

变量	系数	自助法标准误	边际效应
家庭特征			
居民家庭实际可支配收入（万元）	-0.110***	0.029	-0.008
家庭人口数	0.121***	0.029	0.009
老人和儿童占家庭人口比重（%）	-0.080**	0.035	-0.006
是否拥有房屋产权（1=是，0=否）	-0.275***	0.042	-0.020
户主特征			
户主年龄	-0.090***	0.020	-0.007
户主年龄的平方项	0.001***	0.000	0.000
户主在所在城镇居住年数	-0.030***	0.002	-0.002
户主受教育程度	-0.167***	0.007	-0.012
居住地区			
河北（1=是，0=否）	-0.051	0.096	-0.004
吉林（1=是，0=否）	-0.218*	0.119	-0.016
河南（1=是，0=否）	-0.159*	0.089	-0.012
广东（1=是，0=否）	-0.044	0.077	-0.003
四川（1=是，0=否）	-0.316***	0.078	-0.023
居民所在城市的人口密度（千人/平方千米）	0.021	0.020	0.002

① 表 AI 中报告了简单普通最小二乘法（OLS）模型估计的结果。与 PSM 结果相比，OLS 模型高估了户口对每一类食物消费的影响。

续表

变量	系数	自助法标准误	边际效应
常数项	3.281***	0.438	-0.008
Log likelihood =-2699.513			
Pseudo R^2 =0.239			

注：*、**和***分别表示在10%、5%和1%的水平下显著。

对家庭样本的匹配将采用三个可相互替代的算法，包括最近五近邻匹配法、核函数匹配法（带宽=0.06）和半径匹配法（卡尺=0.05）。如图9-1所示，横坐标轴是干预组的概率，纵坐标轴是倾向得分。干预组和对照组在匹配前的倾向分数存在显著差异，但在匹配后基本趋于一致。

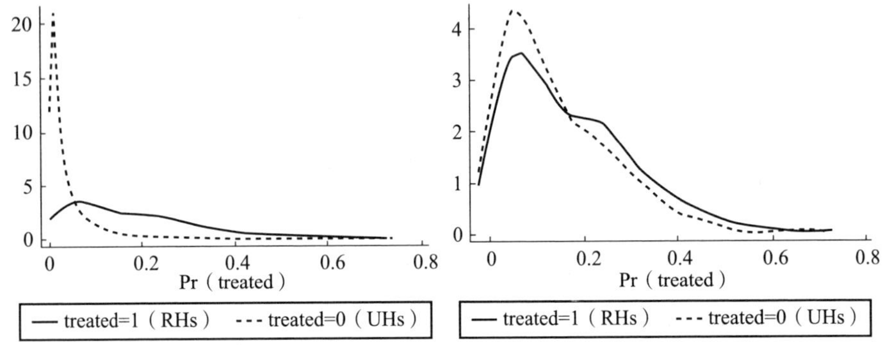

图9-1 匹配前后干预组和对照组的倾向得分分布

匹配平衡检验结果见表9-3。t检验表明，采用最近邻法匹配后，不能拒绝干预组和对照组均值无差异的假设。结果表明，采用最近邻算法满足匹配平衡条件。对于其他两种算法，至少有一个协变量会拒绝原假设。Sianesi（2004）认为，如果匹配后协变量的分布没有系统性的差异，那么调整的R^2应该是低的。结果表明，五近邻匹配算法是所有算法中最优的。

表9-3 基于不同算法的匹配效果

变量	匹配前后均值偏差（%）		
	五近邻匹配算法[a]	核函数匹配法[b]	半径匹配法[c]
家庭特征			
人均可支配收入（万元）	-0.5	-1.3	-1.5
家庭人口数	-5.6	-1.2	-0.8
老人和儿童占家庭人口比重（%）	1.1	4.6	4.8

续表

变量	匹配前后均值偏差（%）		
	五近邻匹配算法[a]	核函数匹配法[b]	半径匹配法[c]
是否拥有房屋产权（1=是，0=否）	-2.0	-7.6	-8.0
家庭户主特征			
户主年龄（岁）	-3.8	-9.6	-9.9*
户主在所在城镇居住年数（年）	-4.0	-16.2*	-17.1*
户主受教育程度（年）	4.6	-2.5	-3.3
居住地区			
河北（1=是，0=否）	-0.6	1.6	-4.3
吉林（1=是，0=否）	-1.1	-4.2	-0.4
河南（1=是，0=否）	2.7	-0.5	3.6
广东（1=是，0=否）	-1.9	3.5	-3.1
四川（1=是，0=否）	-1.4	-3.0	2.4
居民所在城市的人口密度（千人/平方千米）	0.9	2.4	-4.3
Pseudo-R^2	0.002	0.007	0.008

利用式（9-2）估计了户口对食物消费的影响①。表9-4（第2列）报告了基于最近邻算法的估计结果。与拥有城镇户口的本地家庭相比，拥有农村户口的农民工家庭的食物消费量明显减少，减少了4.7%。

在主要食物消费中，拥有城镇户口的本地家庭和拥有农村户口的农民工家庭在畜产品和蔬果的消费上存在显著性差异，而在粮食和食用油的消费上两组家庭之间无显著性差异。拥有农村户口的农民工家庭畜产品和蔬果的消费相对较少，分别少8.8%和4.8%。除蛋类消费外，拥有城镇户口的本地家庭和拥有农村户口的农民工家庭之间畜产品的亚类消费存在显著差异。拥有农村户口的农民工家庭在红肉、家禽和奶类的消费量上分别减少9.8%、9.5%和9.8%。以上结果表明，户口导致了城镇和农民工家庭在食物消费方面的差异。Me'jean等（2008）发现，本地和移民家庭的食物消费终将收敛。

① 本研究还使用了另一种倾向得分方法，即逆概率加权（IPW）来纠正选择偏差。IPW使用加权的方法而不是简单的未加权的方法来将户口效应从其他混杂因素中分离出来，在这些混杂因素中，权重被构建为概率分数的倒数。它产生ATT的有效估计值，并在满足重叠条件时执行与大多数匹配估计值相同的估计（Hirano et al.，2003；Busso et al.，2014；Alem and Broussard，2018）。IPW结果与PSM结果基本一致。所有的估计都有相同的符号。只有家禽、奶类、蔬果的消费存在显著差异。

本研究补充了一个不同的观点，即只要城镇对农民工的分异和歧视存在，仅靠农民工并不能缩小这两个不同群体之间的食物消费差距。

为了进一步获取家庭间的异质性，将拥有农村户口的农民工家庭实际可支配收入按照百分位数分为三个层次，即低、中（收入起点为 9090.43 元）和高（收入起点为 15347.73 元），并使用最近邻法估计每个组的平均处理效应，结果见表 9-4。

表 9-4 户口对食物消费影响的估计结果

消费类别	全部样本	收入水平		
		低	中	高
食物	-0.047*	-0.057*	-0.069**	-0.015
粮食	-0.017	0.003	-0.011	-0.041
畜产品	-0.088***	-0.147***	-0.148***	0.006
红肉	-0.098**	-0.138***	-0.161***	0.060
家禽	-0.095*	-0.117*	-0.090	0.078
蛋类	0.005	-0.077	-0.065	0.031
奶类	-0.098*	-0.262***	-0.230***	-0.084
食用油	0.009	0.047	0.055	0.058
蔬果	-0.048**	-0.064*	-0.077***	-0.005

注：*、**和***分别表示在 10%、5%和 1%的水平下显著。

与全部样本相比，拥有农村户口的高收入农民工家庭的总食物消费量与拥有城镇户口的本地居民无显著差异。然而，拥有农村户口的低收入和中等收入农民工家庭消费的食物数量明显少于拥有城镇户口的本地居民同等收入人群，中低收入人群拥有相对较高的畜产品和蔬菜水果收入弹性（Han and Chen，2016）。具体来说，对于中等收入群体，拥有农村户口的农民工家庭比拥有城镇户口的本地居民少消费 6.9%的食物。在畜产品、蔬果方面，这一差距分别为 14.8%和 7.7%。至于禽畜产品的亚类，红肉及奶类的消费量分别低 16.1%、23.0%。对于低收入群体，拥有农村户口的农民工家庭比拥有城镇户口的本地居民少消费 5.7%的食物，小于中等收入群体之间的消费差距。低收入的拥有城镇户口的本地居民和拥有农村户口的农民工家庭在畜产品和蔬果上的消费差距分别为 14.7%和 6.4%。在畜禽产品中，拥有农村户口的农民工家庭在红肉、家禽和奶类上的消费量显著比拥有城镇户口的本地居民低。以上结果表明，低收入和中等收入家庭更容易受到户口歧视的影响。收入的增长可能有助于缩小拥有城镇户口的本地居民和拥有农村户口的农民工家庭在食物消费方面的差距。

本研究还基于总食物消费水平将全部样本分为分位数。基于分位数的 PSM 估计结果见表 9-5。研究发现，户口性质并不影响粮食和食用油的消费，这在分位数上是一致的。对于畜产品和蔬果的消费，基于数量的 PSM 提供了一个更加差异化的图像。户口对畜产品消费的影响在两个最低分位数处不显著，但在中位数及以上显著。拥有城镇户口的本地居民和拥有农村户口的农民工家庭在蔬果消费方面的差距在 90% 的水平上显著，但在所有较低的分位数上都不显著。

表 9-5　户口对不同收入群体食物消费的估计效应

消费类别	10%	25%	50%	75%	90%
食物	-0.018	-0.040	-0.034	-0.019	-0.047**
粮食	0.018	-0.033	-0.022	0.024	-0.013
畜产品	-0.050	-0.042	-0.058*	-0.048*	-0.071***
红肉	0.015	-0.019	-0.054	-0.041	-0.074**
家禽	-0.092	0.003	-0.040	-0.028	-0.047
蛋类	0.048	-0.027	-0.019	0.017	-0.008
奶类	-0.186	-0.073	-0.078	-0.072	-0.114**
食用油	-0.063	0.007	-0.005	0.030	0.008
蔬果	-0.009	-0.033	-0.033	-0.026	-0.050**
样本量	1965	4912	9824	14737	17864

注：*、**和***分别表示在 10%、5%和 1%的水平下显著。食物消费总量五分位的门限值分别为 177.83 千克/人、237.67 千克/人、309.22 千克/人、391.63 千克/人、461.23 千克/人。

五、稳健性检验

如果不存在与户口性质和食物消费选择同时相关的不可观测因素，PSM 方法提供了可靠的估计。在给定数据集的情况下，本研究将尽可能完整地包含一组住户和居住区域特征，以确保满足条件独立假设。通过对拥有城镇户口的本地家庭与拥有农村户口的农民工家庭的比较，本研究中潜在的未观测到的其他因素主要体现在个体特征上，如饮食习惯、文化价值观和风俗习惯，这些可能影响家庭对食物的需求，但未被观测到的协变量完全可捕捉到。

为了检验 PSM 结果对可能未观测到的其他因素的稳健性，本研究使用 Rosenbaum 界限检验，直接测量了隐藏偏差的大小。此检验依赖于敏感性参

数 Γ，代表随机分配的干预组的背离程度。Γ 值越大表明研究的敏感性越低、结果越稳健（Rosenbaum，2005）。

Rosenbaum 界限检验的结果表明，PSM 方法估计的平均处理效应对未观测到的因素具有较强的稳健性，见表 9-6。对于未观测到的因素，户口对畜产品、红肉、家禽、蛋类、奶类和食用油的消费是稳健的。估计结果 $\Gamma>1.5$ 表明仅当干预组和对照组之间的差异优势比超过 1.5 时，PSM 估计的结果才会发生变化。仅当 $\Gamma=1$ 时，全部的食物、粮食和蔬果对未观测到的变量才相对敏感的。由于消费习惯和风俗对粮食、蔬果消费的影响相对小于畜产品，因此与这两类相关的隐性偏差可以忽略不计。此外，正如 DiPrete 和 Gangl（2004）所强调的，Rosenbaum 界限反映的是最糟糕的可能情况。

表 9-6　Rosenbaum 界限对隐藏误差的检验

食物类别	Γ
食物	1
粮食	1
畜产品	>1.6
红肉	>1.6
家禽	>1.6
蛋类	1.5+
奶类	>1.6
食用油	1.6+
蔬果	1

注：Rosenbaum 界限是基于五近邻算法进行检验的，Γ 为 5%显著性水平下的敏感性参数；+表示 P 值在更高界限。

六、讨论

根据 PSM 的结果，在控制了收入水平之后，拥有农村户口的农民工家庭比拥有城镇户口的本地家庭的食物消费量更少、储蓄更多，且在非食物类上花费更多①。本研究提出存在两种方式会使农民工减少食物消费量，即预防性

① 大部分农民工往往把他们的部分收入汇至农村。这可能是导致拥有农村户口的农民工家庭食物消费量降低的重要因素之一。本研究无法验证这个假设，因为无法获得拥有农村户口的农民工家庭的汇款数据。拥有农村户口的农民工家庭的汇款可以看作是他们的日常支出，农村地区的其他家庭成员和亲戚会消费掉。如果考虑到拥有农村户口的农民工家庭的汇款，将 Probit 模型中的可支配收入换成调整后的收入（即扣除汇款后的实际可支配收入），拥有城镇户口的本地家庭与拥有农村户口的农民工家庭的食物消费差异可能会缩小。

储蓄和福利支出。每个方式的可检验假设构建如下：

H1：更强的预防性储蓄动机可能导致更高的储蓄率，导致食物支出减少。家庭消费和储蓄决策显著受到收入不确定性的影响（Chamon et al.，2013；Giles and Yoo，2007；Ravallion and Chen，2005）。由于当地劳动力市场的歧视和城镇社会保险（包括养老、医疗、工伤、失业和生育保险）计划的排斥，农民工的工作保障较少且收入风险较高；因此，他们可能会将大部分收入储蓄起来以备不测[①]。因此，预防性储蓄动机可能与保险参与情况成反比。由于农民工不能享受到城镇福利，他们的食物消费可能被排挤出来以维持最低的福利水平。

H2：基础教育和医疗支出的增加减少了食物消费。由于农民工家庭不能享受子女进入城镇公立学校学习的权利和城镇保险，因此，未受到社会保险计划获得补偿的教育和医疗支出可能占到家庭可支配收入的很大一部分。这可能会导致食物消费量的减少。

这两个假设通过了实证检验。使用 PSM 方法中的倾向得分，控制了收入、家庭特征和其他可能的因素混淆了检验结果。基于匹配的样本进行假设检验。为了检验 H1，本研究检验了拥有农村户口的农民工家庭的保险参与水平是否低于拥有城镇户口的本地家庭。保险支出占总收入的比例被用来作为保险参与率的代理指标。表 9-7 的检验结果显示，拥有农村户口的农民工家庭的保险参与率比拥有城镇户口的居民低 3.00%，说明拥有城镇户口的本地家庭与拥有农村户口的农民工家庭在社会保障覆盖范围上的差异导致了预防性储蓄动机。H1 得到了验证。

表 9-7 户口对食物消费的影响途径

途径	差距	标准误
假设 1		
预防性储蓄动机（%）	2.996*	0.333
假设 2		
基础教育支出（%）	1.102***	0.374
医疗支出（%）	0.237	0.303

注：*和***分别表示在 10%和 1%的水平下显著。

基础教育支出和医疗支出被视为未由社会保险制度补偿的福利支出的代理变量。教育包括基础教育、个人辅导、培训课程和成人教育。研究选择了

① 中国城镇的社会保险以就业为基础。职工在签订劳动合同时，一般都参加社会保险。然而，大多数农民工没有与雇主签订正式合同，也没有资格享受这些与工作相关的福利（Gao et al.，2012）。

基础教育占总支出的比例，因为其直接反映了户口制度在福利覆盖方面的歧视。研究发现，与拥有城镇户口的本地家庭相比，拥有农村户口的农民工家庭的基础教育支出率高 1.10%。这一结果表明，受农村户口影响，他们必须在基础教育上投入更多，Liu（2005）和 Garnaut（2016）已经证明了这一点。农民工与拥有城镇户口的本地家庭在医疗支出上差异不大。这可能是由于医疗保健系统中的补偿机制的作用。国家统计局统计的城镇居民医疗保险与农民工的保险金额是相同的。支付医疗费用后，由保险保障的拥有城镇户口的本地家庭可申请返还医疗费用。两组医疗支出的差异并不显著，这意味着享受城市福利的拥有城镇户口的本地居民实际支出可能低于拥有农村户口的农民工家庭。因此，H2 得到了部分支持。

对上述两个假设的检验表明，更强的预防性储蓄动机和更高的福利支出会导致拥有农村户口的农民工家庭更低的食物消费量。

七、结论

中国的户籍制度偏向于本地城镇居民，通过资源配置的方式对城乡流动人口产生了歧视。拥有农村户口的农民工家庭在获得城镇户口与本地居民相同福利方面受到限制。本研究实证探究了户口导致的城镇分异对食物消费的影响。运用倾向得分匹配法，通过国家统计局城镇住户调查数据来解决选择偏差问题，该调查覆盖了 6 个省（区）19648 个居住在城镇地区的家庭。

研究发现拥有农村户口的农民工家庭比拥有城镇户口的本地家庭少消费 4.7%的食物。在主要食物类别的消费上，与拥有城镇户口的本地家庭相比，拥有农村户口的农民工家庭的禽畜产品消费量减少 8.8%，蔬果产品消费量减少 4.8%。在禽畜产品的分类中，拥有农村户口的农民工家庭在红肉、禽肉及奶类的消费量上比拥有城镇户口的本地家庭分别减少 9.8%、9.5%及 9.8%。

两组家庭在粮食、食用油和蛋类的消费量上没有显著差异。以上结果表明，户口导致了城镇和农民工家庭的食物消费差异。持有农村户口显著地减少了农民工的食物支出。

户口对食物消费的影响因收入水平而异。拥有农村户口的高收入农民工家庭在食物消费方面与拥有城镇户口的本地家庭没有显著差异。低收入和中等收入家庭更容易受到城镇分异和户口歧视的影响。对于中等收入群体，拥有农村户口的农民工家庭比拥有城镇户口的本地家庭少消费 6.9%的食物。且在畜产品、蔬果方面的消费差异较为明显。低收入拥有农村户口的农民工家庭的食物消费量比同等收入水平拥有城镇户口的本地家庭低 5.7%，其中畜产品消费量少 14.7%、蔬果消费量少 6.4%。

本研究的估计相对于未观测到的因素是稳健的。总食物、粮食、蔬果的估计效应对潜在的偏差是相对敏感的。假设检验表明，与拥有城镇户口的本地家庭相比，拥有农村户口的农民工家庭的较强预防性储蓄动机和较高福利支出，尤其是在基础教育方面的较高支出，导致了他们的食物消费水平较低。

为了提高农村居民的福利水平，缩小城乡居民在食物消费方面的差距，建议将户口与基本福利制度脱钩。此外，由于户口性质严重影响食物消费，户籍制度的改革可能会给中国的食品安全带来挑战。如果城镇社会保障完全覆盖拥有农村户口的农民工家庭，他们的食物消费数量可能会增加。推进“菜篮子工程”并增加粮食供应，特别是畜产品和蔬果供应是必要的。

需要说明的是，本研究有其局限性。只研究了户口对家庭食物消费数量的影响，而没有考虑营养来源或户外的食物消费。由于拥有农村户口的农民工家庭摄入的营养食物（畜产品）和微量营养素丰富的食物（蔬果）明显少于拥有城镇户口的本地家庭，因此拥有农村户口的农民工家庭摄入的营养和热量可能与拥有城镇户口的本地家庭不同。未来对营养和食物质量数据的研究可能为这些问题提供见解。此外，本研究仅使用截面数据探讨了户口歧视对食物消费的静态影响。随着我国城镇化进程的加快和户籍制度的逐步放宽，有必要研究户籍制度对拥有城镇户口的本地家庭与拥有农村户口的农民工家庭消费行为的动态影响。

参考文献

[1] ABATE G. T., RASHID, S., BORZAGA C., et al. Rural Finance and Agricultural Technology Adoption in Ethiopia: Does the Institutional Design of Lending Organizations Matter [J]. World Devlopment, 2016 (84): 235-253.

[2] ABEBAW D., HAILE M. G. The Impact of Cooperatives on Agricultural Technology Adoption: Empirical Evidence from Ethiopia [J]. Food Policy, 2013 (38): 82-91.

[3] AFRIDI F., LI S. X., REN Y. Social Identity and Inequality: The Impact of China's Hukou System [J]. Journal of Public Economics, 2015 (123): 17-29.

[4] ALEM Y., BROUSSARD N. The Impact of Safety Nets on Technology Adoption: A Difference-in-differences Analysis [J]. Agricultural Economics, 2018

(49): 13-24.

[5] BECKER S. O., ICHINO A.. Estimation of Average Treatment Effects Based on Propensity Scores [J]. Stata Journal, 2002 (2): 358-377.

[6] BUSSO M., DINARDO J., MCCRARY J.. New Evidence on the Finite Sample Properties of Propensity Score Matching and Reweighting Estimators [J]. Review of Economics and Statistics, 2014 (96): 885-897.

[7] CAI F., GUO Z., WANG M.. New Urbanisation as A Driver of China's Growth [M] //Song L., Garnaut R., Cai F., et al.. China's New Sources of Economic Growth: Reform, Resourses and Climate Change Canberra: ANU Press, 2016.

[8] CALIENDO M., KOPEINIG S.. Some Practical Guidance for the Implementation of Propensity Score Matching [J]. Journal of Economic Surveys, 2008 (22): 31-72.

[9] CHAMON M., LIU K., PRASAD E.. Income Uncertainty and Household Savings in China [J]. Journal of Development Economics, 2013 (105): 164-177.

[10] CHEN B., LU M., ZHONG N.. How Urban Segregation Distorts Chinese Migrants' Consumption [J]. World Devlopment, 2015 (70): 133-146.

[11] CHEN X.. Why do Migrant Households Consume so Little [C]. China Economic Review, Forthcoing, 2018.

[12] CHEN Z., LIU X., LU M.. Beyond Lewis: Rural-to-urban Migration with Endogenous Policy Change [J]. China Agricultural Economic Review, 2013 (5): 213-230.

[13] CUTLER D., KATZ L.. Rising inequality? Changes in the Distribution of Income and Consumption in the 1980s [J]. American Economic Review, 1992 (82): 546-551.

[14] DEATON A., ZAIDI S.. Guidelines for Constructing Consumption Aggregates for Welfare Analysis [J]. Working Papers, 1999.

[15] DEHEJIA R. H., WAHBA S.. Propensity Score-Matching Methods for Nonexperimental Causal Studies [J]. The Review of Economics and Statistics, 2002 (84): 151-161.

[16] DIPRETE T. A., GANGL M.. Assessing Bias in the Estimation of Causal Effects: Rosenbaum Bounds on Matching Estimators and Instrumental Variables Estimation with Imperfect Instruments [J]. Sociological Methodology, 2004 (34):

271-310.

[17] FANG Z., SAKELLARIOU C.. Living Standards Inequality Between Migrants and Local Residents in Urban China-a Quantile Decomposition [J]. Contemporary Economics Policy, 2016 (34): 369-386.

[18] GAO Q., YANG S., LI S.. Labor Contracts and Social Insurance Participation Among Migrant Workers in China [J]. China Economic Review, 2012 (23): 1195-1205.

[19] GARNAUT R.. Mostly Slow Progress on the New Model of Growth [M] // SONG L., GARNAUT R., CAI F., JOHNSTON L.. China's New Sources of Economic Growth: Reform, Resourses and Climate Change Canberra: ANU Press, 2016.

[20] GERSOVITZ M.. Sectoral Asymmetries and A Social-Welfare Interpretation of Hukou [J]. China Economic Review, 2016 (38): 108-115.

[21] GILES J., YOO K.. Precautionary Behavior, Migrant Networks, and Household Consumption Decisions: An Empirical Analysis Using Household Panel Data from Rural China [J]. The Review of Economics and Statistics, 2007 (89): 534-551.

[22] GOULD B. W., VILLARREAL H. J.. An Assessment of the Current Structure of Food Demand in Urban China [J]. Agricultural Economics, 2006 (34): 1-16.

[23] HAN X., CHEN Y.. Food Consumption of Outgoing Rural Migrant Workers in Urban Area of China: A QUAIDS Approach [J]. China Agricultural Economic Review, 2016 (8): 230-249.

[24] HECKMAN J. J., ICHIMURA H., TODD P. E.. Matching As an Econometric Evaluation Estimator: Evidence from Evaluating A Job Training Programme [J]. The Review of Economic Studies, 1997 (64): 605-654.

[25] HIRANO K., IMBENS G. W., RIDDER G.. Efficient Estimation of Average Treatment Effects Using the Estimated Propensity Score [J]. Econometrica, 2003 (71): 41-55.

[26] HUANG J., BOUIS H.. Structural Changes in the Demand for Food in Asia: Empirical Evidence from Taiwan [J]. Agricultural Economics, 2001 (26): 57-69.

[27] JIANG S., LU M., SATO H.. Identity, Inequality, and Happiness: Evi-

dence from Urban China [J]. World Development, 2012 (40): 1190-1200.

[28] LAI F., LIU C., LUO R., et al.. The Education of China's Migrant Children: The Missing Link in China's Education System [J]. International Journal of Educational Development, 2014 (37): 68-77.

[29] LECHNER M.. Program Heterogeneity and Propensity Score Matching: An Application to the Evaluation of Active Labor Market Policies [J]. The Review of Economics and Statistics, 2002 (84): 205-220.

[30] LEE L.. Decomposing Wage Differential Between Migrant Workers and Urban Workers in Urban China's Labor Market [J]. China Economic Review, 2012 (23): 461-470.

[31] LI M.. Using the Propensity Score Method to Estimate Causal Effects a Review and Practical Guide [J]. Organizational Research Methods, 2013 (16): 188-226.

[32] LIU X., LYNCH L.. Do Zoning Regulations Rob Rural Landowners' Equity [J]. American Journal of Agricultural Economics, 2011 (93): 1-25.

[33] LIU Z.. Institution and Inequality: The Hukou System in China [J]. Journal of Comparative Economics, 2005 (33): 133-157.

[34] MA X., BAI Y., LIU C., et al.. Migrant Schools in China's Capital City: A Descriptive Review of A Representative Migrant Survey [C]. Working Paper Center for Chinese Agricultural Policy, Institute of Geographical Sciences and Natural Resources Research, Chinese Academy of Sciences, Beijing, China, 2008.

[35] ME JEAN C., TRAISSAC P., EYMARD-DUVERNAY S., et al.. Influence of Acculturation Among Tunisian Migrants in France and Their Past/Present Exposure to the Home Country on Diet and Physical Activity [J]. Public Heath Nutrition, 2008 (12): 832-841.

[36] MENG X.. Labor Market Ourcomes and Reforms in China [J]. The Journal of Economic Perspectives, 2012 (26): 75-102.

[37] MENG X., ZHANG J.. The Two-tier Labor Market in Urban China: Occupational Segregation and Wage Differentials Between Urban Residents and Rural Migrants in Shanghai [J]. Journal of Comparative Economics, 2001 (29): 485-504.

[38] MUSTERD S., OSTENDORF W.. Urban Segregation and the Welfare State: Inequality and Exclusion in Western Cities [M]. New York: Routledge, 1998.

[39] NBSC. Monitoring and Survey Report of Rural Migrant Workers in China 2015 [EB/OL]. http：//www. stats. gov. cn/tjsj/zxfb/201604/t20160428_ 1349713. html（accessed 28. 04. 16）. 2018b.

[40] RAVALLION M.，CHEN S.. Hidden Impact? Household Saving in Response to A Poor-area Development Project [J]. Journal of Public Economics, 2005（89）：2183-2204.

[41] ROSENBAUM P. R.. Observational Studies [M]. New York：Springer Verlag，2002.

[42] ROSENBAUM P. R.. Observational Study [M]. //Everitt B. S.，Howell D. C.. Encyclopedia of Statistics in Behavioral Science New York：John Wiley and Sons，2005.

[43] ROSENBAUM P. R.，RUBIN D. B.. The Central Role of the Propensity Score in Observational Studies for Causal Effects [J]. Biometrika，1983（70）：41-55.

[44] ROSENBAUM P. R.，RUBIN D. B.. Constructing a Control Group Using Multivariate Matched Sampling Methods That Incorporate the Propensity Score [J]. The American Statistician，1985（39）：33-38.

[45] SA Z.. A Case Study of Rural-urban Migrant Children's Education Barriers in China//American Sociological Association Annual Meeting [M]. San Francisco：CA，2004.

[46] SIANESI B.. An Evaluation of the Swedish System of Active Labor Market Programs in the 1990s [J]. The Review of Economics and Statistics，2004（86）：133-155.

[47] SONG Y.. What Should Economists Know about the Current Chinese Hukou System [J]. China Economic Review，2014（29）：200-212.

[48] SONG Y.. Hukou-based Labour Market Discrimination and Ownership Structure in Urban China [J]. Urban Studies，2016（53）：1657-1673.

[49] WENDIMU M. A.，HENNINGSEN A.，GIBBON P.. Sugarcane Outgrowers in Ethiopia："Forced" to Remain Poor [J]. World Development，2016（83）：84-97.

[50] WHALLEY J.，ZHANG S.. A Numerical Simulation Analysis of（Hukou）Labour Mobility Restrictions in China [J]. Journal of Development Economics，2007（83）：392-410.

[51] ZHENG Z., HENNEBERRY S. R.. The Impact of Changes in Income Distribution on Current and Future Food Demand in Urban China [J]. Journal of Agricultural and Resource Economics, 2010 (35): 51-71.

[52] ZHENG Z., HENNEBERRY S. R.. Household Food Demand by Income Category: Evidence from Household Survey Data in an Urban Chinese Province [J]. Agribusiness, 2011 (27): 99-113.

[53] ZHU Y.. Workers, Unions and the State: Migrant Workers in China's Labour-intensive Foreign Enterprises [J]. Devlopment and Change, 2004 (35): 1011-1036.

第十章

城镇化背景下"十四五"时期的农业农村现代化形势、问题与对策

当前是"十三五"收官和"十四五"开局的重要时期，恰逢"两个百年目标"交接、精准脱贫与乡村振兴衔接、供给侧结构性改革深化"五期交汇"的重要历史节点。我国社会主要矛盾已经转化为人民日益增长的美好生活需要和不平衡不充分的发展之间的矛盾。体现在农业农村现代化所面临的问题上，则事关消费、技术、业态、成本、要素、制度、供需、基建、生态、民生等多个方面。未来，应把握政策改革的方向，在顶层设计上转向城乡融合发展，政策支持更多地向农村发展倾斜，财政支农资金集约化和市场化使用，保供给、调结构、转方式并行，统筹国际国内，更加依靠信息化技术促进政策落地，科学制定农业农村现代"十四五"规划。

五年规划在引导市场预期、设定发展约束等方面发挥着重要作用。农业、农村、农民问题是关系国计民生的根本性问题，解决好"三农"问题是全党工作的重中之重。"三农"相关的五年发展规划在国民经济和社会发展的规划体系中也应当具有"重中之重"的战略地位。当前是"十三五"收官和"十四五"开局的重要时期，有必要识局辨势，把握发展新特征和政策改革方向。

"三农"相关的第十三个五年规划体系是以《全国农业现代化规划（2016—2020年）》为引领的，[①] 组成体系中除了种业结构性调整、生猪生产发展、草食畜牧业发展、农业农村信息化、农村一二三产业融合发展、农业科技创新等更为细致的专项规划外，国家战略规划部门还专门印发了《全国

① 2016年10月17日国务院关于印发《全国农业现代化规划（2016—2020年）》的通知（国发〔2016〕58号）。

农村经济发展“十三五”规划》。[①] 可见，到“十三五”农业发展和农村发展仍是分开规划的。

农业现代化的本质是要通过农业转型升级，实现农业的生产效率和经济效益的提升。所面临的基本问题是农民如何获得公平的市场机会，这就需要农业农村农民的系统性变革。农业现代化和农村现代化本质上是交织在一起的，二者融合规划，可以为解决好“三农”问题优化顶层设计，有利于形成一体推动、一体落实的整体部署和工作机制。党的十九大提出“加快推进农业农村现代化”，为农业发展和农村发展规划融合提供了制度基础和理论依据。新一轮党和国家机构改革的深化，为农业农村现代化规划的融合提供了体制机制保障。2018 年，中共中央、国务院印发了《乡村振兴战略规划（2018—2022 年）》，已经开始把农业农村发展放在一起谋划。“十四五”时期，有必要立足新时代我国社会主要矛盾发生变化的国情，着眼夯实现代化经济体系基础，建设社会主义现代化强国的基本方略，实现农业农村现代化融合谋划、一体规划。

一、当前中国农业农村现代化面临“五期交汇”

“十三五”收官和“十四五”开局，恰逢“两个百年目标”交接、精准脱贫与乡村振兴衔接、供给侧结构性改革的深化等重要历史节点。总体而言，中国农业农村现代化面临“五期交汇”。

（一）全面建成小康社会如期实现

第一个“百年奋斗目标”是到中国共产党成立 100 年时，我国全面建成小康社会。“小康不小康，关键看老乡”。农业、农村、农民的发展是检验全面建成小康社会的成色和质量的关键指标。“十三五”所处的历史时期，正是小康社会从基本建成到全面建成、从农村局部小康到乡村全面振兴的历史阶段。“十三五”期末，农业现代化要取得明显进展，城乡发展的融合协调性需要明显增强，农民生活水平和质量需要普遍提高。“十四五”时期农业农村现代化和农民生活要再迈上一个新台阶，筑牢小康社会的根基。

（二）第二个百年目标建设需要顺期开局

第二个“百年奋斗目标”是到中华人民共和国成立 100 年的时候，我国建成富强民主文明和谐的社会主义现代化国家。“十三五”“十四五”两个五

---

① 2016 年 10 月 27 日国家发展改革委关于印发《全国农村经济发展“十三五”规划》的通知（发改农经〔2016〕2257 号）。

年规划，正逢两个“百年奋斗目标”的历史性交接。这就需要在第一个“百年目标”实现的同时，为中华民族的伟大复兴筑牢根基。“中国要强，农业必须强；中国要美，农村必须美；中国要富，农民必须富”，要建成富强民主文明和谐美丽的社会主义现代化强国，基础在“三农”。到2050年，要实现乡村全面振兴的目标，真正实现农业强、农村美、农民富。把我国从一个农业大国建设成为农业强国，从乡土文明建设成城乡融合文明，把农民发展成高素质的城乡公民，“十四五”要做好开篇布局。

（三）精准脱贫任务需要按期完成

“十三五”末，要确保现行标准下农村贫困人口实现脱贫，贫困县全部摘帽，解决区域性整体贫困。党的十八大以来，我国平均每年减贫1300万人以上，接近1亿人口脱贫。2019年全国农村贫困人口减少1109万人，至2019年末全国农村贫困人口仅剩551万人。2020年绝对贫困按期消灭。“十四五”是检验“脱真贫、真脱贫”的重要时期，期间要保证已脱贫人口不返贫，已摘帽贫困县不反复。这就需要继续帮扶已脱贫地区，尤其加强对不稳定脱贫户、边缘户和边缘村镇的动态识别，夯实精准脱贫成绩。

（四）乡村振兴战略需要即期有机衔接

在精准脱贫的基础上，巩固提升精准脱贫成果，加快补齐乡村振兴的基础设施和社会民生短板，实现产业兴旺、生态宜居、乡风文明、治理有效、生活富裕。一个重要的衔接点在于，加快缓解农村相对贫困问题。相对贫困首先在于收入，世界银行制定了每天生活费5.5美元的相对贫困标准，以2019年汇率计算，相当于可支配收入为13843.51元/年/人。2019年我国农村居民人均可支配收入中位数为14389元，仅高于该数值545.49元。可以估计到，我国还有相当一部分农民处于相对贫困。解决乡村相对贫困问题，不仅是收入要达标，而且要在产业、人才、文化、生态、组织方面全面振兴乡村，实现城乡融合发展。尤其是相对落后的农村地区，要把推动产业扶贫帮扶资源、政策举措等有序转到乡村产业振兴。从“十四五”开始，要把农业发展成有魅力的希望产业，把乡村建设成为宜居宜业的乐土，让广大农民群众可持续地增收致富。

（五）农业供给侧结构性改革需要适期深化

“十三五”期间，农业供给侧结构性改革不断深化（见表10-1）。产品结构初步调优，2016—2018年，非优势产区籽粒玉米种植面积调减4300万亩，大豆种植面积增加2400多万亩，棉油糖、肉蛋奶、水产品品种结构和品质结构均有所提升，农产品质量安全例行监测总体合格率连续三年稳定在97.5%以上。生产方式初步调好，“一控两减三基本”取得明显成效，2018年农田灌溉水有效利用系数为0.554，化肥和农药使用量均实现负增长，秸秆、养殖废弃物和农膜综合利用取得明显进展。产业体系初步调顺。2018年规模以上农产品加工企业7.9万家，经营收入14.9万亿元，农产品精深加工水平加快提升，共享农业、体验农业、中央厨房等农业新业态蓬勃发展，农业多种功能不断拓展，2018年休闲农业和乡村旅游接待游客30亿人次、营业收入超过8000亿元。农业政府管理进一步改善，农业补贴制度不断优化，托市政策改革攻坚阶段顺利完成，信贷、保险支农政策力度加大，2018年银行业涉农贷款余额达到近33万亿元，农业保险提供风险保障3.46万亿元。但是，“十四五”期间，我国农产品需求总量仍然刚性增长、需求结构还会持续升级。这就仍然需要真正有市场引导，顺应从过去的“有没有”到“好不好”的转型升级，实现创新为第一动力、协调为内生特点、绿色为普遍形态、开放为必由之路、共享为根本目的的农业高质量发展。

表10-1　农业供给侧结构性改革三年部分成效

	指标	2015年	2018年
调优产品结构	玉米种植面积（亿亩）	6.75	6.32
	大豆种植面积（亿亩）	1.02	1.26
	畜牧业产值占农业总产值比重（%）	28.12	26.80
	农产品质量安全监测总体合格率（%）	97.1	97.5
调好生产方式	农田有效灌溉系数	0.532	0.554
	主要农作物化肥利用率（%）	35.2	38.5①
	主要农作物农药利用率（%）	36.6	39.3②
	农作物秸秆综合利用率（%）	80.1	85.5
	养殖废弃物综合利用率（%）	60	74
	农膜回收率（%）	60	75
调顺产业体系	农产品加工业与农业总产值比	2.16	2.3
	农产品电商零售额（亿元）	884③	2305
	休闲农业和乡村旅游营业收入（亿元）	4400	8000

① 根据官方公布数据，2018年并没有测算主要农作物的化肥和农药利用率，主要农作物化肥利用率2017年为37.8%，2019年为39.2%，2018年数据为二者取算术平均。

② 原因同上，主要农作物农药利用率2017年为38.8%，2019年为39.8%，2018年数据为二者取算术平均。

③ 农产品电商零售额数据经过一次调整，2015年数据根据2016年到2018年的同比增速推算。

续表

	指标	2015 年	2018 年
改革	全国公共财政农林水事务支出总额（万亿元）	1.74	2.08
	农业结构调整补贴（亿元）	31.06	98.38
	农业资源保护与利用资金（亿元）	254.03	323.27
	粮油储备支出（亿元）	1409.57	1157.88
	金融机构涉农贷款余额（万亿元）	26.35	32.68
	农业保险深度（%）	0.62	0.88

数据来源：笔者根据统计年鉴和各类官方公开报道测算、整理。

二、我国农业农村现代化面临十大不平衡不充分问题

我国社会主要矛盾已经转化为人民日益增长的美好生活需要和不平衡不充分的发展之间的矛盾。中国发展最大的不平衡是城乡发展的不平衡，最大的不充分是农村发展的不充分。以前，我国社会的主要矛盾是人民日益增长的物质文化需要同落后的社会生产之间的矛盾。这个主要矛盾的转化是消费需求升级、产业结构升级、治理体系升级的必然要求。在“十三五”和“十四五”五期交汇的背景下，我国农业农村发展中诸多不平衡不充分问题一起出现。

（一）高质量的农产品和生态需求与落后的市场意识产生了矛盾

我国粮食产量已经连续五年稳定在 1.3 万亿斤以上，重要农产品供给比较丰富，已经基本告别了农产品总量短缺的时代。但是在农业高产出的背后，是农产品消费结构的升级。城乡居民不仅要求“吃得饱”，还要求“吃得好”，即高质量，还要“吃得巧”，也就是营养健康，对乡村的绿水青山还有需求。农业并不是单纯的“种出来”“养出来”再卖出去，而是需要满足个性化、多样化、多功能性的消费需求，才能有市场。改革开放以来，我国农业生产经营主体产权意识逐步觉醒，尤其是对土地承包权、经营权等意识逐步强化。但是，产权意识觉醒的同时，农业生产经营主体的市场意识仍然落后。从事农业的主体，找到政府部门“不要政策，要资金”，经营过程中“不要建议，要项目”，产出产品后“不找市场，找市长”的情况经常出现。总体而言，农业供给侧还没有转到满足市场需求升级上来。例如，有机农产品发展已经鼓励多年，但是产量仍然较少。即使是在我国有机农产品种植较多的黑龙江地区，有机稻谷产量仅占稻谷总产量的 2.3%，有机玉米仅占 1.4%。

主要原因还是在于，农民囿于经验性的行为习惯，种植结构和种植行为调整转型困难。

（二）新技术、新产业、新业态大量涌现与新动能点状存在混合在一起

新技术、新产业、新业态、新商业模式不断涌现，但是多数仍然只是小部分主体的尝试。例如，电商普遍被认为是一种新业态，地方发展热情较高，大部分县域都鼓励农村电商发展。到2018年，农产品网络零售额已经达2305亿元，县域农产品、农产品加工品及农业生产资料网络零售额为4018亿元。然而，农产品电商发展的速度并不及预期。2015年，农产品网上零售额占农业总产值比重达到约1.5%。根据指数增速，相关部门在农业农村信息化发展规划中提出了2020年底要增加到8%的目标。[①] 经历三年发展，到2018年这一比重仅为2.0%。这其中尽管有计算方法调整的因素，但是比例偏低、增速低于预期，已经成为事实。[②] 其他新技术、新产品、新业态也面临着增速低于预期，仍然依赖投入，很少找到可持续的盈利模式。在点状存在下，新技术、新产业、新业态不足以形成规模经济和范围经济效应，新动能接续远未完成。

（三）成本不断抬升与农业基础竞争力乏力并存

2018年，中国三大主粮总成本达到1093.77元/亩，比2010年增长62.6%。农业基础竞争力乏力。与世界主要农产品出口国相比，中国单位生产成本较高。以玉米为例，2018年中国每吨玉米的生产成本已经达到2125.99元，美国每吨玉米的生产成本仅为962.31元，中国玉米生产成本是美国的2.21倍（见表10-2）。对成本按细项分析，中国高成本起因首先来自劳动力成本。劳动力的高成本主要来自家庭劳动力折价，也就是自家劳动力的机会成本。中国种植一吨玉米家庭劳动力折价为845.55元，雇工费用44.60元，均远高于美国。上述两项相加，中国玉米种植的劳动力成本超过美国19倍，绝对数值更是高出843.44元。其次的成本差距来自土地，中国土地机会成本比美国高

---

① 2015年比重和规划目标比重均来自农业部关于印发《“十三五”全国农业农村信息化发展规划》的通知（农市发〔2016〕5号）。

② 经比较2015年以来商务部电子商务和信息化司发布的各年度中国电子商务报告，根据农产品网络零售额增长幅度倒推，可以发现同一年度的农产品网络零售额有所不同。经过向大数据专家咨询，农产品网络零售额的数据根据算法、农产品分类方法于2018年进行了合理化的调整，能够更为准确地反映农产品电商发展情况。

出 239.77 元。[①] 造成中国农业成本抬高、基础竞争力乏力的主要原因在于“隐性成本显性化”。以往，农业生产者主要依靠自家劳动力和自家土地从事生产，不必给家庭成员支付货币化的工资，也不用给自己的家庭缴纳地租。因此，劳动力和土地成本主要是隐性成本，并不用考虑成本。然而，随着土地流转加速、新型农业经营主体增加，越来越多的规模农业经营主体要雇工和租入土地。到 2018 年，全国家庭承包耕地流转面积超过了 5.3 亿亩，土地适度规模经营占比超过 40%，畜禽养殖规模化率达到 60.5%。这种情况下，以往被单家独户小农户生产所“隐藏”的劳动力和土地成本，开始越来越显性化。农业规模经营主体更是要把这些成本计入财务成本。更为重要的是，这种“隐形成本显性化”造成的成本上升，只会越来越明显，降成本难度较大。

表 10-2 中美玉米生产成本比较

单位：元/吨

类别	中国	美国
种植成本	2125.99	962.31
种子成本	744.73	472.80
肥料成本	114.41	136.21
农药成本	309.21	161.05
作业成本	35.15	48.92
燃料动力成本	240.79	31.83
修理成本	1.15	41.53
排灌成本	8.25	48.00
利息	35.75	0.38
雇工成本	0.02	4.88
家庭劳动机会成本	1381.26	489.51
固定资产折旧	44.60	6.87
土地机会成本	845.55	39.84
税金与保险成本	6.53	172.20
管理成本	467.21	227.44

数据来源：根据农产品成本收益汇编资料测算。

---

① 其他的分项成本中，中美机械作业、燃料动力和修理费等方面有差异，主要由于中国农业机械化的实现方式与美国不同，美国以农场主自有农机作业为主，燃料和修理费多为自付，而中国则多是农户支付作业费用，把机械作业环节外包给农机经营主体。实际上，如果把固定资产折旧计算在一起，中美机械和其他装备使用成本的差距也不大。剩下的细分项目并不构成成本主要差异。

（四）新型农业经营主体迅速发展的同时各种软硬配套滞后

截至2018年底，全国在工商部门注册登记的农民专业合作社数量已达到217.3万家，经农业部门认定或工商注册登记的家庭农场有87.7万个，县级以上农业产业化龙头企业近9万家，高素质农民队伍已经超过1700万人。但是，各种软硬件配套滞后。例如，以往小农户生产粮食较少。根据第二次全国农业普查数据，2006年76.1%的农户种植面积在8亩以下，根据当年的粮食单产计算，大部分农户家庭粮食产量在2500千克以下。这个粮食产量，村内晒场、房前屋后，甚至柏油马路上，都可以晾晒干燥。但是，经过多年发展，2016年第三次全国农业普查时，从事粮食生产的合作社、家庭农场等新型经营主体播种面积多在50亩以上，而且500亩以上合作社已经比较多见。根据目前的粮食单产，这些新型经营主体粮食产量已经在5000千克甚至50000千克以上，这种情况下，继续使用传统的晾晒干燥方式就不现实，这就需要建设谷物烘干设备。但是，谷物烘干设备造价高，即使是规模经营主体也难以承担，而且每年仅在谷物收获季节使用，利用频率低，成本回收周期长。新型农业经营主体进行硬件建设往往需要补贴或金融支持。在软件建设方面，制度健全完善和分层落实相对滞后。尽管农业税基本已经减免，但是税收改革需要缴纳营业税。"营改增"后，合作社等新型经营主体缴纳的增值税等与一般农业企业相差不大，直接影响了财富积累及扩大再生产。财政补助形成的新型经营主体资产，应该如何在财务上进行入账等操作，甚至如果新型经营主体资产清理了，财政补助形成的资产如何清理，都需要有相应的制度规定。再如，高素质农民培养效果停留在"发了多少结业证"上，而缺乏培训后的跟踪服务。

（五）农村人口老龄化日趋严重与外出劳动力不稳定并存

20世纪90年代以来，人口结构变迁趋势明显，劳动力老龄化速度加快，人口和劳动力更加向城市群、都市圈集中。我国农村青壮年劳动力大规模向城镇转移，农村劳动力短缺情况也越来越严重。农业吸引力下降，青年农民务农积极性明显下降。"'60后'还在种地、'70后'不种地、'80后'不想种地、'90后'不会种地"，根据全国第三次农业普查，农业生产经营人员年龄在55岁以上的比例已经达到33.6%。农业青壮年劳动力短缺，老龄农民对现代化科技和业态掌握能力有限，越来越不适应农业农村现代化的要求。即便是农业劳动力进入城镇非农产业，他们中的大多数就业稳定性也较差，只能通过从事简单的、机械的、低水平的劳作，换取在城市稍作停留的机会。如果发生经济下行，这部分农业转移劳动力在“男 50 岁、女 45 岁”左右就会离开工作岗位回到农村老家。一方面会加剧农村老龄化态势，另一方面还要与刚刚兴起的新型经营主体争夺已经稀缺的土地等农业生产资源。

（六）农产品相对过剩与短缺交替出现

在我国，人均粮食占有量超过 400 千克，是一个平衡点。如果供过于求，且不加调控，产需矛盾积累 2~3 年之后，就可能出现库存高企的局面。这一节点曾经出现在 20 世纪 90 年代中后期，当时粮食产大于需、陈化粮出现。上一轮比较大的粮食市场调控政策改革就发生在此阶段（见图 10-1）。再看本轮粮食市场供需变化的态势：2004 年以来，粮食连年增产。2010 年人均粮食占有量稳定地超过 400 千克，超过这一平衡点后，2013 年我国粮食出现了高库容的问题。目前人均粮食占有量超过 474 千克，稻谷等部分品种仍然有较大的库存压力。与此同时，玉米从短缺到过剩再到相对不足，已经经历了一个完整的周期。2005 年玉米供不应求，库存消费比仅为 20%。此后受临储政策刺激，玉米连续增产。2015 年，玉米严重供过于求。市场普遍预期，玉米库存高达 2.5 亿吨。2016 年玉米临储政策取消后，随着一系列“去库存”措施的实施，玉米库存又迅速消化。到 2019 年，市场再度出现了玉米供求偏紧的预期。

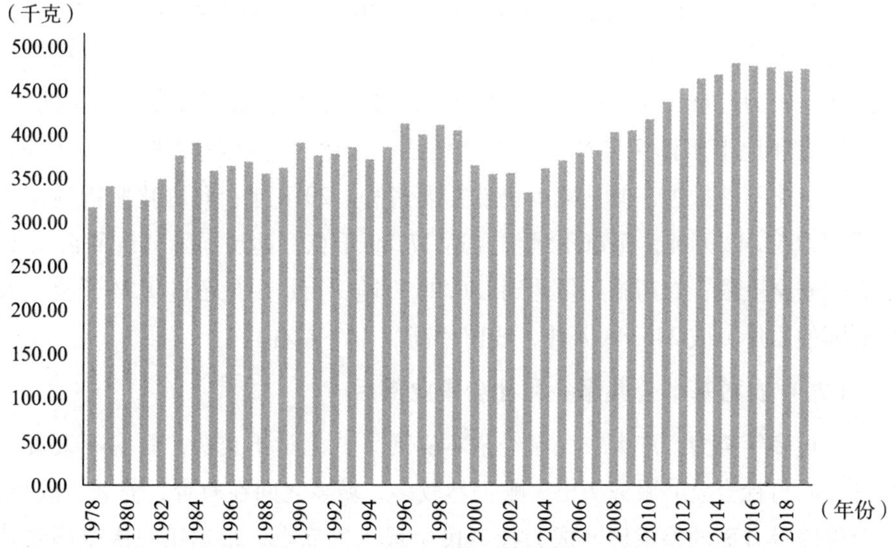

图 10-1　1978—2018 年粮食人均占有量

（七）水电路气房网建设滞后

"城市像欧洲，农村像非洲"是城乡发展差距最典型的表现之一；"垃圾靠风刮、污水靠蒸发"是农村发展滞后最明显的证据之一。全国第三次农业普查表明，2016 年尚有 52.3%的农村居民未能用上经过净化处理的自来水，38.1%的村内主要道路没有路灯，还有 10.5%的村内主要道路为沙石或砖石板等，44.2%的农户还在使用柴草做生活能源，钢筋混凝土结构住房的比例仅为 12.5%，52.2%的农户手机不能联通互联网。尽管农村道路实现了"村村通"，但是农村道路多数以 3.5 米标准建设，难以满足未来农村小客车增长速度，也很难满足城镇居民返乡下乡休闲旅游、养生养老、创业创新的需求。

（八）资源环境承载力已达到或接近上限

很多土地资源实际上已经不适合粮食生产。目前我国有 3 亿亩耕地受到镉、镍、铜、砷、汞、铅等重金属污染，每年因重金属导致污染的粮食达 1200 万吨。2013 年湖南销往深圳的多批次大米被检出镉超标，揭开了我国粮食重金属污染的冰山一角。水资源开发利用模式不可持续。我国许多地区尤其是华北和西北地区水资源过度开发问题十分突出。目前，华北地区地下水超采累计亏空 1800 亿立方米左右，超采的面积达到了 18 万平方千米，约占平原区面积的 10%。2018 年全国高效节水灌溉面积 3.34 亿亩，占耕地比例仅为 16.5%，远低于以色列、法国等集约式利用农业资源国家 80%~90%的水平，也低于美国等粗放式利用农业资源国家 50%的水平。农业生产过程中造成的污染较为严重。为了追求农业高产，化肥、农药、农膜大面积过量使用，造成地表和地下水体污染严重、土地板结、沙化。近年来虽然化肥、农药、农膜减量化不断推进，但是减少仍然需要过程。2018 年，我国化肥折纯使用量达到 5653.42 万吨，每亩用量仍高达 27.89 千克，远超国际公认的亩均 15 千克的安全上限；农药施用量达到 150.26 万吨，亩均用量超过 0.74 千克；农用地膜使用量突破 246.48 万吨，残留率高达 40%左右。

（九）农村基本公共服务和社会事业滞后

经过多年努力，广大农民已经基本实现了"上学不交费，看病不太贵"。但是，农村社会公共服务历史欠账仍然较多，城乡之间在教育、养老、医疗、社会保障等方面的差距已经成为社会民生最大的痛点。根据第三次全国农业普查数据汇总结果，2016 年全国仍有 3.5%的乡镇没有幼儿园、托儿所，其中这一比例在西部地区达到6%；全国近41%的农村没有体育健身场所，其中西部地区为54%；全国33.2%的乡镇没有社会福利收养性单位，西部地区为46.7%；全国58.7%的村没有农民业余文化组织，中部地区、西部地区这一比例分别高达59.2%和63.3%；全国45.1%的村没有执业医师，其中东部地区和西部地区分别为50.6%和50.1%。2020年春节期间，新型冠状病毒疫情在全国蔓延。广大农村地区应急防控体系建设不足、防控手段落后，甚至出现了封村堵路的情况。更值得关注的是，最基本的疫区返乡、需要隔离的人员等都没有权威的数据，反映出农村应急统计监测手段十分落后。

（十）城乡就业收入和生活方式差异仍然较大

从相对数上看，城乡居民收入已经缩小为2.64∶1。但是，收入的绝对差距已经拉大到26338元。实际上，城乡收入差距只是一个方面。农村经济繁荣的程度也无法与城镇相比。从就业总量上看，2014年城镇就业人口已经超过乡村，目前城镇的产业吸引了4.34亿人就业，而乡村则容纳了3.42亿人就业（见图10-2）。从就业质量上，乡村就业多是临时性、非完全的就业，从事产业层次和水平也不高。而且，乡村水电路气房的基础设施落后，生活单调、乏味，缺乏青壮年向往的生活方式。农村利益格局深刻调整、新老矛盾交织。“农二代”“农三代”已经成长为乡村建设的主要力量，也成为农村生活方式改善的主要需求者。

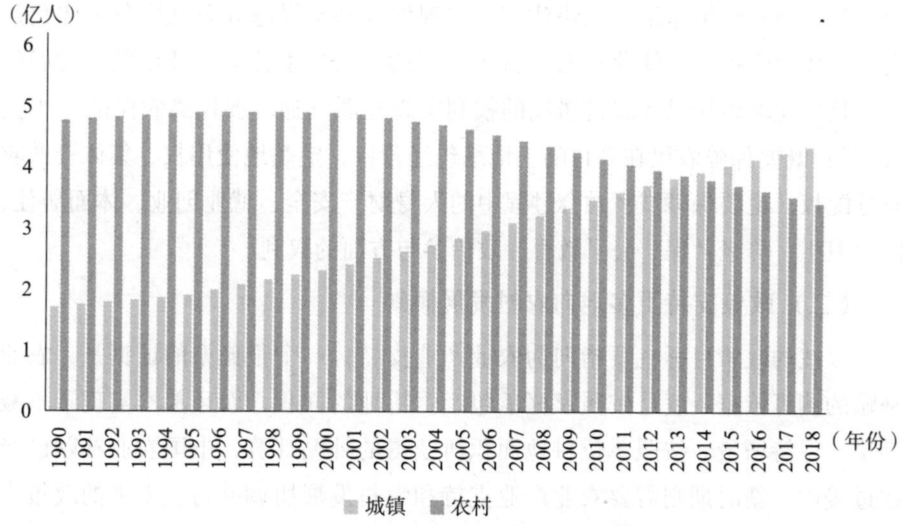

图10-2　1990—2018年城乡就业人数

三、“十四五”期间政策改革的方向

党的十九大提出实施乡村振兴战略，农业农村优先发展基本框架建立，全社会关心农业、关注农村、关爱农民的氛围更加浓厚；我国已是世界第二大经济体，人均 GDP 接近 1 万美元，支持农业农村发展的物质基础更加雄厚；工业化城镇化进入中后期，生产要素的内涵和外延不断扩张，农业农村产业跨界融合；生物技术、数字资源等将为农业农村现代化提供弯道超车的加速器，农产品市场空间和农业多功能性进一步拓展，乡村多元价值将更加凸显；农业进入高质量发展新阶段，农村改革不断深化，绿色发展理念深入人心，农业农村现代化建设的阶段性起点之高前所未见。在“五期交汇”的历史背景下，要进一步认清形势，针对上述十大“不平衡不充分”问题，把握政策改革的方向，按照“十四五”规划科学制定农业农村发展政策。

（一）在顶层设计上转向城乡融合发展

以往的规划在顶层设计的表述上是“统筹城乡发展”“以城带乡”，实际上是“城市主导、农村从属”的城乡发展思路。城乡融合发展，就是要促进城乡社会现代化经济体系、民主政治、文化活力、社会治理、生态文明互联互通。城镇化红利在于规模经济效应、范围经济效应和集聚经济效应，而城乡融合发展则在于让规模、范围、集聚三大经济效应辐射到乡村。城乡融合的体制机制和政策体系要加快建立，实现城乡基础设施和公共服务一体化建设、一体化管护、一体化运营，城乡之间的要素自由流动。城乡融合发展的基础是要让城镇居民和农村居民的权利实现互联互通。要保障农民的“十大权利”；既要保障农民在乡村的土地承包经营权、宅基地使用权、集体资产收益分配权，也要保障城乡融合过程中的人身财产安全、就业创业、体面居住、医疗卫生、养老社保、公平教育、政治参与方面的权利。

（二）政策支持更多地向农村发展倾斜

以往的政策目标主要指向为农业产业支持。一个很典型的证据是，农业补贴的测算依据一度是按照家庭承包经营耕地的面积，而且基本实现了不减存量、保持增量。按照单位耕地面积所获得的补贴计算，中国农业补贴已经超过美国。新时期则需要农业产业支持和农村发展协调并行。未来的政策支持要更多地向农村人居环境改善、农村社会事业等倾斜。而农村发展只依靠财政投入，是不可持续的，必须增强农村地区的自我发展能力。这就需要发展壮大农村集体经济，让农村集体经济集中力量办大事。但是，农村集体经济实力仍然不强。根据第三次全国农业普查10%村庄样本数据（约5.5万个村），2016年平均每个村集体全年收入才105.19万元，每年还要支出64.32万元人员的工资、办公物品等村集体办公经费。如果以中位数计，村集体收入才8万元，支出2.5万元。根据农村社会事业促进部门测算，一个村建设一个公共厕所，投入资金至少需要10万元。在这种集体经济发展水平下，很难指望农村集体经济再集中力量办理基础设施、民生服务等“大事”。未来，要在保障农民利益的前提下，落实土地政策改革成效，千方百计盘活农村资源资产，放大产权制度改革经济效应，健全完善审批、财税、金融等政策，促进农村集体资源资产保值增值并创造实实在在的红利，释放农村集体经济活力。

（三）财政支农资金集约化和市场化使用

以往的规划主要依靠补贴、投资和工程项目等大幅增加财政投入。2003—2015年，国家财政支持农林水事务年均递增速度曾经达到21.2%，但是，随着国内经济转向中高速增长，经济下行压力加大，财政收入2014—2018年连续五年增速在10%以下。“十四五”期间，减税降费政策效应会大概率地进一步释放，民生领域仍然需要财政资金补短板，其他多元化财政投入需求巨大。这种背景下，财政对农业农村投入的增速大幅增长的空间有限。未来的财政支农资金会更加整合集约使用，更多地发挥杠杆作用，激发社会资本和市场主体投入积极性。近年来，农林水事务财政支持资金探索使用了“大专项+任务清单”的方式，采取因素法测算分配，就某一薄弱环节的建设内容按地区切块，加强对建设任务的绩效评估。例如，国家现代农业产业园就参考了“大专项+任务清单”。以园区为单位投入，设立建设清单，直接验收建设清单项目。与此同时，未来政府分配资源所依赖的项目制补贴方式会进一步改革。未来的农业农村支持手段会更多地依靠信贷、保险等市场化的方式，以大数据追踪的方式，实现市场化的精准支持，激发市场主体投入。

（四）农业产业本身的支持要保供给、调结构、转方式并行

以往规划的目标主要是支持农产品尤其是粮食产量增加。例如，农业部门一度把粮食年度产量作为绩效考核的主要指标。这就造成无论是农业补贴，还是农业投资，其政策作用机制主要是鼓励生产经营主体增加资源要素投入。

从财政支农结构上看，农业生产资料与技术补贴仍然占到农业公共财政支出的20%以上，而农业结构调整补贴一度在1%以下，农业资源保护与利用是“十二五”之后才逐步增加起来的。新时期的农业产业支持政策，一方面要继续保障农产品供给，让城乡居民在物质上和经济上获得足够、安全和富有营养的食品。另一方面则需要保供给、调结构、转方式并行。尤其是需要促进农业结构、生产方式与资源环境承载力相匹配。特别需要指出的是，应当支持农业资源休养生息，耕地有序休耕、轮作，坡度较高的耕地有序退出耕种或进入后备耕地。部分农业产业政策资金支持情况见表10-3。

表10-3 部分农业产业政策资金支持情况

年份	农业公共财政支出（亿元）	稳定农民收入补贴		农业生产资料与技术补贴		农业结构调整补贴		农业资源保护与利用	
		金额（亿元）	占比（%）	金额（亿元）	占比（%）	金额（亿元）	占比（%）	金额（亿元）	占比（%）
2010	3949.43	12.49	0.3	444.36	11.3	28.2	0.7	8.58	0.2
2011	4291.16	21.76	0.5	1134.44	26.4	40.79	1.0	163.22	3.8
2012	5077.41	18.8	0.4	554.57	10.9	30.69	0.6	185.71	3.7
2013	5561.57	20.31	0.4	546.86	9.8	38.17	0.7	208.33	3.7
2014	5816.57	98.18	1.7	531.02	9.1	34.68	0.6	222.82	3.8
2015	6436.18	69.23	1.1	756	11.7	31.06	0.5	254.03	3.9
2016	6458.59	170.05	2.6	1605.55	24.9	38.84	0.6	256.22	4.0
2017	6194.61	274.02	4.4	1427.44	23.0	54.93	0.9	300.58	4.9
2018	6156.09	291.62	4.7	1350.92	21.9	98.38	1.6	323.27	5.3

数据来源：历年财政统计年鉴。

（五）统筹国际国内资源、市场、制度

以往的农业支持政策主要立足于国内，对国际规则的参与较少。当前世界面临着百年未有之大变局，国际格局和政治力量对比加速演变，全球经济发展进入再平衡时期，传统国际贸易投资规则加速重构，我国面临大国战略性竞争的严峻考验。农产品消费总量刚性增长，消费结构从以过去的谷物消费为主，快速升级到高级植物纤维、动物蛋白和脂肪兼重。此外，工业加工需求导致原料消耗增长。尽管农业技术进步增产效应已经在一定程度上实现了对消费增长的追赶，但是受国内耕地资源和淡水资源约束，仍然需要从国外进口农产品。根据虚拟土地贸易模型计算，2017年中国农作物播种面积25亿亩，而进口农产品折算耕地超过12亿亩。另外，根据虚拟水贸易模型计

算，2015 年我国进口粮食相当于净进口了 2005 亿吨淡水资源。既然相当规模的农产品进口不可避免，那么就需要适应这一趋势。“十四五”时期则需要统筹国内资源、市场、制度，根据土地和淡水资源来合理布局农产品进口来源，以市场需求的力量驱动国内外资源为我所用。在国际农业合作的过程中，更多地参与推动国际贸易规则和多边体制改革。

（六）更加依靠信息化技术促进政策落地

以往的规划主要是靠自上而下的执行。从公共经济学的角度来看，“自上而下”需要有相应的行政体制的保障，这很可能导致政策执行的监督成本过高。实际情况也是如此。以往的规划和各种政策，主要依靠地方政府分层对接。涉及农业农村的规划和政策落地，经常需要村和乡镇干部核实，经过县（市、区）再到省（区、市）层层上报。新一轮科技革命和产业变革迅速发展，信息技术深刻改变了农业农村发展的基础，也改进了政策执行和落实的方式。农业农村现代化虽然仍要激发从中央到地方的各类参与主体的积极性，但是可以依靠大数据、物联网、移动互联、云计算、人工智能、区块链等技术手段。例如，区块链技术在农产品电商的质量安全控制方面具有非常好的前景，每个环节的农产品投入都会在线形成“记账本”，从而自动实现农产品质量安全可追溯。但是，以信息化手段促进政策落实，需要考虑技术使用的成本收益。目前，给一台深松整地机加装能够准确测量上报深松作业质量的传感器，成本需要 1200 元，而深松整理作业补贴每亩 40 元。为了监督政策落实，一个传感器的成本相当于作业 30 亩土地的补贴。当然，随着技术的进步，成本收益的平衡点会向低成本移动。在那之前，需要正确把握监督政策落实过程中技术监督执行与人力监督执行的对比关系。

总体而言，“十四五”时期农业农村现代化面临的形势更加复杂。而且，粮食等重要农产品需求刚性增长的趋势不会改变，人多地少的基本国情农情不会改变，农业小部门化的规律不会改变，推动农业高质量发展的迫切要求不会改变，新旧动能转换接续的态势不会改变，资源环境约束趋紧的生态基础不会改变，国际国内“黑天鹅”“灰犀牛”交织的局面不会改变，农村经济社会加速转型的趋势不会改变。新老因素叠加，“十四五”时期农业农村现代化规划的编制可能会比以往难。未来，需要坚持底线思维，科学编制规划，提升规划的可行性，避免“规划规划，墙上挂挂”的局面。

参考文献

[1] PRICE L., LEVINE M. D., ZHOU N., et al.. Assessment of China's Energy-Saving and Emission-reduction Accomplishments and Opportunities During the 11th Five Year Plan [J]. Energy Policy, 2011, 39 (4): 2165-2178.

[2] 陆益龙. 乡村振兴中的农业农村现代化问题 [J]. 中国农业大学学报（社会科学版），2018，35（3）：48-56.

[3] 尹成杰. 关于农村全面建成小康社会的几点思考 [J]. 农业经济问题，2019（10）：4-10.

[4] 刘守英，王一鸽. 从乡土中国到城乡中国——中国转型的乡村变迁视角 [J]. 管理世界，2018，34（10）：128-146.

[5] 方晓丹. 2019 年全国农村贫困人口减少 1109 万人 [EB/OL]. [2020-01-23]. http://www.stats.gov.cn/tjsj/sjjd/202001/t20200123_1724700.html.

[6] WORLD BANK. Poverty and Shared Prosperity 2018: Piecing Together the Poverty Puzzle: Poverty and Shared Prosperity [Z]. The World Bank, 2018, 10986-30418.

[7] 魏百刚. 提高产业扶贫质量巩固成果防止返贫 [EB/OL]. [2020-02-06]. http://www.crnews.net/jrgz/sn/130186_20200206033434.html.

[8] 孔祥智. 农业供给侧结构性改革的基本内涵与政策建议 [J]. 改革，2016（2）：104-115.

[9] 高晶晶，彭超，史清华. 中国化肥高用量与小农户的施肥行为研究——基于 1995—2016 年全国农村固定观察点数据的发现 [J]. 管理世界，2019，35（10）：120-132.

[10] 商务部电子商务和信息化司. 中国电子商务报告（2018）[M]. 北京：中国商务出版社，2019.

[11] 农业农村信息化专家咨询委员会. 中国数字乡村发展报告 [EB/OL]. [2019-11-19]. http://www.moa.gov.cn/xw/bmdt/201911/P020191119505821675490.pdf.

[12] 薛岩，彭超. 粮食市场全面放开后的政策调控及其改革方向 [J]. 理论探索，2020（1）：115-123.

[13] 孔祥智. 论稳定和完善农村基本经营制度 [J]. 新视野，2010（3）：16-18.

[14] 徐林．建言“十四五”规划：合理目标与全方位创新 [EB/OL]．[2019-05-27]．http：//opinion. caixin. com/2019-05-27/101420283. html.

[15] 丁声俊．玉米供求的阶段性转变与收储制度改革 [J]．价格理论与实践，2016 (8)：25-28.

[16] 彭超，张琛．农村人居环境质量及其影响因素研究 [J]．宏观质量研究，2019，7 (3)：66-78.

[17] 彭超．我国农业补贴基本框架、政策绩效与动能转换方向 [J]．理论探索，2017 (3)：18-25.

[18] 刘昆．以习近平新时代中国特色社会主义思想为指导奋力开创中国财政学会工作新局面 [J]．财政研究，2019 (12)：3-7.

[19] 朱信凯．现代农业发展视野下的国家粮食安全战略 [J]．中国人大网，2012 (15)：36-43.

[20] 胡冰川．中国农产品进口增长：原因与结果 [J]．清华金融评论，2018 (7)：48-50.

[21] 王秀鹃，胡继连．中国粮食虚拟水国际贸易研究——基于 2001—2015 年的数据 [J]．山东社会科学，2018 (2)：117-122.

[22] BANERJEE A.，IYER L.，SOMANATHAN R.. Chapter 49 Public Action for Public Goods [M] //SCHULTZ T P，STRAUSS J A. Handbook of Development Economics. Elsevier，2007：3117-3154.

[23] 刘合光．激活参与主体积极性，大力实施乡村振兴战略 [J]．农业经济问题，2018 (1)：14-20.

后 记

在中国城乡融合发展的背景下，城镇化对农业生产的影响已经引起学术界的广泛关注。鉴于城镇化对农业生产影响这一主题的宏大与复杂性，需要集中考量城镇化影响农业生产的主要路径，辨析和量化研究城镇化影响农业生产的机理及程度，把农业市场纳入整个经济系统预测未来不同城镇化方案可能产生的影响。本书正是基于这样的目的对城镇化对农业生产的影响进行了深入研究。

本书共分十章，是团队合作的成果。各章主要撰写人员的名单如下：第一章潘启龙、刘合光、陈珏颖，第二章潘启龙、陈珏颖、刘合光，第三章韩洋、陈珏颖、刘合光，第四章潘启龙、刘合光、陈珏颖，第五章刘合光、潘启龙、陈珏颖，第六章杨宗辉、蔡鸿毅、覃诚、刘合光，第七章李金锴、朱伟林、陈珏颖，第八章韩晨雪、刘合光，第九章韩昕儒、陈珏颖，第十章彭超、刘合光。本书在成书的过程中，由陈珏颖负责总体协调推进，刘合光负责选题指导和审定，潘启龙负责合稿、统稿和修订，朱伟林负责内容校订等。上述作者所在的工作单位和相关领导对本书的撰写进行了大力支持和帮助，在此特别鸣谢！

本书部分章节已在期刊发表，相关期刊的编辑在文章发表时进行了修改，对本书的内容有所贡献。本书部分章节选自学位论文，所属学术单位及相关导师对论文进行了指导，对本书的内容也有贡献。本书引用的前人研究成果、统计数据以及国内外文献资料较多，这为本书的撰写奠定了基础。在此，郑重地向所有对本书做出贡献的有关单位和个人表示诚挚的感谢。同时，感谢国家自然科学基金项目“城镇化对我国农业生产的影响机理与对策研究”（No. 71673274）、中国农业科学院科技创新工程“国外农业经济与贸易”（10-IAED-04-2022）等对本书的资助！

由于水平所限，本书难免有错误和不妥之处，敬请广大读者谅解和批评指正！

陈珏颖　潘启龙　刘合光　朱伟林

2021 年 4 月